第一次検定・第二次検定

# 建築
## 施工管理技士
# 出題分類別問題集

建築学

共通

建築施工

施工管理法
（知識・能力）

法規

第二次検定

市ヶ谷出版社

# まえがき

建築施工管理技士の資格は，1級と2級がありますが，建築工事にたずさわる技術者の皆様にとっては，必ずどちらかを取得しておかなければならないものです。また，会社にとっても，建築施工管理技士を確保していることは，社会的な信用を高めることと同時に，企業としての経営力の評価を向上させるものです。

本書は，二級建築施工管理技術検定の**第一次検定**および**第二次検定**の合格を目指す皆様が，短期間で実力を養成できるよう，令和元年〜令和5年の最近5年間に出題された[**最近出題された問題**]と毎年のように出題される[**必修基本問題**]の2本立てで，約550問の問題を精選し，その**解答**と**解説**を記述しました。また，ページの許す限り，**それらに関する重要な参考知識も掲載**してあります。

本書は，**効率的に学習**できるように工夫しました。
1．本書は，読者の理解を円滑にするため，分野別に分類し，分野内での重要度・出題頻度の高いものから配列することにより，**体系的に習得できる**ようにしました。
2．効率的に学習できるよう，過去の出題を分析し，最新の傾向を踏まえて**出題頻度の高い問題**を精選し，掲載しました。
3．随所に図を取り入れ，**視覚による理解を助ける**ようにしました。これは，実戦力を高めるうえできわめて有力な武器となります。
4．紙面構成を，左ページに問題，右ページに対応する解説と解答とすることで，**見やすく，学習しやすい**ように工夫しました。
最新の試験問題（令和5年度）には，墨アミをかけてありますので，まずその問題から取り組んで下さい。

以上のように，本書は2級建築施工管理技士の実戦向きの問題集として，類をみないものと自負しております。

本書を十分に活用され，輝かしい2級建築施工管理技士の資格を取得されることを祈念しております。

> 2級建築施工管理技術検定は，「令和3年度」から第一次検定（旧学科試験）と第二次検定（旧実地試験）になりました。詳しくは次ページをご参照ください。

令和6年3月

執筆者一同

# ２級建築施工管理技術検定　令和３年度制度改正について

令和３年度より，施工管理技術検定は制度が大きく変わりました。

| |
|---|
| ●試験の構成の変更　　　（旧制度）　　　　　→　　　　　（新制度）<br>　　　　　　　　　　　学科試験・実地試験　　　→　　　　第一次検定・第二次検定<br>●第一次検定合格者に『技士補』資格<br>　令和３年度以降の第一次検定合格者が生涯有効な資格となり，国家資格として『２級建築施工管理技士補』と称することになりました。<br>●試験内容の変更・・・以下を参照ください。<br>●受験手数料の変更・・第一次検定，第二次検定ともに受検手数料が5,400円に変更。 |

## 試験内容の変更

　学科・実地の両試験を経て２級建築施工管理技士となる現行制度から，施工技術のうち，基礎となる知識・能力を判定する第一次検定，実務経験に基づいた技術管理，指導監督の知識・能力を判定する第二次検定に改められます。

　第一次検定の合格者には技士補，第二次検定の合格者には技士がそれぞれ付与されます。

### 第一次検定

　これまで学科試験で求めていた知識問題を基本に，実地試験で出題していた施工管理法の基礎的な能力問題が一部追加されることになりました。

　第一次検定はマークシート式で，出題形式の変更はありませんが，これまでの四肢一択形式に加え，追加される施工管理法の基礎的な能力を問う問題は，四肢二択の解答形式となります。

　合格に求める知識・能力の水準は現行検定と同程度となっています。

### 第一次検定の試験内容

| 検定科目 | 検定基準 | 知識・能力の別 | 解答形式 |
|---|---|---|---|
| 建 築 学 等 | 1　建築一式工事の施工の管理を適確に行うために必要な建築学，土木工学，電気工学，電気通信工学及び機械工学に関する概略の知識を有すること。<br>2　建築一式工事の施工の管理を適確に行うために必要な設計図書を正確に読みとるための知識を有すること。 | 知　識 | 四肢一択 |
| 施工管理法 | 1　建築一式工事の施工の管理を適確に行うために必要な施工計画の作成方法及び工程管理，品質管理，安全管理等工事の施工の管理方法に関する基礎的な知識を有すること。 | 知　識 | 四肢一択 |
| | 2　建築一式工事の施工の管理を適確に行うために必要な基礎的な能力を有すること。 | 能　力 | 四肢二択 |
| 法　　規 | 建設工事の施工の管理を適確に行うために必要な法令に関する概略の知識を有すること。 | 知　識 | 四肢一択 |

（２級建築施工管理技術検定　受検の手引きより引用）

　第二次検定は，施工管理法についての試験となります。知識を問う四肢一択のマークシート方式の問題と，能力を問う記述式の問題となります。

### 第二次検定の試験内容

| 受検種別 | 検定科目 | 検定基準 | 知識能力 | 解答形式 |
|---|---|---|---|---|
| 建　築 | 施工管理法 | ① 主任技術者として，建築一式工事の施工の管理を適確に行うために必要な知識を有すること。 | 知　識 | 四肢一択<br>（マークシート） |
| | | ② 主任技術者として，建築材料の強度等を正確に把握し，及び工事の目的物に所要の強度，外観等を得るために必要な措置を適切に行うことができる応用能力を有すること。<br>③ 主任技術者として，設計図書に基づいて，工事現場における施工計画を適切に作成し，施工図を適正に作成することができる応用能力を有すこと。 | 能　力 | 記　述 |
| 躯　体 | 躯体施工管理法 | ① 建築一式工事のうち基礎及び躯体に係る工事の施工の管理を適確に行うために必要な概略の知識を有すること。 | 知　識 | 四肢一択<br>（マークシート） |
| | | ② 基礎及び躯体に係る建築材料の強度等を正確に把握し，及び工事の目的物に所要の強度等を得るために必要な措置を適切に行うことができる高度の応用能力を有すること。<br>③ 建築一式工事のうち基礎及び躯体に係る工事の工程管理，品質管理，安全管理等工事の施工の管理方法を正確に理解し，設計図書に基づいて，当該工事の工事現場における施工計画を適切に作成し，及び施工図を適正に作成することができる高度の応用能力を有すること。 | 能　力 | 記　述 |
| 仕 上 げ | 仕上施工管理法 | ① 建築一式工事のうち仕上げに係る工事の施工の管理を適確に行うために必要な概略の知識を有すること。 | 知　識 | 四肢一択<br>（マークシート） |
| | | ② 仕上げに係る建築材料の強度等を正確に把握し，及び工事の目的物に所要の強度，外観等を得るために必要な措置を適切に行うことができる高度の応用能力を有すること。<br>③ 建築一式工事のうち仕上げに係る工事の工程管理，品質管理，安全管理等工事の施工の管理方法を正確に理解し，設計図書に基づいて，当該工事の工事現場における施工計画を適切に作成し，及び施工図を適正に作成することができる高度の応用能力を有すること。 | 能　力 | 記　述 |

（2級建築施工管理技術検定　受検の手引きより引用）

# 2級建築施工管理技術検定の概要

## 1. 試験日程

|  | 【前期】第一次検定 | 【後期】第一次検定・第二次検定 |
|---|---|---|
| 受検申込期間 | 令和6年2月9日（金）～3月8日（金） | 令和6年6月26日（水）～7月24日（水） |
| 試験日 | 令和6年6月9日（日） | 令和6年11月24日（日） |
| 合格発表 | 令和6年7月10日（水） | 第一次検定 令和7年1月10日（金） |
|  |  | 第二次検定 令和7年2月7日（金） |

## 2. 受検資格

### 第一次検定のみ

試験実施年度に満17歳以上となる者【生年月日が平成20年4月1日以前の者が対象】

### 第二次検定のみ

次にあげる［1］～［3］のいずれかに該当し「第一次・第二次検定」の受検資格を有する者は，第一次検定免除で第二次検定のみ受検申込が可能です。

［1］ 建築士法による一級建築士試験の合格者

［2］ （令和2年度までの）2級建築施工管理技術検定試験の「学科試験のみ」受検の合格者で有効期間内の者

［3］ 2級建築施工管理技術検定の「第一次検定」合格者

### 第一次検定・第二次検定

下表の区分イ～ロのいずれか一つに該当する方が受検申込可能です。

| 区分 | 受検種別 | 最終学歴 | 実務経験年数 | |
|---|---|---|---|---|
|  |  |  | 指定学科卒業 | 指定学科以外卒業 |
| イ | 建築または躯体または仕上げ | 大学<br>専門学校の「高度専門士」 | 卒業後1年以上 | 卒業後1年6ヶ月以上 |
|  |  | 短期大学<br>5年制高等専門学校<br>専門学校の「専門士」 | 卒業後2年以上 | 卒業後3年以上 |
|  |  | 高等学校<br>専門学校の「専門課程」 | 卒業後3年以上 | 卒業後4年6ヶ月以上 |
|  |  | その他（最終学歴問わず） | 8年以上 | |

| 区分 | 受検種別 | 職業能力開発促進法による技能検定合格者 | | 必要な実務経験年数 |
|---|---|---|---|---|
| | | 技能検定職歴 | 級別 | |
| ロ | 躯体 | 鉄工（構造物鉄工作業），とび，ブロック建築，型枠施工，鉄筋施工（鉄筋組立て作業），鉄筋組立て，コンクリート圧送施工，エーエルシーパネル施工 | 1級 | 問いません |
| | | | 2級 | 4年以上 |
| | | 平成15年度以前に上記の検定職種に合格した者 | — | 問いません |
| | | 単一等級エーエルシーパネル施工 | — | 問いません |
| | 仕上げ | 建築板金（内外装板金作業），石材施工（石張り作業），石工（石張り作業），建築大工，左官，タイル張り，畳製作，防水施工，内装仕上げ施工（プラスチック系床仕上げ工事作業，カーペット系床仕上げ工事作業，鋼製下地工事作業，ボード仕上げ工事作業），床仕上げ施工，天井仕上げ施工，スレート施工，熱絶縁施工，カーテンウォール施工，サッシ施工，ガラス施工，表装（壁装作業），塗装（建築塗装作業），れんが積み | 1級 | 問いません |
| | | | 2級 | 4年以上 |
| | | 平成15年度以前に上記の検定職種に合格した者 | — | 問いません |
| | | 単一等級れんが積み | — | 問いません |

※1．実務経験年数の基準日については，「受検の手引」をご覧ください。
※2．職業能力開発促進法に規定される職業訓練等のうち国土交通省の認定を受けた訓練を修了した者は，受検資格を満たすための実務経験年数に職業訓練期間を算入することが可能です。詳細は受検の手引 をご覧ください。

## 3．試験地

（前期）札幌・仙台・東京・新潟・名古屋・大阪・広島・高松・福岡・沖縄

（後期）札幌・青森・仙台・東京・新潟・金沢・名古屋・大阪・広島・高松・福岡・鹿児島・沖縄

※学校申込の受検者　帯広・盛岡・秋田・長野・出雲・倉敷・高知・長崎が追加されます。

## 4．試験実施機関

〒105-0001　東京都港区虎ノ門4-2-12　虎ノ門4丁目MTビル2号館

TEL：03-5473-1581

一般財団法人　建設業振興基金　試験研修本部

HP：www.fcip-shiken.jp

# ◆本書の使い方◆

本書（新版）は，次のように構成されております。

| | |
|---|---|
| 第1章 建 築 学 108題 | 第5章 施工管理法（応用能力問題） 24題 |
| 第2章 共 通 30題 | 第6章 法 規 64題 |
| 第3章 建 築 施 工 215題 | 第7章 第二次検定（旧実地試験） 15題 |
| 第4章 施工管理法（知識） 99題 | 合計 555題 |

　第一次検定では，学科によって問題が**必須**と**選択**とに分かれています。すなわち，共通と施工管理法は全部を解答しなければなりませんが，建築学・建築施工・法規は，受験者が選択するようになっています。

　そのため，学習のテクニックとしては，まず，第2章共通，第4章施工管理法 を**重点的に学習**し，次に，第1章建築学，第5章法規 を学習する。そして，問題量の多い第3章建築施工については，自分の得意とする分野を半分くらい選び，それを徹底的に学習しておくとよいでしょう。

　ほとんどの問題は，「**最も不適当なものはどれか**」という設問です。と，いうことは，他の3つの設問は正解なので，その3つは，そのまましっかり覚える。そして，不適当な1つの設問は正解の語句に訂正して，しっかりと覚えておくことが大切です。

　本書では，まえがきで述べた特色のほかに，次のような点も配慮しました。

**チェックマーク欄** 問題番号の前に示した□□□は，問題にチャレンジして正解であれば○を記入し，不正解であった場合には×を記入しておくというように，チェックマークを記入するためのものです。それを2度，3度と繰り返し，問題に習熟するようにしてください。

**【解説】** 重要用語は，太字とし，簡潔に解説しました。

　誤りの設問文については，正解の記述に訂正し，その箇所にアンダーラインを付しました。

## ●令和6年度の勉強していくうえでの注意

実際に学習していく上では，次のような点にも注意しておくとよいでしょう。

⑴　施工管理法・建築学は，できるだけ問題の選択肢を理解し，覚えていくことがたいせつです。このような問題は，正しい選択肢の1肢，1肢をじっくり頭に入れて整理していくと，比較的容易に覚えられるものです。

⑵　建築施工については，自分の得意とする分野を半分だけ選び，それを徹底的に学習するのもよい方法でしょう。

## 能力問題に対する準備

能力問題に対する準備として，次のような点に注意していくとよいでしょう。

⑴　令和3年度から施工管理法について，工事の施工の管理を適確に行うために必要な基礎的な能力を有することを判定するために，旧実地試験で求められていた能力問題の一部が追加されることになりました。

⑵　しかしながら，実際出題された能力問題は，本書でいう「建築施工」からの四肢二択の問題で，いずれも別冊「2級建築施工管理技士　要点テキスト」に記載があるものでした。

⑶　令和6年度は，過去3年度と同様に「建築施工」からの出題になるか，「施工管理法」からの出題になるかは不明ですが，いずれにしても，要点テキストの記載内容からの出題になると思われます。

⑷　したがって，要点テキストをきちんと学習しておけば，出題分野・出題形式（四肢一択または四肢二択）に関わらず正答を導けるものと思われます。

# 目　　　次

# 第一次検定（旧学科試験）

## 分野別の出題数と解答数

| 分野別 ＼ 年度別 | 令和5年 (前期) 出題数 | 令和5年 (前期) 解答数 | 令和5年 (後期) 出題数 | 令和5年 (後期) 解答数 | 令和4年 (前期) 出題数 | 令和4年 (前期) 解答数 | 令和4年 (後期) 出題数 | 令和4年 (後期) 解答数 | 令和3年 (後期) 出題数 | 令和3年 (後期) 解答数 |
|---|---|---|---|---|---|---|---|---|---|---|
| 建築学等 | 14 | 9 | 14 | 9 | 14 | 9 | 14 | 9 | 14 | 9 |
| 環境工学 | 3 |  | 3 |  | 3 |  | 3 |  | 3 |  |
| 一般構造 | 4 | 9 | 4 | 9 | 4 | 9 | 4 | 9 | 4 | 9 |
| 構造力学 | 3 |  | 3 |  | 3 |  | 3 |  | 3 |  |
| 建築材料 | 4 |  | 4 |  | 4 |  | 4 |  | 4 |  |
| 共通 | 3 | 3 | 3 | 3 | 3 | 3 | 3 | 3 | 3 | 3 |
| 舗装・植栽工事 | 1 | 1 | 1 | 1 | − | − | − | − | − | − |
| 建築設備 | 2 | 2 | 2 | 2 | 3 | 3 | 2 | 3 | 3 | 3 |
| 設計図書・測量 | − | − | − | − | − |  | 1 |  | − | − |
| 建築施工 | 11 | 8 | 11 | 8 | 11 | 8 | 11 | 8 | 11 | 8 |
| 地盤調査 | − |  | − |  |  |  | − |  |  |  |
| 仮設工事 | − |  | 1 |  | − |  | − |  | 1 |  |
| 地業 | − |  | 1 |  | 1 |  | 1 |  | 1 |  |
| 土工事 | 1 |  | − |  | 1 |  | − |  | − |  |
| 鉄筋コンクリート工事 | 2 |  | 1 |  | 2 |  | 3 |  | 2 |  |
| 鉄骨工事 | − |  | 1 |  | − |  | − |  | 1 |  |
| 木工事 | 2 |  | 1 |  | 1 |  | 1 |  | − |  |
| 補強コンクリートブロック工事 | − |  | − |  | − |  | − |  | − |  |
| 躯体工事全般 | 1 | 8 | − | 8 | − | 8 | − | 8 | − | 8 |
| 建設機械 | − |  | − |  | − |  | − |  | − |  |
| 防水工事 | 1 |  | 1 |  | − |  | − |  | 1 |  |
| 石工事 | 1 |  | − |  | 1 |  | − |  | − |  |
| タイル工事 | − |  | 1 |  | − |  | 1 |  | − |  |
| 屋根工事 | − |  | 1 |  | − |  | − |  | 1 |  |
| 金属工事 | 1 |  | 1 |  | 1 |  | 1 |  | − |  |
| 左官工事 | − |  | 1 |  | 1 |  | 1 |  | 1 |  |
| 建具工事 | − |  | − |  | 1 |  | 1 |  | 1 |  |
| 塗装工事 | 1 |  | 1 |  | − |  | 1 |  | − |  |
| 内装工事 | 1 |  | 1 |  | 2 |  | 1 |  | 1 |  |
| 仕上工事全般 | − |  | − |  | − |  | − |  | 1 |  |
| 施工管理法 | 10 | 10 | 10 | 10 | 10 | 10 | 10 | 10 | 10 | 10 |
| 施工計画 | 3 | 3 | 3 | 3 | 3 | 3 | 3 | 3 | 3 | 3 |
| 工程管理 | 2 | 2 | 2 | 2 | 2 | 2 | 2 | 2 | 2 | 2 |
| 品質管理 | 3 | 3 | 3 | 3 | 3 | 3 | 3 | 3 | 3 | 3 |
| 安全管理 | 2 | 2 | 2 | 2 | 2 | 2 | 2 | 2 | 2 | 2 |
| 応用能力問題 | 4 | 4 | 4 | 4 | 4 | 4 | 4 | 4 | 4 | 4 |
| 法規 | 8 | 6 | 8 | 6 | 8 | 6 | 8 | 6 | 8 | 6 |
| 建築基準法 | 2 |  | 2 |  | 2 |  | 2 |  | 2 |  |
| 建設業法 | 2 |  | 2 |  | 2 |  | 2 |  | 2 |  |
| 労働基準法 | 1 | 6 | 1 | 6 | 1 | 6 | 1 | 6 | 1 | 6 |
| 労働安全衛生法 | 1 |  | 1 |  | 1 |  | 1 |  | 1 |  |
| 環境保全 | 1 |  | 1 |  | 1 |  | 1 |  | 1 |  |
| その他 | 1 |  | 1 |  | 1 |  | 1 |  | 1 |  |
| 出題・解答数 | 50 | 40 | 50 | 40 | 50 | 40 | 50 | 40 | 50 | 40 |

## 第一次検定　過去問題分析表

| 分類 | | | 令和5年(前期) | 令和5年(後期) | 令和4年(前期) | 令和4年(後期) | 令和3年(前期) | 令和3年(後期) |
|---|---|---|---|---|---|---|---|---|
| 第一章 建築学 | 1・1 環境工学 | 換気 | | | 1 | | | |
| | | 照明 | 2 | | | | 2 | |
| | | 採光・照明 | | 2 | 2 | 2 | | 3 |
| | | 通気・換気 | | 1 | | | | 1 |
| | | 湿度・結露 | 1 | | | 1 | 1 | |
| | | 色 | 3 | | | 3 | 3 | |
| | | 日照・日射 | | | | | | 2 |
| | | 音 | | 3 | 3 | | | |
| | 1・2 一般構造 | 木造在来軸組構法 | 4 | | | 4 | 4 | |
| | | RC構造 | 5 | 4 | 4 | 5 | 5 | 4 |
| | | S構造 | 6 | 5, 6 | 5, 6 | 6 | 6 | 5, 6 |
| | | 杭基礎 | 7 | | | 7 | | 7 |
| | | 基礎構造 | | 7 | 7 | | 7 | |
| | | 部材の応力度 | | 8 | | | 8 | |
| | 1・3 構造力学 | 荷重及び外力 | 8 | | | 8 | | 8 |
| | | 構造材料の力学的性質 | | | 8 | | | |
| | | 単純梁の反力計算 | 9 | | | 9 | | 9 |
| | | 単純梁の応力 | | 9 | 9 | | 9 | |
| | | 単純梁の曲げモーメント図 | 10 | | | | | 10 |
| | | 集中荷重を受けるラーメンの曲げモーメント図 | | | | 10 | | |
| | | 片持ち梁の曲げモーメント図 | | 10 | 10 | | 10 | |
| | 1・4 建築材料 | 鋼の性質 | | | 11 | | | |
| | | 構造用鋼材 | | 11 | | | | 11 |
| | | コンクリート | 11 | | | 11 | 11 | |
| | | 木材 | | | | 12 | | 12 |
| | | 木質材料 | | 12 | | | | |
| | | 建具の性能項目 | | 13 | 12 | | | 13 |
| | | セラミックタイル | 12 | | | 13 | 12 | |
| | | 防水材料 | 13 | | | 14 | | 14 |
| | | シーリング材 | | 14 | 13 | | 13 | |
| | | 内装材料 | 14 | | 14 | | 14 | |
| | 第二章 共通 設備・契約・その他 | 測量 | | 15 | | 15 | | |
| | | 自動火災報知設備 | | | 16 | | | |
| | | 空気調和設備 | | | 17 | | | |
| | | 舗装工事 | 15 | | | | 15 | |
| | | 電気設備の用語・記号 | 16 | | | 16 | 16 | |
| | | 屋外排水設備 | | | 15 | | | 15 |
| | | 照明設備 | | 16 | | | | 16 |
| | | 建築設備の用語 | | 17 | | | | 17 |
| | | 給排水設備 | 17 | | | 17 | 17 | |

は応用能力問題

| 分類 | | 年度 | 令和5年(前期) | 令和5年(後期) | 令和4年(前期) | 令和4年(後期) | 令和3年(前期) | 令和3年(後期) |
|---|---|---|---|---|---|---|---|---|
| 第三章　建築施工 | 躯体 | 墨出し・やり方 | 17 | 18 | 18 | | | 18 |
| | | 埋戻し | | | | 18 | 18 | |
| | | 地業工事 | | 19 | 19 | | | 19 |
| | | 土工事 | 18 | | | | | |
| | | 鉄筋の継手・定着 | | | 39 | | | |
| | | 鉄筋のかぶり厚さ | 39 | | | 19 | 19 | |
| | | 鉄筋の加工・組立て | | 20 | | | | 39 |
| | | 型枠支保工 | | 39 | 20 | 20 | | |
| | | 型枠の締付け金物 | 19 | | | | 39 | |
| | | 型枠工事 | | | | | | 20 |
| | | 型枠の存置 | | 40 | | | | 21 |
| | | コンクリートの調合 | | | | 21 | 40 | |
| | | コンクリートの養生 | | | 21 | | | |
| | | コンクリート用骨材 | 20 | | | | | |
| | | 高力ボルト摩擦接合 | | 21 | | | | 22 |
| | | 鉄骨の加工 | | | | 39 | | |
| | | 鉄骨の建方 | | | 40 | | | |
| | | 錆止め塗装 | 40 | | | | 20 | |
| | | 在来軸組構法 | 21 | 22 | 22 | 22 | 21 | 40 |
| | | RC造建築物の解体工事 | | | | 40 | | |
| | | 木造建築物の分別解体 | 22 | | | | 22 | |
| | 仕上げ | シート防水接着工法 | | 41 | | | | 23 |
| | | アスファルト防水工事 | | | | 41 | 23 | |
| | | ウレタンゴム系塗膜防水 | 23 | | 41 | | | |
| | | 床タイル張り | | | | 23 | | |
| | | 壁タイル後張り工法 | | 23 | | | | 41 |
| | | 金属製折板葺 | | 24 | | | | 24 |
| | | 金属材料の裏面処理，表面仕上げ | 25 | | | 24 | 25 | |
| | | 張り石工事 | 24 | | 23 | | 24 | |
| | | 床コンクリートの直均し仕上げ | | | 25 | | | |
| | | 壁のセメントモルタル塗り | | 25 | | 25 | | 25 |
| | | 雨どい | | | 24 | | | |
| | | セルフレベリング材塗り | 41 | | | | | |
| | | 塗装工事 | | | 42 | 27 | | 42 |
| | | 仕上塗材仕上げ | | | | | 41 | |
| | | 建具工事 | 42 | 26 | 26 | 26 | 26 | 26 |
| | | 塗装工事の素地ごしらえ | 26 | | | | 27 | |
| | | 木部の塗装工事 | | 27 | | | | |
| | | ビニル床シート張り | | 28 | | 42 | | |
| | | 床のフローリング張り | 27 | | | | 42 | |
| | | カーペット敷き | | | 27 | | | |
| | | フリーアクセスフロア | | | | 28 | | |

■は応用能力問題

| 分類 | | 項目 | 令和5年(前期) | 令和5年(後期) | 令和4年(前期) | 令和4年(後期) | 令和3年(前期) | 令和3年(後期) |
|---|---|---|---|---|---|---|---|---|
| 第三章 建築施工 | 仕上げ | 内装改修工事 | | | 28 | | | |
| | | 押出成形セメント板張り | 28 | | | | | |
| | | 壁のせっこうボード張り | | | | | | 27 |
| | | カーテン工事 | | | | 28 | | |
| | | 外部仕上げ改修工事 | | 42 | | | | 28 |
| 第四章 施工管理法 | 施工計画 | 事前調査・準備作業 | 29 | 29 | 29 | 29 | 29 | 29 |
| | | 仮設計画 | 30 | 30 | 30 | 30 | 30 | 30 |
| | | 材料の保管 | | 31 | 31 | | | 31 |
| | | 提出書類の提出先(申請先) | 31 | | | 31 | 31 | |
| | 工程管理 | 総合工程表 | | | 32 | | | |
| | | 工程計画の立案 | | 32 | | | | |
| | | 工程計画及び工程管理 | 32 | | | 32 | 32 | 32 |
| | | バーチャート工程表 | 33 | 33 | 33 | 33 | 33 | 33 |
| | 品質管理 | 施工品質管理表(QC工程表) | | | | | | 34 |
| | | 品質管理の用語 | 34 | | | 34 | 34 | |
| | | 品質管理 | | 34 | 34 | | | |
| | | トルシア形高力ボルト | 36 | 35 | | | | 35 |
| | | 試験・検査 | 35 | | 35 | 35, 36 | 35 | |
| | | コンクリート試験 | | 36 | | | 36 | 36 |
| | | 鉄筋のガス圧接継手 | | 36 | | | | |
| | 安全管理 | 安全管理用語 | | | 37 | | | |
| | | 事業者の講ずべき措置 | | 38 | | | | 38 |
| | | 作業主任者の職務 | 37 | | | 37 | | |
| | | 作業主任者の選任 | | | | | 37 | |
| | | 通路及び足場 | 38 | | 38 | 38 | 38 | |
| | | 建築工事における危害及び迷惑 | | 37 | | | | 37 |
| 第五章 法規 | 建築基準法 | 建築基準法全般 | 43, 44 | 43, 44 | 43, 44 | 43, 44 | 43, 44 | 43, 44 |
| | 建設業法 | 建設業の許可 | 45 | 45 | 45 | 45 | 45 | 45 |
| | | 建設工事の請負契約 | | 46 | 46 | 46 | | 46 |
| | | 工事現場における技術者 | 46 | | | | 46 | |
| | 労働基準法 | 労働基準法全般 | | | | 47 | | |
| | | 労働契約 | | 47 | 47 | 47 | | 47 |
| | | 年少者の就業 | 47 | | | | 47 | |
| | 労働安全衛生法 | 安全衛生教育 | | 48 | 48 | | | |
| | | 元方安全衛生管理者 | | | | 48 | | |
| | | 安全衛生管理者・安全衛生責任者 | | | | | 48 | |
| | | 労働者の就業に当たっての措置 | | | | 48 | | |
| | | 労働基準監督署長への報告 | 48 | | | | | |
| | | 健康の保持増進のための措置 | | | | | | 48 |

| 分類 | | 年度 | 令和5年(前期) | 令和5年(後期) | 令和4年(前期) | 令和4年(後期) | 令和3年(前期) | 令和3年(後期) |
|---|---|---|---|---|---|---|---|---|
| 第五章 法規 | 環境保全関係法 | 廃棄物の処理及び清掃に関する法律 | | 49 | 49 | 49 | | 49 |
| | | 建設リサイクル法上の特定建設資材 | 49 | | | | 49 | |
| | その他 | 道路法 | | | | 50 | | |
| | | 騒音規制法 | 50 | | | | 50 | |
| | | 消防法 | | 50 | 50 | | | 50 |

## ＊応用能力問題　問39～42　全問解答

| 分類 | | 年度 | 令和5年(前期) | 令和5年(後期) | 令和4年(前期) | 令和4年(後期) | 令和3年(前期) | 令和3年(後期) |
|---|---|---|---|---|---|---|---|---|
| 建築施工 | | 型枠の締付け金物 | | | | | 39 | |
| | | レディーミクストコンクリート | | | | | 40 | |
| | | 鉄筋の加工・組立て | | | | | | 39 |
| | | 鉄筋の継手 | | | 39 | | | |
| | | 鉄骨の加工 | | | | 39 | | |
| | | 鉄筋のかぶり厚さ | 39 | | | | | |
| | | 鉄骨の建方 | | | 40 | | | |
| | | 鉄骨の錆止め塗装 | 40 | | | | | |
| | | 型枠支保工 | | 39 | | | | |
| | | 型枠の存置期間 | | 40 | | | | |
| | | RC造建築物の解体工事 | | | | 40 | | |
| | | 鋼製建具 | 42 | | | | | |
| | | 在来軸組構法 | | | | | | 40 |
| | | 仕上塗材仕上げ | | | | | 41 | |
| | | 床のフローリングボード張り | | | | | 42 | |
| | | セルフレベリング材塗り | 41 | | | | | |
| | | タイル後張り工法 | | | | | | 41 |
| | | ウレタンゴム系塗膜防水 | | | 41 | | | |
| | | シート防水接着工法 | | 41 | | | | |
| | | 屋上アスファルト防水工事 | | | | 41 | | |
| | | ビニル床シート張り | | | | 42 | | |
| | | 塗装工事 | | | 42 | | | 42 |
| | | 外壁仕上げの劣化と改修工法 | | 42 | | | | |

# 第二次検定（旧実地試験）

## 年度別出題内容一覧表

| 問題 No. | 出題項目 | 令和 5 年 | 令和 4 年 | 令和 3 年 | 令和 2 年 | 令和元年 |
|---|---|---|---|---|---|---|
| 1. | 経験記述<br>（記述式） | 工程管理<br>①工事概要<br>②遅延させるかもしれないと考えた当時の状況とそれが遅延につながった要因<br>③遅延を防ぐために実際に行った対策<br>④作業工程を周知や共有するための有効な方法や手段と共有が不十分な場合に起こる工程への影響 | 品質管理<br>①工事概要<br>②品質低下につながる不具合とそう考えた理由，不具合を発生させないために行ったこと，留意したこと<br>③施工の品質を確保するための着手時の確認事項とその理由，施工中または完了時の確認事項とその理由 | 施工計画<br>①工事概要<br>②着目した項目，工種名，現場の状況と施工計画時に検討したこと，検討した理由，実施したこと<br>③品質低下の防止，工程遅延の防止について検討したこととその理由，防止対策と留意事項 | 工程計画<br>①工事概要<br>②工事を遅延させないために努めたこと<br>③工期を短縮するための有効な方法や手段 | 施工計画<br>①工事概要<br>②実際に行った事前検討事項とその理由<br>③産業廃棄物を減らすために有効な方法や手段と留意すべきこと |
| 2. | 施工管理<br>（記述式） | 建築用語 14 種類の中から 5 つの用語説明と施工の留意点 | 建築用語 14 種類の中から 5 つの用語説明と施工の留意点 | 建築用語 14 種類の中から 5 つの用語説明と施工の留意点 | 建築用語 14 種類の中から 5 つの用語説明と施工の留意点 | 建築用語 14 種類の中から 5 つの用語説明と施工の留意点 |
| 3. | 工程管理<br>（記述式） | 工程表と出来高表<br>①該当する作業<br>②工事金額の合計に対する比率<br>③・着手時期が不適当な作業多<br>・適当な着手時期<br>・実績出来高の累計の金額 | 工程表と出来高表<br>①該当する作業<br>②実積出来高の累計（比率）<br>③出来高表の誤りを修正し，実積出来高の累計金額をだす | ネットワーク計算<br>①該当する作業<br>②工事完了日<br>③実積出来高の累計（比率）<br>④実積出来高の累計（金額） | 工程表と出来高表<br>①該当する作業<br>②取付作業完了日<br>③実積出来高の累計金額<br>④累計金額の差と総工事金額に対する比率<br>⑤総工事金額に対する | 工程表と出来高表<br>①該当する作業<br>②取付け終了日<br>③完成出来高の累計（金額）<br>④完成出来高の累計（パーセント） |
| 4. | 法　規<br>（語句訂正） |  |  |  | ①建設業法<br>②建築基準法施行令<br>③労働安全衛生法 | ①建設業法<br>②建築基準法施行令<br>③労働安全衛生法 |
|  | 法　規<br>（四肢一択式） | ①建設業法<br>②建築基準法<br>③労働安全衛生法 | ①建設業法<br>②建築基準法<br>③労働安全衛生法 | ①建設業法<br>②建築基準法<br>③労働安全衛生法 |  |  |
| 5. | 躯体と仕上げ<br>（語句訂正） |  |  |  | ①躯体語句訂正 4 つ<br>②仕上げ語句訂正 4 つ | ①躯体語句訂正 4 つ<br>②仕上げ語句訂正 4 つ |
|  | 躯体と仕上げ<br>（四肢一択式） | ①躯体関連 4 つ<br>②仕上げ関連 4 つ | ①躯体関連 4 つ<br>②仕上げ関連 4 つ | ①躯体関連 4 つ<br>②仕上げ関連 4 つ |  |  |

注）出題される 5 問題は，全て必須問題。<br>
※本書は，種別「建築」のみを掲載します。

# 第 1 章

# 建 築 学

**令和 5 年度の出題傾向**

出題数は 14 問（解答数 9 問）
① 環境工学：前期・後期ともに 3 問出題
② 一般構造：前期・後期ともに 4 問出題
③ 構造力学：前期・・・荷重と静定梁から 3 問出題
　　　　　　　後期・・・断面の性質と静定梁から 3 問出題
④ 建築材料：前期・後期ともに 4 問出題
①，②，④については正答肢が頻出肢であり，比較的易しかった。③については，いずれも過去問題を学習していれば得点できる程度であった。

# 1・1　環　境　工　学

[最近出題された問題]

## 1・1・1　換　　　気

□□□ **1** 換気に関する記述として，最も不適当なものはどれか。

(1) 空気齢とは，空気が流入口から室内のある点まで到達するのに要する平均時間のことである。

(2) 必要換気回数は，必要換気量を室容積で割った値であり，室内の空気を1時間に何回入れ替えるのかを表す。

(3) 機械換気方式には，屋外の風圧力を利用するものと室内外の温度差による空気の密度の違いを利用するものがある。

(4) 温度差換気の換気量は，給気口と排気口の高低差の平方根に比例する。

《R5-後1》

□□□ **2** 換気に関する記述として，最も不適当なものはどれか。

(1) 全般換気方式は，室内全体の空気を外気によって希釈しながら入れ替える換気のことである。

(2) 局所換気方式は，局所的に発生する汚染物質を発生源近くで捕集して排出する換気のことである。

(3) 第1種機械換気方式は，映画館や劇場等外気から遮断された大きな空間の換気に適している。

(4) 第2種機械換気方式は，室内で発生した汚染物質が他室に漏れてはならない室の換気に適している。

《R4-前1》

□□□ **3** 換気に関する記述として，最も不適当なものはどれか。

(1) 第1種機械換気方式は，地下街や劇場など外気から遮断された大きな空間の換気に適している。

(2) 第2種機械換気方式は，室内で発生した汚染物質が他室に漏れてはならない室の換気に適している。

(3) 事務室における必要換気量は，在室者の人数でその値が変動し，室の容積に関係しない。

(4) 室内外の空気の温度差による自然換気では，温度差が大きくなるほど換気量は多くなる。

《R2-後1》

---

□□□ **4** 通風及び換気に関する記述として，**最も不適当なもの**はどれか。

(1) 室内を風が通り抜けることを通風といい，もっぱら夏季の防暑対策として利用される。

(2) 成人1人当たりの必要換気量は，一般に 30 m³/h 程度とされている。

(3) 機械換気方式には，屋外の風圧力を利用するものと室内外の温度差による空気の密度の違いを利用するものがある。

(4) 換気回数は，室内の空気が1時間に何回入れ替わるかを表すものである。

《R1-前 1》

---

[解説]

1 (1) 空気齢は，窓・給気口などの流入口から室内のある点まで到達するのに要する時間のことで，空気齢が短いほど空気が新鮮であることを表す。

(2) 必要換気回数の定義は設問のとおりである。必要換気回数は，室用途ごとに，人間の呼吸，燃料の燃焼，燃焼ガスや臭気の排除等のために標準的な値を定められている。

(3) 機械換気方式は，ファンを使用して強制的に換気を行うものである。設問の説明は，自然換気における風圧力換気と重力換気を説明している。よって最も不適当である。

(4) 温度差換気における換気量は，開口部の面積 ×√（高低差 × 温度差）に比例する。

2 (3) **第一種機械換気方式**は給気と排気を同時に機械換気するので確実に換気が出来る。大空間に適した換気方式である。

(4) **第2種機械換気方式**は給気ファンによる機械換気なので室内が正圧になる。そのため，室内で発生した汚染物質は他室に漏れやすくなる。よって，最も不適当である。

3 (1) **第1種機械換気方式**は，給気と排気を同時に機械式のファンで行う方式で，地下街や劇場など外気から遮断された大きな空間の換気に適している。

(2) **第2種機械換気方式**は，給気はファンで行い，排気は排気口から行う方式で，室内の空気圧が高くなり，外気が入りにくくなるので，無菌室，手術室，食品加工場などに向いているが，室内で発生した汚染物質が他室に漏れる。したがって，最も不適当である。

4 (1) 建物を冷却したり，居住者が冷涼感を得るための換気を通風という。

(2) 室内の二酸化炭素濃度を $C = 1000$ ppm，外気の二酸化炭素濃度を $C_0 = 350$ ppm，成人1人当たりの二酸化炭素発生量を $M = 0.02$ m³/(h・人) とすると，一人当たりの必要換気量 $Q = M/(C - C_0) = 0.02/\{(1000 - 3500) \times 10^{-6}\} = 30.8$ m³/(h・人) から，一般に，一人あたり 30 m³/(h・人) 程度としている。なお，建築基準法では 20 m³/(h・人) としている。

(3) 機械換気方式は，送風機により換気を行う方式である。風圧力や密度差を利用するのは自然換気方式の説明である。よって最も不適当である。

(4) 換気回数は，換気量を室内の気積が入れ替わる回数で表す。換気回数が1回で室内の空気が全て入れ替わることは一般にない。吹出口と吸込口の配置などが影響する。そのため換気回数を多くすることで室内の隅々まで空気が入れ替わる様にしている。

【正解】 1：(3)，2：(4)，3：(2)，4：(3)

## 1・1・2　暖房・湿度・結露

---

**5** 湿度及び結露に関する記述として，**最も不適当なもの**はどれか。
(1) 単位乾燥空気中の水蒸気の質量を相対湿度という。
(2) 飽和水蒸気量は乾球温度によって異なる。
(3) 冬季暖房時において，外壁の断熱性が低い場合，室内に表面結露が生じやすい。
(4) 冬季暖房時において，熱橋部は温度が低下しやすいため，室内に表面結露が生じやすい。

《R5-前1》

---

**6** 冬季暖房時の結露に関する記述として，**最も不適当なもの**はどれか。
(1) 外壁の室内側の表面結露を防止するためには，室内側の表面温度を露点温度以下に下げないようにする。
(2) 室内側の表面結露を防止するためには，外壁や屋根等に熱伝導率の高い材料を用いる。
(3) 外壁の室内側の表面結露を防止するためには，室内側表面に近い空気を流動させる。
(4) 室内側が入隅となる外壁の隅角部は，室内側に表面結露が生じやすい。

《R4-後1》

---

**7** 湿度及び結露に関する記述として，**最も不適当なもの**はどれか。
(1) 絶対湿度が100%になる温度を露点温度という。
(2) 壁体の中に熱伝導率の大きい場所がある場合に，熱が集中して流れるこの部分を熱橋という。
(3) 冬季暖房時に，室内の水蒸気により外壁などの室内側表面で生じる結露を表面結露という。
(4) 乾燥空気1kg当たりに含まれている水蒸気の質量を絶対湿度という。

《R3-前1》

## 1・1・3　伝　　熱

---

**8** 伝熱に関する記述として，**最も不適当なもの**はどれか。

(1) 熱伝導率は，一般に密度が大きい材料ほど大きくなる傾向がある。

(2) 壁体を貫流する熱量は，外気温度と室内温度の差が大きいほど多くなる。

(3) 壁面の熱伝達率は，壁の表面に当たる風速が大きいほど小さい値となる。

(4) 壁体は，熱貫流率が大きいものほど断熱性能が低い。

《H24-1》

[解説]

5 (1)　空気中の保有水分量を，単位乾燥空気1kgに対するその空気の水蒸気の質量（kgもしくはg）で表したものを絶対湿度という。相対湿度は，その空気温度（乾球温度）における飽和水蒸気量（kg）に対するその空気が持つ水蒸気量（kg）の割合で表したものである。よって最も不適当である。

(2)　設問のとおりである。

(3)　外壁の断熱性が低い場合，外壁の室内表面温度が室内空気の露点温度より低くなり室内表面に結露が発生する。

(4)　熱橋とは，ヒートブリッジとも呼ばれ，熱伝導の大きい金属等などが外気の温度を室内表面まで伝導し，表面結露を起こすもので，冬期暖房時に発生する。

6 (1)　外壁の室内側の結露防止としては，室内側表面温度が露点温度以下にならないようにする。

(2)　熱伝導率の高い材料は，冷熱も伝えやすいため，冬期は屋外の冷熱により室内表面温度が下がりやすくなり，結露しやすくなる。よって，最も不適当である。

(3)　室内側表面に近い空気を流動させると，空気からの熱により表面温度が室内温度に近づき，結露防止につながる。

(4)　室内側の入隅部は，空気が2面で冷やされるので，表面温度が低下し結露が生じやすくなる。

7 (1)　**絶対湿度**の単位は，乾燥空気に対する含有する**水分量の重量比（kg/kg　もしくはg/kg）**で表す。**相対湿度**は水蒸気分圧に対する**飽和水蒸気分圧の割合を百分率（%）**で表す。よって，最も不適当である。

(2)　壁体の中に熱伝導率の高い鉄骨がある場合，冬期はその部分が熱橋により外気温の影響で冷却され室内表面温度が低くなり結露する場合がある。特に建物出隅部分に発生しやすい。

(3)，(4)　設問のとおりである。

8 (1)　**熱伝導率**とは，厚さ1mの板の両面の温度差が1℃のときに，その板の厚さ1m²を通して，1秒間に流れる熱量をいい，一般に，密度が大きいほど大きくなる傾向がある。

(2)　設問のとおりである。

(3)　**熱伝達率**とは，壁などの固体の表面と周囲流体との温度差が1℃のときに，対流などにより，固体の表面積1m²あたり1秒間に流れる熱量をいい，壁の表面に当たる風速が大きいほど大きい値となる。よって，最も不適当である。

(4)　**熱貫流率**とは，固体の両面の周囲流体の温度差が1℃のときに，固体の表面積1m²あたり1秒間に流れる熱量をいい，熱伝達と熱伝導を考慮したものである。よって，熱貫流率が大きいものほど，断熱性能が低い。

【正解】5：(1)，6：(2)，7：(1)，8：(3)

建
築
学

## 1・1・4　日照・日射，採光・照明

---

**9** 採光及び照明に関する記述として，最も不適当なものはどれか。
(1) 輝度は，光源からある方向への光度を，その方向への光源の見かけの面積で除した値をいう。
(2) 昼光率は，全天空照度に対する室内のある点の天空光による照度の割合である。
(3) 光源の色温度が低いほど青みがかった光に見え，高いほど赤みがかった光に見える。
(4) 照度の均斉度が高いほど，室内の照度分布は均一になる。

《R4-前 2》

---

**10** 照明に関する記述として，最も不適当なものはどれか。
(1) 光束は，視感度に基づいて測定された単位時間当たりの光のエネルギー量である。
(2) 輝度は，光源の光の強さを表す量である。
(3) 天井や壁等の建築部位と一体化した照明方式を，建築化照明という。
(4) 照明対象となる範囲外に照射されるような漏れ光によって引き起こされる障害のことを，光害という。

《R4-後 2》

---

**11** 採光及び照明に関する記述として，最も不適当なものはどれか。
(1) 全天空照度は，直射日光による照度を含む。
(2) 昼光率は，窓等の採光部の立体角投射率によって異なる。
(3) 全般照明と局部照明を併せて行う照明方式を，タスク・アンビエント照明という。
(4) 高輝度な部分や極端な輝度対比等によって感じるまぶしさを，グレアという。

《R5-後 2》

---

**12** 照明に関する記述として，最も不適当なものはどれか。
(1) 光束法による室内の平均照度の算出式において，設計対象面上の平均照度は設計対象面の面積に反比例する。
(2) ものの見やすさには，視対象の明るさ，視対象と背景の対比，視対象の大きさ及び見る時間が関係する。
(3) 点光源による照度は，光源からの距離の2乗に反比例する。
(4) 光源の色を表す色温度は，光源と同じ色の光を放つ黒体の絶対温度で表し，単位はルーメン（lm）である。

《R5-前 2》

[解説]

**9** (1)　**輝度**は，発光体の表面の明るさ表す量である。

(2)　**昼光率**は，室内のある点の昼光照度を屋外の天空照度で除したものである。

(3)　**色温度**（K）は，低いほど暖色系の色を発し，高いほど寒色系の色を発する。よって，最も不適当である。

(4)　**均斉度**は，室内の照度分布の均一性を表す。高いほど（1 に近いほど）照度分布は均一となる。

**10** (1)　**光束**は，単位時間当たりの光の量。人間の目に光を感じる物理量。

(2)　光源の光の強さを表す量としては，**光度**（cd：カンデラ）が用いられる。よって，最も不適当である。この他に，光源から放たれたすべての光（光束）を表す単位でルーメン（lm）が用いられる。

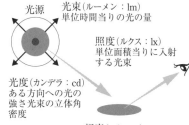

図1　光の単位

**11** (1)　全天空照度は，直射光を除いた空からの光（天空光）による地上の水平面照度である。太陽の位置や天空透過率により変わる。一般に快晴時より薄曇りの時のほうが明るい。

(2)　昼光率は，ある時の全天空水平面照度（Lx）に対する室内のある点の水平面照度（Lx）の百分率。全天空水平面照度が5000Lxで室内のある点の水平面照度を100Lxにするには昼光率2%の窓を設ける。

(3)　設問のとおりである。タスク（作業）照明は局部照明として明るめに設定し，アンビエント（周囲環境）照明は，控えめの明るさとすることで集中しやすい光環境するもので省エネ効果がある。

(4)　設問のとおりである。グレアとは不快感のある眩しさのことである。

**12** (1)　光束法による平均照度の算出式を示す。

(2)　設問のとおりである。見やすさには，明るさ，視対象と背景の対比，視対象の大きさ，見る時間が関係する。

(3)　設問のとおりである。点光源による照度は光源からの距離の2乗に反比例する。

(4)　光源の色を表す色温度の単位はK（ケルビン）である。よって最も不適当である。

$$E = \frac{F \times U \times M \times N}{A}$$

E　：平均照度（Lx）
F　：定格（光源）光束（lm）
A　：床面積（m$^2$）
N　：灯具（光源）の数
U　：照明率
M　：保守率

【正解】　**9**：(3)，**10**：(2)，**11**：(1)，**12**：(4)

## 1・1・5　音

□□□ **13** 音に関する記述として，**最も不適当なもの**はどれか。

(1) 室内の仕上げが同じ場合，室の容積が大きいほど残響時間は長くなる。

(2) 人が音として知覚できる可聴周波数は，一般に，20 Hz から 20,000 Hz である。

(3) 音の強さのレベルが 60 dB の同じ音源が2つ同時に存在する場合，音の強さのレベルは約 120 dB になる。

(4) 周波数の低い音は，高い音より壁や塀等の背後に回り込みやすい。

《R5-後 3》

□□□ **14** 音に関する記述として，**最も不適当なもの**はどれか。

(1) 吸音率は，壁面に入射した音のエネルギーに対する吸収された音のエネルギーの割合である。

(2) 正対する反射性の高い壁面が一組だけ存在する室内では，フラッターエコーが発生しやすい。

(3) 窓や壁体の音響透過損失が大きいほど，遮音性能は高い。

(4) 材料が同じ単層壁の場合，壁の厚さが厚いほど，一般に音響透過損失は大きくなる。

《R4-前 3》

□□□ **15** 吸音及び遮音に関する記述として，**最も不適当なもの**はどれか。

(1) 遮音とは，壁などに入射する音を吸収又は透過させて反射させないようにすることをいう。

(2) 遮音による騒音防止の効果を上げるには，壁や窓などの透過損失の値を高めるようにする。

(3) 有孔板と剛壁の間に空気層があるとき，主に中音域の音を吸音する。

(4) グラスウールなどの多孔質材料は，主に高音域の音を吸音する。

《R2-後 3》

## 1・1・6　色　　彩

□□□ **16** 色に関する記述として，**最も不適当なもの**はどれか。

(1) 無彩色とは，色みを表す色相や明るさを表す明度をもたない色をいう。

(2) 補色どうしを対比すると，互いに強調しあい，鮮やかさが増して見える。

(3) 色の温度感覚には，暖色や寒色，それらに属さない中性色がある。

(4) 2つの有彩色を混ぜて灰色になるとき，その2色は互いに補色の関係にある。

《R5-前 3》

□□□ **17** 色に関する記述として，最も不適当なものはどれか。
(1) 純色とは，各色相の中で最も明度の高い色をいう。
(2) 色彩によって感じられる距離感は異なり，暖色は寒色に比べて近くに感じられやすい。
(3) 印刷物や塗料等の色料の三原色を同量で混色すると，黒に近い色になる。
(4) 明度と彩度を合わせて色の印象を表したものを，トーン（色調）という。

《R4-後3》

[解説]

13 (1) 設問のとおりである。残響時間は室の容積が大きいほど長くなる。
(2) 人間が聴覚で知覚できる音の周波数範囲は一般に 20 Hz～20 kHz と言われている。
(3) 同じ音が合成すると，音圧レベルは 3（＝$\log_{10}2$）デシベル大きくなる。よって最も不適当である。
(4) 周波数の低い音は一般に波長が長く壁等の背後に回り込みやすい。

14 (1) 吸音率は，壁面に入射した音のエネルギーに対する，反射音以外の音（吸収と透過）のエネルギーの割合である。よって，最も不適当である。（図2参照）
(2) 設問のとおりである。フラッターエコーは音が多重反射を起こすことで生まれる音響障害，平行する天井と床とか壁面で発生する。

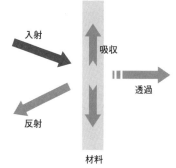

図2　音の吸収と透過

15 (1) 遮音とは，伝わってくる音を壁や屋根で跳ね返して，音を遮断することをいう。よって，最も不適当である。

16 (1) 無彩色は，色がもつ色相，明度，飽和度のうち，明度だけで表現される色のこと。白から黒まで灰色を含めて無彩色と呼ぶ。彩度がゼロであることを示している。彩度がゼロでない色は，有彩色と呼ぶ。よって最も不適当である。
(2) 色相環の反対側に位置する2色を『補色』という。例えば赤の補色は青緑で，黄色の補色は青紫である。補色は色相差が最も大きいので，お互いの色を目立たせる効果がある。
(3) 色の温度感覚には，赤や橙，黄色のように暖かさを感じさせる暖色，青や青緑のように冷たく感じる寒色，さらに紫や緑など温度感がはっきりしない中性色，彩度が0の黒～グレー～白の無彩色がある。

17 (1) 純色は，各色相の中で最も彩度の高い色をいう。よって，もっと不適当である。
(2) 一般に暖色系や明るい色は近くにあるように見え，寒色系や暗い色は遠く見える。
(4) 色には，色相・明度・彩度の3属性がある。このうち，明度と彩度を組あわせた考え方をトーンという。

【正解】　13：(3)，14：(1)，15：(1)，16：(1)，17：(1)

## 1・1・7　屋外排水

---

□□□ **18** 屋外排水工事に関する記述として，最も不適当なものはどれか。

(1) 地中埋設排水管の勾配は，原則として，$\frac{1}{100}$ 以上とする。

(2) 硬質ポリ塩化ビニル管をコンクリート桝に接合する部分は，砂付きの桝取付け短管を用いる。

(3) 遠心力鉄筋コンクリート管のソケット管は，受口を下流に向けて敷設する。

(4) 雨水桝に接合する配管は，流入配管を上にして流出配管とは 20 mm 程度の管底差をつける。

《R4-前 15》

---

□□□ **19** 屋外排水設備に関する記述として，**最も不適当なものはどれか。**

(1) 地中埋設排水管の長さが，その内径又は内法幅の 120 倍を超えない範囲内で，桝又はマンホールを設ける。

(2) 地中埋設排水経路に桝を設ける場合，雨水桝にはインバートを，汚水桝には泥だめを設ける。

(3) 排水管を給水管に平行して埋設する場合，原則として，両配管は 500 mm 以上のあき を設ける。

(4) 地中埋設排水経路が合流する箇所には，桝又はマンホールを設ける。

《R1-後 15》

[解説]

18 (1) 設問のとおりである。

(2) 砂付き桝取付短管は，コンクリート桝と塩ビ管の接合用で，桝接合部は砂付でモルタルがつきやすくなっている。また，ゴム輪受口なので角度調節が容易。

砂付き

図3　砂付き桝付短管

(3) 遠心力鉄筋コンクリート管のソケット管は，配管をつなぐ時に管内を平滑にする継手で，排水が流れやすい様に受口を<u>上流</u>に向けて敷設する。よって，最も不適当である。

(4) 桝の流入配管と流出配管の管底差（ステップと呼ばれている）は，一般に 20 mm 程度とされている。

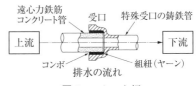

図4　ソケット幅

19 (1) 設問のとおりである。

(2) 地中埋設排水経路に桝を設ける場合，<u>雨水桝には泥だめを，汚水桝にはインバートを設ける</u>。よって，最も不適当である。

(3), (4) 設問のとおりである。

【正解】　18：(3)，19：(2)

▶ **必修基本問題** ◀ **1・1 環 境 工 学**

1 換気に関する記述として，**最も不適当なもの**はどれか。

(1) 室内空気の二酸化炭素の濃度は，室内の空気汚染の程度を表す指標として用いられている。

(2) 室内外の空気の温度差による自然換気では，温度差が大きくなるほど換気量は多くなる。

(3) 事務室における必要換気量は，室の容積でその値が変動し，在室者の人数に関係しない。

(4) 第1種機械換気方式は，地下街や劇場など外気から遮断された大きな空間の換気に適している。

(H30-前 1)

2 換気の方式に関する記述として，**最も不適当なもの**はどれか。

(1) 自然換気方式には，屋外の風圧力を利用する方法と，室内外の温度差を利用する方法，又はそれらを組み合わせた方法がある。

(2) 全般換気とは，室内全体の空気を外気によって希釈しながら入れ替える換気方式のことである。

(3) 局所換気とは，局所的に発生する汚染物質を発生源近くで，捕集して排出する換気方式のことである。

(4) 給気系のみに送風機を設けた第2種機械換気方式は，室内で発生した汚染物質が他室に漏れてはならない室に適している。

(H29-後 2)

3 昼光に関する記述として，**最も不適当なもの**はどれか。

(1) 昼光は，直射日光と天空光に大別され，天空光は太陽からの光が大気中に拡散したものである。

(2) 昼光率は，室内のある点での天空光による照度と，屋外の全天空照度との比率である。

(3) 室内のある点における昼光率は，時刻や天候によって変化する。

(4) 室内の要求される基準昼光率は，居間より事務室の方が大きい。

(H29-後 3)

4 照明に関する記述として，**最も不適当なもの**はどれか。

(1) 光源の光色は色温度で表され，単位はK（ケルビン）である。

(2) 一般に直接照明による陰影は，間接照明と比べて濃くなる。

(3) 照度は，点光源からある方向への光の強さを示す量である。

(4) タスク・アンビエント照明は，全般照明と局部照明を併せて行う方式である。

(H30-後 2)

5 音に関する記述として，**最も不適当なもの**はどれか。

(1) 1点から球面状に広がる音源の場合，音源からの距離が2倍になると，音の強さのレベルは約6 dB 減少する。

(2)　残響時間は，室内の仕上げが同じ場合，室の容積が大きいほど長くなる。

(3)　同じ機械を同じ出力で2台運転した場合，1台を止めると，音の強さのレベルは約3dB減少する。

(4)　単層壁の透過損失は，同じ材料の場合，厚さが厚いものほど小さくなる。

(H30-前 3)

6　色に関する記述として，**最も不適当なもの**はどれか。

(1)　色の膨張や収縮の感覚は，一般に明度が高い色ほど膨張して見える。

(2)　同じ色でもその面積が大きいほど，明るさや，あざやかさが増して見える。

(3)　補色を対比すると，同化し，互いにあざやかさが失われて見える。

(4)　暖色は，寒色に比べ一般に近距離に感じられる。

(H30-後 3)

7　色に関する記述として，**最も不適当なもの**はどれか。

(1)　実際の距離よりも遠くに見える色を後退色，近くに見える色を進出色という。

(2)　一般に明度，彩度が高いほどはでに感じられる。

(3)　純色とは，各色相の中で最も明度の高い色をいう。

(4)　無彩色とは，色味をもたない明度だけをもつ色をいう。

(H29-前 3)

8　屋外排水設備に関する記述として，**最も不適当なもの**はどれか。

(1)　地中埋設排水管の勾配は，原則として，$\dfrac{1}{100}$以上とする。

(2)　地中埋設排水管の長さが，その内径又は内法幅の120倍を超えない範囲内で，桝又はマンホールを設ける。

(3)　排水管を給水管に平行して埋設する場合の両配管のあきは，原則として，500mm以上とする。

(4)　雨水用排水桝及びマンホールの底部には，深さ50mm以上の泥だめを設ける。

(H29-後 15)

9　冬季暖房時における外壁の室内側表面の結露防止対策に関する記述として，**最も不適当なも**のはどれか。

(1)　室内の換気をできるだけ行わない。

(2)　室内の水蒸気の発生を抑制する。

(3)　室内側表面に近い空気を流動させる。

(4)　外壁の断熱性を高める。

(R1-前 2)

10 照明に関する記述として，**最も不適当なもの**はどれか。

(1) 一般に直接照明による陰影は，間接照明と比べ濃くなる。

(2) 点光源による照度は，光源からの距離の2乗に反比例する。

(3) 色温度は，絶対温度で示し，単位は lm（ルーメン）である。

(4) タスク・アンビエント照明は，全般照明と局部照明を併せて行う方式である。

(R3-前2)

### 正解とワンポイント解説

1 (3) 事務室における必要換気量は，在室者の人数が多くなれば，多くする必要がある。

2 (4) **機械換気方式**には，給気および排気にファンを使用する**第一種換気方式**，給気にはファンを使用するが，排気にはファンを使用しない**第二種換気方式**および給気にはファンを使用しないで，排気にファンを使用する**第三種換気方式**の3方式がある。第二種換気方式は，換気する室内で発生した物質が他室に漏れるので，室内で発生した汚染物質が他室に漏れてはならない室には適していない。

3 (3) 室内のある点の昼光率は，時刻や天候で変化しない。

4 (3) **照度**は，光が入射する面の明るさで，単位面積あたりに入射する光束の量である。

5 (4) 単壁の透過損失は，同じ材料の場合は壁厚が厚いほど大きくなる。

6 (4) **補色**を並べると，互いに彩度（あざやかさ）が高くなったように見える。

7 (3) 純色とは，各色相の中で最も彩度の高い色のことである。

8 (4) 雨水用排水桝およびマンホールの底部には，インバートではなく，深さ 150 mm 以上の泥だめを設ける。

9 (1) 外気を導入して換気をすると，室内温度は低下するが，室内空気中の湿度（相対湿度，絶対湿度）が低下し，空気の露点温度が低下することで結露防止になる。

10 (3) 色温度は，絶対温度で示し，単位は K（ケルビン）である。

【正解】 1：(3)，2：(4)，3：(3)，4：(3)，5：(4)，6：(3)，7：(3)，8：(4)，9：(1)，

10：(3)

# 1・2　一　般　構　造

[最近出題された問題]

## 1・2・1　地　盤・基　礎

---

**1** 基礎構造に関する記述として，最も不適当なものはどれか。

(1) べた基礎は，地盤が軟弱で，独立基礎の底面が著しく広くなる場合に用いられる。

(2) 杭基礎は，一般に直接基礎で建築物自体の荷重を支えられない場合に用いられる。

(3) 同一建築物に杭基礎と直接基礎等，異種の基礎を併用することは，なるべく避ける。

(4) 直接基礎の底面は，冬季の地下凍結深度より浅くする。

《R4-前7》

---

**2** 地盤及び基礎構造に関する記述として，最も不適当なものはどれか。

(1) 独立フーチング基礎は，一般に基礎梁で連結する。

(2) 洪積層は，沖積層に比べ建築物の支持地盤として適している。

(3) 液状化現象は，粘性土地盤より砂質地盤のほうが生じやすい。

(4) 直接基礎の鉛直支持力は，基礎スラブの根入れ深さが深くなるほど小さくなる。

《R5-後7》

---

**3** 基礎杭に関する記述として，最も不適当なものはどれか。

(1) 拡径断面を有する遠心力高強度プレストレストコンクリート杭（ST杭）は，拡径部を杭の先端に使用する場合，大きな支持力を得ることができる。

(2) 既製コンクリート杭の埋込み工法のひとつで，杭の中空部から掘削土を排出しながら杭を圧入する中掘り工法は，杭径の小さなものの施工に適している。

(3) 外殻鋼管付きコンクリート杭（SC杭）は，一般に継ぎ杭の上杭として，遠心力高強度プレストレストコンクリート杭（PHC杭）と組み合わせて用いられる。

(4) 鋼杭は，地中での腐食への対処法として，肉厚を厚くする方法，塗装やライニングを行う方法等が用いられる。

《R5-前7》

建築学

[解説]

1 (1) べた基礎は，比較的地盤が軟弱な場合に用いる。

　独立フーチング基礎は，1本の柱や独立した煙突，塔などの下に単一に設けられるものである。独立フーチング基礎でも，基礎が複数存在する場合には，地中梁で連結する。

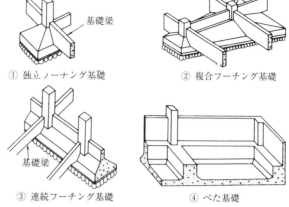

図1　基礎スラブの形状

① 独立フーチング基礎　　② 複合フーチング基礎

③ 連続フーチング基礎　　④ べた基礎

(3) 一つの構造体では，異なる基礎形式を併用することは避けることが原則である。また，同一基礎形式であっても，支持力や変形性状の異なる基礎の併用も避けることが原則である。

(4) 直接基礎の底面は，冬季の地下凍結深度よりも深くする。よって，最も不適当である。

2 (1) 1 (1)の解説参照。

(2) **洪積層**とは，最終氷期以前（約18,000年前より前）に堆積した地層を指し，**沖積層**は，最終氷期以降に堆積した地層をいう。沖積層を構成する地層は一様でなく，建築物を建設する場合には，地盤強度の確認のための地質調査が必要である。

(4) 直接基礎の鉛直支持力は，基礎スラブの根入れ深さが深くなるほど大きくなる。よって，最も不適当である。

3 (2) 既製コンクリート杭の埋込み工法のひとつで，杭の中空部から掘削土を排出しながら杭を圧入する中堀り工法は，比較的杭径の大きなものの施工に適している。よって，最も不適当である。

【正解】　1：(4)，2：(4)，3：(2)

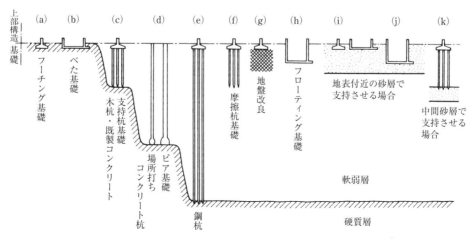

図2　杭の分類

## 1・2・2　木　構　造

□□□ **4** 木造在来軸組構法に関する記述として，最も不適当なものはどれか。

(1) 階数が2以上の建築物における隅柱又はこれに準ずる柱は，原則として，通し柱とする。

(2) 圧縮力を負担する木材の筋かいは，厚さ1.5 cm以上で幅9 cm以上とする。

(3) 3階建ての建築物における1階の構造耐力上主要な部分である柱の断面は，原則として，小径13.5 cm以上とする。

(4) 壁を設け又は筋かいを入れた構造耐力上必要な軸組の長さは，各階の床面積が同じ場合，1階のほうが2階より大きな値となる。

《R5-前4》

□□□ **5** 木造在来軸組構法に関する記述として，最も不適当なものはどれか。

(1) 床等の水平構面は，水平荷重を耐力壁や軸組に伝達できるよう水平剛性を十分に高くする。

(2) 胴差は，垂木を直接受けて屋根荷重を柱に伝えるための部材である。

(3) 筋かいをたすき掛けにするためにやむを得ず欠き込む場合は，筋かいに必要な補強を行う。

(4) 筋かいの端部は，柱と梁その他の横架材との仕口に接近して，ボルト，かすがい，釘その他の金物で緊結する。

《R4-後4》

□□□ **6** 木造在来軸組構法に関する記述として，**最も不適当なもの**はどれか。

(1) 筋かいをたすき掛けにするため，やむを得ず筋かいを欠き込む場合は，必要な補強を行う。

(2) 構造耐力上主要な部分である継手又は仕口は，ボルト締，かすがい打，込み栓打等によりその部分の存在応力を伝えるように緊結する。

(3) 筋かいの端部は，柱と梁その他の横架材との仕口に近付けず，くぎ等の金物で緊結する。

(4) 階数が2以上の建築物における隅柱又はこれに準ずる柱は，原則として通し柱とする。

《R1-前4》

(メモ)

[解説]

4 (2) 建築基準法施行令第45条第1項により，引張力を負担する筋かいは，厚さ1.5cm以上で幅9cm以上の木材または径9mm以上の鉄筋を使用したものとしなければならない。なお，圧縮力を負担する筋かいは，厚さ3cm以上で，幅9cm以上の木材を使用したものでなければならない。よって，最も不適当である。

(4) 一般的に，1階の水平力は2階よりも大きくなるため，必要な筋かいを入れた軸組の長さは，1階の方が大きな値となる。

5 (1) 地震力等の，水平荷重に抵抗させるためには，筋かい等の耐力壁が必要となる。水平荷重を耐力壁や軸組に伝達させるために，床などの水平構面は，剛性をできるだけ高くする。

(2) **胴差**は，2階の床の高さで建物の周りを巡る横架材で，2階の床を構成し，2階の土台ともなるものである。<u>垂木を受けるのは桁</u>である。よって，最も不適当である。

(3) 筋かいに切り欠きをしてはならない。筋かいと間柱の交差する部分では，間柱を欠き込む。筋かいをたすき掛けにするため，やむを得ず筋かいを欠き込む場合は，必要な補強を行う。

6 (2) 継手：同じ種類の2本の部材同士が，一直線状に接合される部分。梁同士を継ぐ，柱同士を継ぐときなどに用いられる。

　　仕口：2本の部材が上記以下の形態で接合される部分。柱と梁をつなぐときに用いられる。

(3) 建築基準法施行令第45条第3項により，筋かいは，その端部を，柱と梁その他の横架材との仕口に接近して，ボルト・かすがい・くぎその他の金物で緊結しなければならない。よって，最も不適当である。

【正解】 4：(2)，5：(2)，6：(3)

(メモ)

## 1・2・3　鉄筋コンクリート構造

□□□ **7** 鉄筋コンクリート構造の建築物の構造設計に関する一般的な記述として，**最も不適当なもの**はどれか。

(1) 構造耐力上主要な部分である柱の主筋の全断面積の割合は，コンクリートの全断面積の 0.4% 以上とする。

(2) 構造耐力上主要な部分である柱の帯筋比は，0.2% 以上とする。

(3) 床スラブの配力筋は，一般に主筋と直角に，スラブの長辺方向に配筋する。

(4) 四辺固定の長方形床スラブの中央部の引張鉄筋は，スラブの下側に配筋する。

《R5-前5》

□□□ **8** 鉄筋コンクリート構造に関する記述として，**最も不適当なもの**はどれか。

(1) 柱の出隅部の主筋には，末端部にフックを付ける。

(2) 梁は，圧縮側の鉄筋量を増やすと，クリープによるたわみが小さくなる。

(3) 梁主筋とコンクリートの許容付着応力度は，上端筋より下端筋の方が大きい。

(4) コンクリートの設計基準強度が高くなると，鉄筋とコンクリートの許容付着応力度は低くなる。

《R3-前5》

□□□ **9** 鉄筋コンクリート構造に関する記述として，**最も不適当なもの**はどれか。

(1) コンクリートの短期の許容圧縮応力度は，長期に対する値の2倍とする。

(2) 耐震壁は，上階，下階とも同じ位置になるように設けるのがよい。

(3) 柱の最小径は，原則としてその構造耐力上主要な支点間の距離の $\frac{1}{20}$ 以上とする。

(4) 大スパンの梁は，長期荷重によるクリープを考慮する。

《H28-5》

(メモ)

建築学

[解説]

7 (1) 構造耐力上主要な部分である柱の主筋の全断面積の割合は，コンクリートの全断面積の0.8％以上とする。以下，参考に鉄筋コンクリート構造における鉄筋各部の役割の概要を示す。

主　　　筋──部材の軸方向に配置する鉄筋で，軸方向力と曲げモーメントに抵抗する。

あばら筋──梁の主筋の配置の保持およびせん断補強のために配置する。

帯　　　筋──柱の主筋の周囲に一定の間隔で配置するせん断補強のための鉄筋で，柱の圧縮強度，靱性を高める。柱の中央部より上下端の間隔を密にする。

幅 止 筋──あばら筋を結束するためのもので，梁せいが高いときに用いる。

腹　　　筋──あばら筋の位置を保つために主筋の上端筋と下端筋との中間に材軸方向に配置する補助鉄筋。

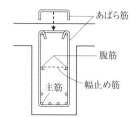

8 (2) 鉄筋は引張力以外に圧縮力に対しても有効に働く。梁の圧縮側の鉄筋量を増やすと，クリープによるたわみが小さくなるのも，その一例である。

(4) 鉄筋のコンクリートに対する許容付着応力度は，コンクリートの設計基準強度が高くなると高くなる。よって最も不適当である。

9 (1) コンクリートの許容応力度は下表による。

(3) 柱の最小径は，原則として，その構造耐力上主要な支点間の距離の $\frac{1}{15}$ 以上とする。よ

| 長期に生ずる力に対する許容応力度（単位 N/mm²） | | | | 短期に生ずる力に対する許容応力度（単位 N/mm²） | | | |
|---|---|---|---|---|---|---|---|
| 圧縮 | 引張り | せん断 | 付着 | 圧縮 | 引張り | せん断 | 付着 |
| F÷3 | F÷30（Fが21を超えるコンクリートについて，国土交通大臣がこれと異なる数値を定めた場合は，その定めた数値） | 0.7（軽量骨材を使用するものにあっては，0.6） | 長期に生ずる力に対する圧縮，引張り，せん断又は付着の許容応力度のそれぞれの数値の2倍（Fが21を超えるコンクリートの引張り及びせん断について，国土交通大臣がこれと異なる数値を定めた場合は，その定めた数値）とする。 | | | |
| この表においては，Fは，設計基準強度（単位 N/mm²）を表すものとする。 | | | | | | | |

って，最も不適当である。

【正解】　7 : (1)，8 : (4)，9 : (3)

（メモ）

## 1・2・4　鉄骨構造

☐☐☐ **10** 鉄骨構造に関する記述として，最も不適当なものはどれか。

(1) フィラープレートは，厚さの異なる板をボルト接合する際に，板厚の差による隙間を少なくするために設ける部材である。

(2) 添え板（スプライスプレート）は，梁のウェブの座屈防止のために設ける補強材である。

(3) 柱の形式には，形鋼等の単一材を用いた柱のほか，溶接組立箱形断面柱等の組立柱がある。

(4) 合成梁に用いる頭付きスタッドは，鉄骨梁と鉄筋コンクリート床スラブが一体となるように設ける部材である。

《R4-前6》

☐☐☐ **11** 鉄骨構造の接合に関する記述として，最も不適当なものはどれか。

(1) 高力ボルト接合の摩擦面には，ショットブラスト処理等による一定の値以上のすべり係数を確保する必要がある。

(2) 完全溶込み溶接継目の有効長さは，接合される材の全幅とする。

(3) 溶接と高力ボルトを併用する継手で，溶接を先に行う場合は両方の許容耐力を加算してよい。

(4) 隅肉溶接継目の許容応力度は，母材の許容せん断応力度と同じ値とする。

《R5-前6》

建築学

**12** 図に示す鉄骨造の柱梁接合部のイ～ニの名称として，**最も不適当なもの**はどれか。

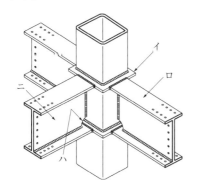

(1)　イ ――――― ダイアフラム
(2)　ロ ――――― フランジプレート
(3)　ハ ――――― スチフナー
(4)　ニ ――――― ウェブプレート

《H25-6》

[解説]

**10** (1)　フィラープレートは，厚さの異なる板をボルト接合する際に，板厚の差による隙間を少なくするために設ける部材である。

(2)　添え板（スプライスプレート）は，ジョイント部高力ボルトに使用され，母材に添えて用いる。よって，最も不適当である。

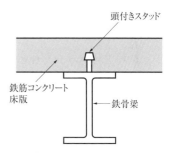

(4)　合成梁に用いる頭付きスタッドは，鉄骨梁と鉄筋コンクリート床版が一体となるように設ける部材である。

**11** (3)　溶接と高力ボルトを併用する継手で，高力ボルトを先に締め付ける場合は，両方の許容耐力を加算してよい。よって，最も不適当である。

**12** (3)　ハは，スカラップ（切欠）。溶接の継目同士が交差することを避けるために設ける円弧状の切り込みである。スチフナーは，H形鋼のウェブの局部座屈を防ぐために設ける板材のことである。

【正解】　**10**：(2)，**11**：(3)，**12**：(3)

（メモ）

## 1・2・5　荷　　重

---

**13** 建築物の構造設計における荷重及び外力に関する記述として，**最も不適当**なものはどれか。

(1) 床の構造計算をする場合と大梁の構造計算をする場合では，異なる単位床面積当たりの積載荷重を用いることができる。

(2) 屋根面における積雪量が不均等となるおそれのある場合，その影響を考慮して積雪荷重を計算する。

(3) 風圧力は，その地方における過去の台風の記録に基づいて定められた風速に，風力係数のみを乗じて計算する。

(4) 地上階における地震力は，算定しようとする階の支える荷重に，その階の地震層せん断力係数を乗じて計算する。

《R3-後 8》

---

**14** 建築物の構造設計における荷重及び外力に関する記述として，**最も不適当な**ものはどれか。

(1) 地震力は，建築物の弾性域における固有周期及び地盤の種類に応じて算定する。

(2) バルコニーの積載荷重は，共同住宅の用途に供する建築物より学校の方が大きい。

(3) 多雪区域における地震力の算定に用いる荷重は，建築物の固定荷重と積載荷重の和に積雪荷重の $\frac{1}{2}$ を加えたものとする。

(4) 建築物を風の方向に対して有効にさえぎる防風林がある場合は，その方向における速度圧を $\frac{1}{2}$ まで減らすことができる。

《R1-後 8》

---

**15** 建築物の構造設計における荷重及び外力に関する記述として，**最も不適当**なものはどれか。

(1) 積雪荷重は，雪下ろしを行う慣習のある地方では，低減することができる。

(2) 風力係数は，風洞試験によって定める場合のほか，建築物の断面及び平面の形状に応じて定められた数値とする。

(3) 風圧力は，地震力と同時に作用するものとして計算する。

(4) 地震力は，建築物の固定荷重又は積載荷重を減ずると小さくなる。

《R4-後 8》

[解説]

13 (1) ある部屋の積載荷重の値は，構造計算をする対象により異なる。その大小関係は，床＞大梁・柱など＞地震力である。

(3) 風圧力は，速度圧（$q$）に風力係数（$C_f$）を乗じて求める。

$$風圧力 = q \cdot C_f$$

$$q = 0.6EV_0^2 \qquad E：周辺の建築物などの状況に応じて産出した数値$$

$$V_0：風速$$

(4) ある階（i 階）の地震力（Qi）は，地震層せん断力係数（Ci）に最上階から i 階までの建物重量（固定荷重と積載荷重の和。多雪区域では積雪荷重を加える）を乗じて計算する。

$$Qi = Ci \cdot Wi$$

$$Ci = Z \cdot Rt \cdot Ai \cdot Co$$

Z ：地震地域係数

Rt：振動特性係数

Ai：地震力の高さ方向の分布を表す係数

Co：標準せん断力係数

14 (1) 地震力算定に用いる振動特性係数 Rt（13(4)参照）は，建築物の弾性域における固有周期，地盤の種類に応じて算定する。

(2) バルコニーの積載荷重は，一般に共同住宅の居室と同一であるが，学校や百貨店の用途に供する建築物の場合，百貨店または店舗の売り場の数値となり，共同住宅の居室の数値より大きくなる。

(3) 多雪区域における地震力の算定に用いる荷重は，建築物の固定荷重と積載荷重の和に積雪荷重の 35％ を加えたものとする。よって，最も不適当である。

(4) 建築物に近接して，風を有効にさえぎる他の建築物，防風林等がある場合は，速度圧を $\frac{1}{2}$ まで低減できる。

15 (3) 風圧力と地震は，同時に発生しないものとして計算することができる。よって，最も不適当である。

【正解】 13：(3)，14：(3)，15：(3)

（メモ）
...................................................................................................................
...................................................................................................................
...................................................................................................................
...................................................................................................................
...................................................................................................................
...................................................................................................................

■▶ **必修基本問題** ◀ 1・2 一 般 構 造

1 基礎杭に関する記述として，**最も不適当なもの**はどれか。

(1) 鋼管杭は，既製コンクリート杭に比べて破損しにくく，運搬や仮置きに際して，取扱いが容易である。

(2) SC杭は，外殻鋼管付きのコンクリート杭で，じん性に富み，大きな水平力が作用する杭に適している。

(3) ST杭は，先端部を軸径より太径にした遠心力高強度プレストレストコンクリート杭で，大きな支持力を得ることができる。

(4) 場所打ちコンクリート杭では，地盤の種類によらず，周面摩擦力を杭の支持力に見込むことができない。

(R1-前7)

2 基礎杭に関する記述として，**最も不適当なもの**はどれか。

(1) 既製コンクリート杭の埋込み工法のひとつで，杭の中空部を掘削しながら杭を圧入する中掘工法は，比較的杭径の大きなものの施工に適している。

(2) 拡径断面を有する遠心力高強度プレストレストコンクリート杭（ST杭）は，拡径部を杭の先端に使用する場合，大きな支持力を得ることができる。

(3) 摩擦杭は，硬い地層に杭先端を貫入させ，主にその杭の先端抵抗力で建物を支持する。

(4) 場所打ちコンクリート杭は，地盤を削孔し，その中に鉄筋かごを挿入した後，コンクリートを打ち込んで造る。

(R3-後7)

3 地盤及び基礎構造に関する記述として，**最も不適当なもの**はどれか。

(1) 直接基礎は，基礎スラブの形式によって，フーチング基礎とべた基礎に大別される。

(2) 水を多く含んだ粘性土地盤では，圧密が生じやすい。

(3) 沖積層は，洪積層に比べ建築物の支持地盤として適している。

(4) 複合フーチング基礎は，隣接する柱間隔が狭い場合などに用いられる。

(R3-前7)

4 木造在来軸組構法に関する記述として，**最も不適当なもの**はどれか。

(1) 構造耐力上主要な部分である柱の有効細長比は，150以下とする。

(2) 引張力を負担する木材の筋かいは，厚さ1.5cm以上で幅9cm以上とする。

(3) 筋かいを入れた構造耐力上必要な軸組の長さは，各階の床面積が同じ場合，2階の方が1階より大きな値となる。

(4)　3階建ての1階の構造耐力上主要な部分である柱の断面は，原則として，小径13.5 cm 以上とする。

(R3-前 4)

---

5　木造在来軸組構法に関する記述として，**最も不適当なもの**はどれか。

(1)　圧縮力を負担する木材の筋かいは，厚さ3 cm 以上で，幅9 cm 以上とする。

(2)　筋かいを入れた軸組は，地震力などの水平荷重に対して，建築物にねじれが生じないようにつり合いよく配置する。

(3)　筋かいの端部は，柱と梁その他の横架材との仕口に接近して，ボルト，かすがい，くぎその他の金物で緊結する。

(4)　構造耐力上必要な筋かいを入れた軸組の長さは，各階の床面積が同じならば，2階の方が1階より大きな値となる。

(H29-前 4)

---

6　木構造における接合金物とその用途の組合せとして，**最も不適当なもの**はどれか。

(1)　ホールダウン金物 ——————— 柱と基礎の緊結

(2)　羽子板ボルト ——————— 柱と筋かいの接合

(3)　短ざく金物 ——————— 胴差相互の連結

(4)　ひねり金物 ——————— 垂木と軒桁の接合

(H27-4)

---

### 正解とワンポイント解説

1　(4)　杭の支持力算定においては，地盤の種類，施工方法によって異なるが，周面摩擦力を見込むことができる。

2　(3)　摩擦抗は，主に土と杭周面の摩擦力で支える。問題文は，支持杭のことである。

3　(3)　**洪積層**とは，最終氷期以前(約 18,000 年前より前)に堆積した地層を指し，**沖積層**は，最終氷期以降に堆積した地層をいう。沖積層を構成する地層は一様でなく，建築物を建設する場合には，地盤強度の確認のための地質調査が必要である。

4　(3)　一般的に，1階の水平力は2階よりも大きくなるため，必要な筋かいを入れた軸組の長さは，1階の方が大きな値となる。

5　(4)　一般的に，1階の水平力は2階よりも大きくなるため，必要な筋かいを入れた軸組の長さは，1階の方が大きな値となる。

6　(2)　羽子板ボルトは梁と梁を直角方向に繋ぐ場合に用いる。

【正解】　1：(4)，2：(3)，3：(3)，4：(3)，5：(4)，6：(2)

**必修基本問題◀ 1・2 一 般 構 造**

**7** 鉄筋コンクリート構造に関する記述として，**最も不適当なもの**はどれか。

(1) 鉄筋は，引張力だけでなく圧縮力に対しても有効に働く。

(2) 梁のせん断補強筋をあばら筋という。

(3) 柱のせん断補強筋は，柱の上下端部より中央部の間隔を密にする。

(4) コンクリートの設計基準強度が高くなると，鉄筋のコンクリートに対する許容付着応力度は高くなる。

(H30-後 5)

**8** 鉄筋コンクリート構造に関する記述として，**最も不適当なもの**はどれか。

(1) D32 の異形鉄筋の継手には，重ね継手を用いてはならない。

(2) 柱の出隅部の主筋には，末端部にフックを付ける。

(3) 柱の帯筋比は，0.2% 以上とする。

(4) 梁の幅止め筋は，腹筋間に架け渡し，あばら筋の振れ止め及びはらみ止めの働きをする。

(H29-前 5)

**9** 鉄筋（てっきん）コンクリート構造（こうぞう）に関（かん）する記述（きじゅつ）として，**最（もっと）も不適当（ふてきとう）なもの**はどれか。

(1) 腰壁（こしかべ）やたれ壁（かべ）が付（つ）いた柱（はしら）は，付（つ）いていない柱（はしら）に比（くら）べ，地震時（じしんじ）にせん断破壊（だんはかい）を起（お）こしやすい。

(2) 大梁（おおばり）は，床（ゆか）の鉛直荷重（えんちょくかじゅう）を支（ささ）えるとともに，柱（はしら）をつなぎ地震力等（じしんりょくとう）の水平力（すいへいりょく）にも抵抗（ていこう）する部材（ぶざい）である。

(3) 耐震壁（たいしんへき）の配置（はいち）は，建築物（けんちくぶつ）の重心（じゅうしん）と剛心（ごうしん）をできるだけ近（ちか）づけるようにする。

(4) 耐震壁（たいしんへき）の壁量（かべりょう）は，地震等（じしんとう）の水平力（すいへいりょく）を負担（ふたん）させるため，下階（かかい）よりも上階（じょうかい）が多（おお）くなるようにする。

(R5-後 4)

**10** 鉄骨構造（てっこつこうぞう）の接合（せつごう）に関（かん）する記述（きじゅつ）として，**最（もっと）も不適当（ふてきとう）なもの**はどれか。

(1) 高力（こうりょく）ボルト接合（せつごう）の摩擦面（まさつめん）には，ショットブラスト処理（しょり）などによる一定（いってい）の値以上（あたいいじょう）のすべり係数（けいすう）が必要（ひつよう）である。

(2) 隅肉溶接（すみにくようせつ）は，母材（ぼざい）の端部（たんぶ）を切（き）り欠（か）いて開先（かいさき）をとり，そこに溶着金属（ようちゃくきんぞく）を盛（も）り込（こ）んで溶接（ようせつ）継目（つぎめ）を形（かたち）づくるものである。

(3) 応力（おうりょく）を伝達（でんたつ）させる主（おも）な溶接継目（ようせつつぎめ）の形式（けいしき）は，完全溶込（かんぜんとけこ）み溶接（ようせつ），部分溶込（ぶぶんとけこ）み溶接（ようせつ），隅肉溶接（すみにくようせつ）である。

(4) 溶接（ようせつ）と高力（こうりょく）ボルトを併用（へいよう）する継手（つぎて）で，高力（こうりょく）ボルトを先（さき）に締（し）め付（つ）ける場合（ばあい）は両方（りょうほう）の許容（きょよう）耐力（たいりょく）を加算（かさん）してよい。

(R3-前 6)

**11** 鉄骨構造に関する記述として，**最も不適当なもの**はどれか。

(1) 厚さの異なる板をボルト接合する際に設けるフィラープレートは，板厚の差によるすき間を少なくするために用いる。

(2) 柱と梁を接合する接合部に設けるダイアフラムは，梁のフランジ厚さと同じ板厚のものを用いる。

(3) ボルト接合の際に部材間の応力を伝達するために設けるスプライスプレートは，母材に添えて用いる。

(4) 鉄骨梁と鉄筋コンクリート床版を一体とする合成梁に設ける頭付きスタッドは，梁へスタッド溶接して用いる。

(H30-前 6)

12 鉄骨構造の一般的な特徴に関する記述として，鉄筋コンクリート構造と比較した場合，最も不適当なものはどれか。
(1) 同じ容積の建築物では，構造体の軽量化が図れる。
(2) 構造体の剛性が大きいため，振動障害が生じにくい。
(3) 架構の変形能力が高い。
(4) 大スパンの建築物が可能である。

(R5-後 5)

13 建築物の構造設計における荷重及び外力に関する記述として，最も不適当なものはどれか。
(1) 固定荷重は，建築物各部自体の体積にその部分の材料の単位体積質量及び重力加速度を乗じて計算する。
(2) 積雪荷重は，雪下ろしを行う慣習のある地方では，低減することができる。
(3) 地震力は，建築物の固定荷重又は積載荷重を減ずると小さくなる。
(4) 風圧力は，地震力と同時に作用するものとして計算する。

(R2-後 8)

---

### 正解とワンポイント解説

7 (3) 柱のせん断補強筋は，柱の上下端部の方が中央部の間隔より密にする。

8 (1) D35 を超える異形鉄筋では，原則重ね継手は用いない。一般的には，D19 以上の異形鉄筋では，ガス圧接継手を用いている。

9 (4) 耐震壁の壁量は，地震等の水平力を負担させるため，上階より下階が多くなるようにする。

10 (2) 隅肉溶接は，板を重ねてつないだり，T 形につないだりする場合に用いられる溶接である。完全溶込み溶接と違って，開先をとらないので，母材同士は一体化されていない。

11 (2) ダイヤフラムは，柱と梁の接合部に設ける補強材である。ダイヤフラムの板厚は，梁フランジの板厚よりも厚くする。

12 (2) 鉄骨構造の建築物は，鉄筋コンクリート構造に比べ，一般的に，剛性が小さく，振動障害が生じやすい。

13 (4) 風圧力と地震は，同時に発生しないものとして計算することができる。

【正解】　7：(3)，8：(1)，9：(4)，10：(2)，11：(2)，12：(2)，13：(4)

建築学

# 1・3　構 造 力 学

[最近出題された問題]

## 1・3・1　反 力 の 算 定

```
□□□ 1
```
図に示す単純梁にモーメント荷重が作用したとき，支点Bに生じる鉛直反力の値の大きさとして，**正しいもの**はどれか。

(1)　12 kN

(2)　6 kN

(3)　4 kN

(4)　3 kN

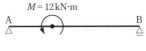

《R1-後9》

```
□□□ 2
```
図に示す単 純 梁 AB に等分布荷 重 $\omega$ が作用するとき，支点Bにかかる鉛 直反力の値の大きさとして，**正しいもの**はどれか。

(1)　2 kN

(2)　4 kN

(3)　8 kN

(4)　12 kN

《R4-後9》

```
□□□ 3
```
図に示す集中荷重を受ける単純梁の支点 A 及び B に生じる鉛直反力（$V_A$，$V_B$）及び水平反力（$H_A$，$H_B$）の値として，**誤っているもの**はどれか。

ただし，$\cos\theta = \dfrac{3}{5}$ とし，反力は右向き及び上向きを「＋」，左向き及び下向きを「−」とする。

(1)　$V_A = +3\,kN$

(2)　$V_B = +2\,kN$

(3)　$H_A = +3\,kN$

(4)　$H_B = \phantom{+}0\,kN$

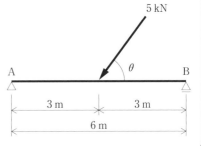

《H28-9》

[解説]

1　A点に生ずる反力を $V_A$，B点に生ずる反力を $V_B$ とする。

$\Sigma M_A = 0$ より，

$-12 - V_B \times 3 = 0$

$\therefore V_B = -4\,\text{kN}$（下向き）

したがって(3)が正しい。

ちなみに $\Sigma Y = 0$ より

$V_A + V_B = 0$

$\therefore V_A = 4\,\text{kN}$

となり，A点に生じる反力は，上向きの反力となる。

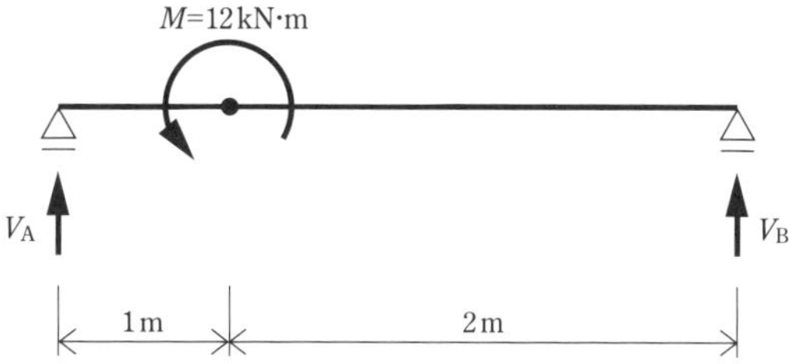

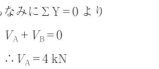

$M = 12\,\text{kN·m}$

$V_A$　$V_B$

1 m　　2 m

図1

2　等分布荷重を集中荷重 W に置き換えると，

$W = w \times \ell = 4 \times 4 = 16\,\text{kN}$

$\Sigma Y = 0$ より

$V_A + V_B - 16 = 0$

$\Sigma M_A = 0$ より

$16 \times 2 - V_B \times 8 = 0$

$\therefore V_B = 4\,\text{kN}, \quad V_A = 12\,\text{kN}$

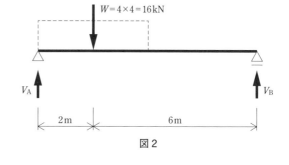

$W = 4 \times 4 = 16\,\text{kN}$

$V_A$　$V_B$

2 m　　6 m

図2

3　$\cos\theta = \dfrac{3}{5}$ であるので，

$$\sin\theta = \sqrt{1 - \cos^2\theta}$$

$$= \sqrt{1 - \frac{9}{25}}$$

$$= \sqrt{\frac{16}{25}} = \frac{4}{5}$$

外力の鉛直成分は　$5\sin\theta = 4$

外力の水平成分は　$5\cos\theta = 3$

したがって，$V_A = V_B = +2\,\text{kN}$

$H_A = +3\,\text{kN}, \quad H_B = 0\,\text{kN}$

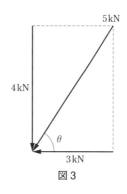

5 kN

4 kN

$\theta$

3 kN

図3

【正解】　1：(3)，2：(2)，3：(1)

建築学

## 1・3・2　応力の算定

**[　][　][　] 4** 図に示す片持ち梁 AB の点 C に曲げモーメント M が作用する場合の曲げモーメント図として，正しいものはどれか。

ただし，曲げモーメントは，材の引張側に描くものとする。

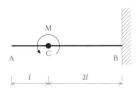

1.

2.

3.

4.

**[　][　][　] 5** 図に示す単純梁 AB の BC 間に等分布荷重 $w$ が作用したときの曲げモーメント図として，正しいものはどれか。

ただし，曲げモーメントは，材の引張側に描くものとする。

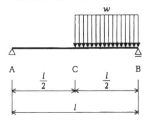

1.
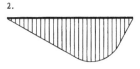

2.

3.
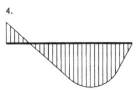

4.

[解説]

4　まず変形を考える。A−C間は曲げ変形しない。C−B間は上側が引張になるような変形をする。

曲げモーメントの絶対値は，$M_A = 0$　$M_C = M$　$M_B = M$　となる。

曲げモーメントは材の引張側に描くので，(2)が正しい。

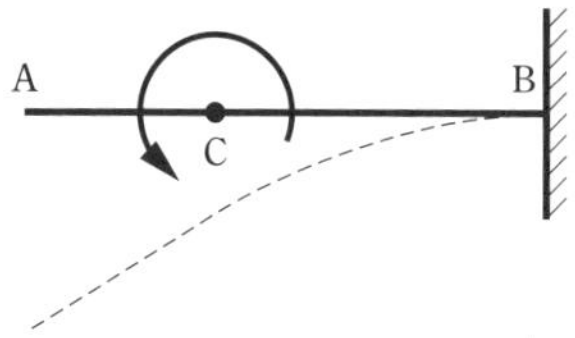

図4

5　単純支持梁の支点（A点およびB点）では曲げモーメントは零になる。また，等分布荷重がかかる部分の曲げモーメントは2次曲線になる。したがって，(2)が正しい。

【正解】　4：(2)，5：(2)

（メ モ）

## 1・3・3　断面の性質と応力度

---

□□□ **6** 構造材料の力学的性質に関する記述として，最も不適当なものはどれか。

(1) 部材の材軸方向に圧縮力が生じているとき，その力がある限界を超えると，その部材が安定を失って曲がる現象を座屈という。

(2) ヤング係数は，熱による材料の単位長さ当たりの膨張長さの割合である。

(3) ポアソン比とは，一方向の垂直応力によって材料に生じる縦ひずみと，これに対する横ひずみの比をいう。

(4) 座屈荷重は，座屈軸まわりの断面二次モーメントに比例する。

《R4-前8》

---

□□□ **7** 長方形断面の部材の応力度の算定とそれに用いる変数の組合せとして，最も不適当なものはどれか。

(1) 柱の垂直応力度の算定 ——— 柱の断面積

(2) 梁のせん断応力度の算定 ——— 梁幅

(3) 曲げ応力度の算定 ——— 断面二次半径

(4) 縁応力度の算定 ——— 断面係数

《R5-後8》

---

□□□ **8** 図に示す断図の $X-X$ 軸に対する断面2次モーメント $I_x$ と，$Y-Y$ 軸に対する断面2次モーメント $I_y$ の比 $\dfrac{I_x}{I_y}$ として，正しいものは次のうちどれか。

(1) 2

(2) 4

(3) 8

(4) 16

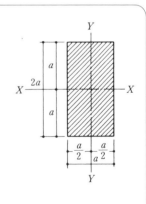

《基　本》

---

(メモ)
.................................................................................
.................................................................................
.................................................................................
.................................................................................

[解説]

6 (2) 弾性体の応力度 $\sigma$ とひずみ $\varepsilon$ との比（$\sigma/\varepsilon$）を，**ヤング係数**という。よって，最も不適当である。

(3) 物体の一軸方向に外力が作用するとき，伸びのひずみ（縦ひずみ）とそれに対し直角方向に収縮するひずみ（横ひずみ）との比を**ポアソン比**という。

(4) 座屈荷重 Pcr は下式で表される。

$$Pcr = \frac{\pi^2 EI}{\ell_k^2}$$

E：ヤング係数，I：断面二次モーメント，$\ell_k$＝座屈長さ

7 引張応力度の算定には，断面積が関係する。

断面一次モーメントは，せん断応力度の算定および図心を求める際にも必要となる。

断面二次モーメントは，曲げ応力度，たわみ量などの算定に必要となる。

断面係数は，縁応力度の算定に必要とされる。

断面二次半径は，座屈荷重の算定に必要とされる。

したがって，(3)が最も関係の少ないものである。

8 表1から，**断面二次モーメント** $I_x, I_y$ は以下のとおり。

$$I_x = \frac{1}{12} a \times (2a)^3, \quad I_y = \frac{1}{12} 2a \times a^3 \qquad \text{よって，} \quad \frac{I_x}{I_y} = \frac{a(2a)^3}{2a \times a^3} = \frac{8a^4}{2a^4} = \underline{4} \text{ となり，(2)が正しい。}$$

表1 断面の諸係数

| 断 面 形 状 | 断 面 積 $A(\text{cm}^2)$ | 断面二次モーメント $Ix_0(\text{cm}^4)$ | 断 面 係 数 $z = \dfrac{Ix_0}{y}(\text{cm}^3)$ | 断面二次半径 $i = \sqrt{\dfrac{Ix_0}{A}}(\text{cm})$ |
|---|---|---|---|---|
| | $bh$ | $\dfrac{1}{12} bh^3$ | $\dfrac{1}{6} bh^2$ | $\dfrac{1}{\sqrt{12}} h$ |
| | $b(h_2 - h_1)$ | $\dfrac{1}{12} b(h_2^3 - h_1^3)$ | $\dfrac{1}{6h_2} b(h_2^3 - h_1^3)$ | $\sqrt{\dfrac{h_2^3 - h_1^3}{12(h_2 - h_1)}}$ |
| | $\dfrac{1}{4} \pi D^2$ | $\dfrac{1}{64} \pi D^4$ | $\dfrac{1}{32} \pi D^3$ | $\dfrac{D}{4}$ |
| | $\dfrac{1}{4} \pi (D^2 - d^2)$ | $\dfrac{1}{64} \pi (D^4 - d^4)$ | $\dfrac{1}{32D} \pi (D^4 - d^4)$ | $\dfrac{1}{4} \sqrt{D^2 + d^2}$ |
| | $bh$ | $\dfrac{1}{48} bh^3$ | $\dfrac{1}{12} bh^2$ | $\dfrac{1}{\sqrt{48}} h$ |

【正解】 6：(2)，7：(3)，8：(2)

建
築
学

▶ **必修基本問題** ◀　**1・3 構 造 力 学**

1　図に示す単純梁 AB に等変分布荷重が作用するとき，支点 A の垂直反力 $V_A$ 及び支点 B の垂直反力 $V_B$ の大きさの比率として，正しいものはどれか。

(1)　$V_A : V_B = 1 : 1$

(2)　$V_A : V_B = 2 : 1$

(3)　$V_A : V_B = 3 : 1$

(4)　$V_A : V_B = 4 : 1$

(R3-後9)

2　図に示す片持梁 AB の CD 間に等分布荷重 $w$ が作用したときの曲げモーメント図として，正しいものはどれか。

ただし，曲げモーメントは材の引張側に描くものとする。

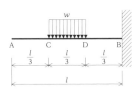

1.

2.

3.

4.

(R5-後10)

建
築
学

正解とワンポイント解説

1 等変分布荷重を集中荷重 W に置き換えて，重心位置に作用させる。

$\Sigma Y = 0$ より

$\quad V_A + V_B = W$

$\Sigma M_A = 0$ より

$W \times \dfrac{l}{3} - V_B \times l = 0$

$\therefore V_B = \dfrac{W}{3}$

$V_A = \dfrac{2}{3} W$  よって $V_A : V_B = 2 : 1$

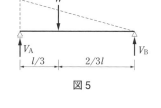

図5

2 等分布荷重を集中荷重 $W$ に置き換えると，

$W = w \times l/3$

$\Sigma Y = 0$ より

$V_B = w \times l/3$

$M_B = w \times l/3 \times l/2$

C-D 間の C から $x$ の位置の曲げモーメント $Mx$ は

$\quad wx \times x/2 = wx^2/4$

よって，C-D 間が 2 次曲線である(4)が正しい。

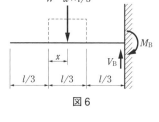

$W = w \times l/3$

図6

3 まず変形を考える。鉛直部材は片持ち梁のように変形する。水平部材は下側が引張になるような変形をする。

曲げモーメントの絶対値は，$M_A = 0$  $M_B = Pl$  $M_D = Pl$ となる。

曲げモーメントは材の引張側に描くので，(1)が正しい。

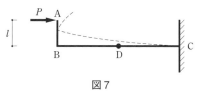

図7

【正解】 1 : (2)，2 : (4)，3 : (1)

建築学

▶ **必修基本問題** ◀ １・３ 構 造 力 学

4 図に示す単純梁に同じ大き
さの集中荷重Pが作用したと
きの曲げモーメント図として，
**正しいもの**はどれか。

　ただし，曲げモーメントは
材の引張側に描くものとする。

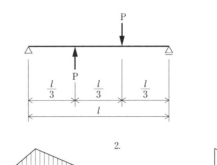

1. 　　　　　　　　2.

3. 　　　　　　　　4.

(H29-後 10)

5 図に示すラーメンに集中荷重Pが作用したときの曲げモーメント図として，**正しいもの**はどれ
か。　ただし，曲げモーメントは材の引張り側に描くものとする。

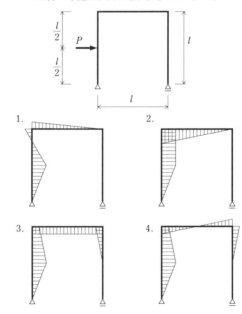

1. 　　　　　　　　2.

3. 　　　　　　　　4.

(R1-前 10)

6 図に示す単純梁の左側半分に等分布荷重 $w$ が作用するとき，梁の中央部C点に生ずる曲げ
モーメントMとせん断力Qの大きさの組合せとして，**正しいもの**はどれか。

(1)　M = 8 kN・m　　　Q = 2 kN

(2)　M = 8 kN・m　　　Q = 4 kN

(3)　M = 16 kN・m　　　Q = 2 kN

(4)　M = 16 kN・m　　　Q = 4 kN

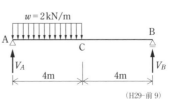

(H29-前 9)

正解とワンポイント解説

4　単純梁に集中荷重が作用する場合のモーメン

ト図は，必ず山形になる。

曲げモーメントは，材の引張側に描くので，

(3)が正しい。

5　反力を求める。

$\Sigma Y = 0$ より，$V_A = V_E$

$\Sigma X = 0$ より，$H_A = P$

$\Sigma M_A = 0$ より，$P \times \dfrac{l}{2} - V_E \times l = 0$

$\therefore V_E = \dfrac{P}{2}$，$V_A = \dfrac{P}{2}$

したがって，B，C，D 点の曲げモーメントは，

$M_B = H_A \times \dfrac{l}{2} = \mathrm{P} \times \dfrac{l}{2} = \dfrac{Pl}{2}$

$M_C = H_A \times l - \mathrm{P} \times \dfrac{l}{2}$

$= \mathrm{P} \times l - \mathrm{P} \times \dfrac{l}{2} = \dfrac{Pl}{2}$

$M_D = 0$

となるので，(2)が正しい。

6　反力を求める。

$\Sigma Y = 0$ より

$V_A + V_B = 2 \times 4 = 8 \ \mathrm{kN}$

$\Sigma M_A = 0$ より

$2 \times 4 \times 2 - V_B \times 8 = 0$

$\therefore V_B = 2 \ \mathrm{kN}$，$V_A = 6 \ \mathrm{kN}$

C 点の曲げモーメントは，$V_B \times 4 = 8 \ \mathrm{kN \cdot m}$

C 点のせん断力 $Q_C$ は，$\Sigma Y = 0$ より，

$Q_C = 2 \ \mathrm{kN}$

よって，(1)が正しい。

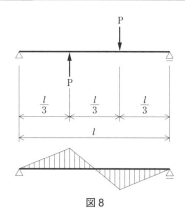

図 8

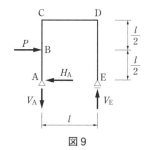

図 9

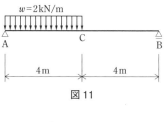

図 11

図 10

【正解】　4 : (3)，5 : (2)，6 : (1)

# 1·4 建 築 材 料

[最近出題された問題]

## 1·4·1 木 材

□□□ **1** 木材に関する記述として，**最も不適当な**ものはどれか。
(1) 辺材部分は，一般に心材部分より含水率が高い。
(2) 気乾状態とは，木材の水分が完全に無くなった状態をいう。
(3) 繊維方向の圧縮強度は，繊維に直交する方向の圧縮強度より大きい。
(4) 強度は，繊維飽和点以上では，含水率が変化してもほぼ一定である。

《R5-後 12》

□□□ **2** 木材に関する一般的な記述として，**最も不適当な**ものはどれか。
(1) 繊維に直交する方向の引張強さは，繊維方向の引張強さより小さい。
(2) 心材は，辺材に比べて腐朽菌や虫害に対して抵抗が低い。
(3) 節は，断面の減少や応力集中をもたらし，強度を低下させる。
(4) 木材の乾燥収縮の割合は，年輪の接線方向が最も大きく，繊維方向が最も小さい。

《H30-前 12》

□□□ **3** 木材の一般的な性質に関する記述として，**最も不適当な**ものはどれか。
(1) 木材の乾燥収縮の割合は，年輪の接線方向が最も大きく，繊維方向が最も小さい。
(2) 木材の強度は，繊維飽和点以下では，含水率の減少とともに低下する。
(3) 木材の強度は，繊維方向と平行に加力した場合が最も高い。
(4) 針葉樹は，広葉樹に比べ，一般的に軽量で加工がしやすい。

《R2-後 12》

□□□ **4** 木質材料に関する記述として，**最も不適当な**ものはどれか。
(1) 集成材とは，ひき板，小角材等をその繊維方向を互いにほぼ平行にして，厚さ，幅及び長さの方向に集成接着したものである。
(2) 直交集成板とは，ひき板又は小角材をその繊維方向を互いにほぼ平行にして幅方向に並べ又は接着したものを，主としてその繊維方向を互いにほぼ直角にして積層接着し，3層以上の構造を持たせたものである。
(3) 単板積層材とは，木材の小片を接着し板状に成形した一般材に，切削した単板を積層接着したものである。

  (4) 合板とは，切削した単板3枚以上を主としてその繊維方向を互いにほぼ直角にして接着したものである。

《R1-前 12》

［解説］

1 (2) **気乾状態**とは，~~大気中におかれた材料が自然乾燥によって水分を減し，大気中の湿度と平衡を保つようになる状態~~をいう。よって，最も不適当である。

2 (1) 繊維に直交する方向の強度は，圧縮・引張とも繊維方向のものより小さくなる。

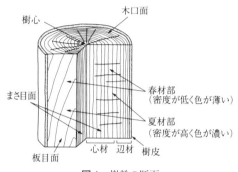

図1 樹幹の断面

 (2) 樹幹の断面は，樹心に近い木部を**心材**といい，色調が濃く，細胞は半枯死状態で樹液が少ない。ゴム・樹脂・タンニンなどを含んで腐りにくく，虫害を受けにくい。樹皮に近い木部を**辺材**といい，細胞は活力をもち，樹液も多く，含水率が高い。養分に富むため，腐朽・虫害を受けやすい。よって，最も不適当である。

 (4) 膨張量・収縮量は，繊維方向より年輪の接線方向（円周方向）や半径方向の方が大きい。

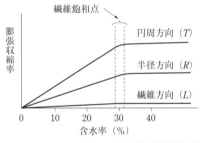 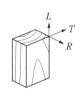

図2 含水率と膨張収縮率との関係

3 (2) 木材の強度は，繊維飽和点以下では，含水率の減少とともに上昇し，繊維飽和点以上では，含水率が変化してもほぼ一定である。

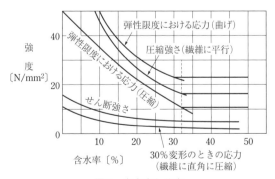

図3 含水率と強度

4 (3) 単板積層材（LVL）とは，単板を繊維方向をそろえて積層接着したものである。よって，最も不適当である。

【正解】 1 : (2)，2 : (2)，3 : (2)，4 : (3)

## 1・4・2　セメント・コンクリート

---

**5**　コンクリートに関する次の記述のうち，**最も不適当なもの**はどれか。

(1)　AE剤を添加することにより，コンクリートの耐凍害性を向上させることができる。

(2)　水セメント比が小さくなるほど，コンクリート強度が増す。

(3)　フレッシュコンクリート1m³当たりのセメント重量を単位セメント量という。

(4)　軽量コンクリートは，コンクリート中に大量に気泡を生じさせたコンクリートである。

《基　本》

---

**6**　JISに定めるレディーミクストコンクリートに関する次の記述のうち，**適当でないもの**はどれか。

(1)　砂の塩分は，建築用骨材では原則としてNaCl換算で0.04%以下と定められている。

(2)　普通コンクリートの標準品の空気量は4.5%，軽量コンクリートは5.0%と定められている。

(3)　普通コンクリートの骨材の絶乾密度は，原則として2.5以上と定められている。

(4)　セメントは，ポルトランドセメントを用いるよう定められている。

《基　本》

---

**7**　コンクリートに関する記述として，**最も不適当なもの**はどれか。

(1)　コンクリートの引張強度は，圧縮強度に比べて著しく小さい。

(2)　コンクリートの線膨張係数は，常温では，鉄筋の線膨張係数とほぼ等しい。

(3)　コンクリートは，大気中の炭酸ガスやその他の酸性物質の浸透によって徐々に中性化する。

(4)　コンクリートは，不燃性であり，長時間火熱を受けても変質しない。

《R4-後11》

---

**8**　コンクリートに関する一般的な記述として，**最も不適当なもの**はどれか。

(1)　スランプが大きいほど，フレッシュコンクリートの流動性は大きくなる。

(2)　硬化後のコンクリートの圧縮強度が大きくなると，ヤング係数は大きくなる。

(3)　暑中コンクリートは，日平均気温の平年値が25℃を超える期間が適用期間となる。

(4)　硬化後のコンクリートの引張強度は，圧縮強度の$\frac{1}{5}$程度である。

《R5-前11》

[解説]

5 (1) 混和材料のうち，薬品的に少量用いるものを混和**剤**，比較的多量に用いるものを混和**材**という。**AE剤**は，コンクリート中に無数の微細気泡を連行させ，この気泡はコンクリートに，①ワーカビリティーが改善される，②単位水量が減少できる，③凍結融解に対する抵抗性を増大させる，④中性化に対する抵抗性を増大させる，などの効果をもたらす。

このほか，主な混和材料とその目的は，以下のとおりである。

**フライアッシュ**：コンクリートのワーカビリティーの改良と水和熱の抑制。

**流動化剤**：コンクリートの流動性を増し，品質と施工性を改善させる。

**膨張剤**：乾燥収縮によるひび割れの低減。

(2) **水セメント比**は，水量をセメントの量で除した重量比であり，一般に，小さいほどコンクリートの強度は大きくなる。また，セメントは，粉末が微細なほど，強度発現は速くなる。

(4) **軽量コンクリート**は，気乾比重2.0以下のコンクリートの総称である。気泡を生じさせたコンクリートはALCであり，最も不適当である。ALCは，断熱性にすぐれるなどの特徴をもっている。

6 (1), (3) 骨材の品質については，表1のように定められている。

(2) コンクリートの空気量とその許容差は，表2のように定められている。同様に，スランプについての許容差は，表3のとおりである。

(4) セメントは，ポルトランドセメント・高炉セメント・シリカセメント，またはフライアッシュセメントのいずれかを用いる。よって，適当でない。

表1 砂利・砂の品質

| 種　類 | 絶乾密度 | 吸水率(%) | 粘土塊量(%) | 微粒分量試験によって失われる量(%) | 有機不純物 | 塩化物(NaClとして)(%) |
|---|---|---|---|---|---|---|
| 砂　利 | 2.5以上 | 3.0以下 | 0.2以下 | 1.0以下 | — | — |
| 砂 | 2.5以上 | 3.5以下 | 1.0以下 | 3.0以下 | 標準色より濃くない | 0.04以下 |

表2 空気量の許容差

| コンクリートの種類 | 空気量 | 空気量の許容差(%) |
|---|---|---|
| 普通コンクリート | 4.5 | ±1.5 |
| 軽量コンクリート | 5.0 | ±1.5 |

表3 スランプの許容差

| スランプ（cm） | スランプの許容差(cm) |
|---|---|
| 5および6.5 | ±1.5 |
| 8以上18以下 | ±2.5 |
| 21 | ±1.5 |

7 (4) コンクリートは不燃性であるが，長時間火熱すると表面から漸次溶融し強度が低下する。よって，最も不適当である。

8 (4) 硬化後のコンクリートの引張強度は，圧縮強度の$\frac{1}{10}$程度である。

【正解】 5：(4)，6：(4)，7：(4)，8：(4)

## 1・4・3　鋼　　材

**9** 構造用鋼材に関する記述として，**最も不適当なもの**はどれか。

(1) 密度は，約 $7{,}850 \, \mathrm{kg/m^3}$ である。

(2) 融点は，約 $500℃$ である。

(3) 線膨張係数は，約 $1.2×10^{-5} \, (1/℃)$ である。

(4) ヤング係数は，約 $2.05×10^{5} \, \mathrm{N/mm^2}$ である。

《H24-11》

**10** JIS（日本工業規格／現日本産業規格）に規定する構造用鋼材に関する記述として，**最も不適当なもの**はどれか。

(1) 建築構造用圧延鋼材は，SN材と呼ばれ，性能によりA種，B種，C種に分類される。

(2) 溶接構造用圧延鋼材は，SM材と呼ばれ，溶接性に優れた鋼材である。

(3) 建築構造用炭素鋼鋼管は，STKN材と呼ばれ，材質をSN材と同等とした円形鋼管である。

(4) 一般構造用圧延鋼材は，SSC材と呼ばれ，一般的に使用される鋼材である。

《R1-後11》

**11** JISに定める鉄筋コンクリート用棒鋼であるSD 345の応力とひずみの関係を模式的に表したグラフとして，**最も適当なもの**は次のうちどれか。

ただし，×印は破断点とする。

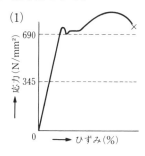

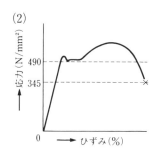

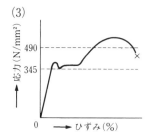

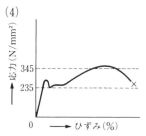

《基本》

建築学

[解説]

9 (1)　構造用鋼材の密度は，約 7,850 kg/m³（比重 7.85）である。

(2)　純粋な鉄の融点は 1,535℃ である。炭素の含有量が多いほど，融点は低くなるが，構造用鋼材の融点が約 500℃ であるとするのは，明らかに誤っている。よって，最も不適当である。

(3)(4)　設問のとおりである。

10　鋼材の JIS による分類と記号の主なものは，以下のとおりである（灰色のマーク項目は，各設問に該当）。

① 形鋼　一般構造用圧延鋼材……SS 400，SS 490，SS 540

　　　溶接構造用圧延鋼材……SM 400（A，B，C），SM 490（A，B，C）

　　　建築構造用圧延鋼材……SN 400（A，B，C），SN 490（B，C）

　　最初の S は Steel で鋼，次の S は Structural で構造，M は Marine で海を表し，次の 400，490 などは引張強度の規格による下限値 400 N/mm²，490 N/mm² を表す。

② 棒鋼　熱間圧延棒鋼……………SR 235，SR 295

　　　熱間圧延異形棒鋼………SD 295（A，B），SD 345，SD 390，SD 490

　　最初の S は Steel で鋼，次の R は Round で丸形，D は Deformed で異形を，次の 235，295 などは降伏点強さの規格による下限値 235 N/mm²，295 N/mm² を表す。

③ 軽量形鋼　長尺の帯鋼を冷間加工した形鋼で，常用される厚さは 4.5 mm 以下。

　　　一般構造用軽量形鋼……SSC 400

④ 鋼管・鋳鉄管

　　　一般構造用炭素鋼鋼管…STK 400，STK 490

　　　一般構造用角形鋼管……STKR 400，STKR 490

　　　配管用炭素鋼鋼管………SGP

よって，(4)が不適当である。

11　10 で解説したとおり，形鋼等の品質は**引張強度**で表し，棒鋼の品質は**降伏点強さ**で表す。これは，鉄筋はコンクリートと一体として使用されるので，ひずみの少ない降伏点強さを規格としているためである。SD 345 の降伏点は 345～440 N/mm²，引張強度は 490 N/mm² 以上と定められている。よって，(3)が最も適当である。

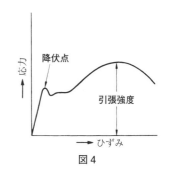

図 4

【正解】　9：(2)，10：(4)，11：(3)

(メモ)

建
築
学

## 1・4・4 アスファルト・プラスチック

☐☐☐ **12** 防水材料に関する記述として，**最も不適当なもの**はどれか。

(1) 金属系シート防水のステンレスシート又はチタンシートは，連続溶接することで防水層を形成する。

(2) ウレタンゴム系の塗膜防水材は，塗り重ねることで連続的な膜を形成する。

(3) アスファルトプライマーは，下地と防水層の接着性を向上させるために用いる。

(4) 防水モルタルに混入した防水剤は，塗り付ける下地に浸透して防水効果を高めるために用いる。

《R3-後 14》

☐☐☐ **13** 防水材料に関する記述として，**最も不適当なもの**はどれか。

(1) アスファルトルーフィングは，有機天然繊維を主原料とした原紙にアスファルトを浸透，被覆し，表面側のみに鉱物質粒子を付着させたものである。

(2) 網状アスファルトルーフィングは，天然又は有機合成繊維で作られた粗布にアスファルトを浸透，付着させたものである。

(3) ストレッチルーフィングは，有機合成繊維を主原料とした不織布原反にアスファルトを浸透，被覆し，表裏両面に鉱物質粒子を付着させたものである。

(4) アスファルトフェルトは，有機天然繊維を主原料とした原紙にアスファルトを浸透させたものである。

《R2-後 14》

☐☐☐ **14** プラスチックの一般的な性質に関する次の記述のうち，**不適当なもの**はどれか。

(1) アクリル樹脂は，不透明で，着色が困難である。

(2) ポリエチレン樹脂は，常温で弾性に富み，接着が困難である。

(3) 塩化ビニル樹脂は，成形しやすく，電気絶縁性にすぐれている。

(4) メラミン樹脂は，耐熱性にすぐれ，表面硬度が大である。

《基 本》

### ☐ ストレートアスファルトとブローンアスファルト

アスファルトには，主として石油アスファルトが用いられているが，石油精製の残留重質物からの処理により，ストレートアスファルトとブローンアスファルトに分けられる。

**ストレートアスファルト**は，アスファルト分をできるだけ分解・変化させずに取り出したもので，粘着性・伸び・浸透性に富むが，温度変化を受けやすい。

**ブローンアスファルト**は，粘着性・浸透性は小さいが，温度変化が小さく，耐候性が高い。

[解説]

12 (3)　**アスファルトプライマー**は，ブローンアスファルトを溶剤に溶かしたもので，防水下地に塗布し，溶融アスファルトとの接着を助ける下地処理剤である。その品質

表4　アスファルトプライマーの品質

| 項　　目 | 品　　質 | 備　　　考 |
|---|---|---|
| 指触乾燥時間 | 8 時間以下 | 試験方法は，JIS K5400（塗料一般試験方法）による。 |
| 密　　　度 | 1.0 未 満 | |
| 加 熱 残 分 | 35% 以上 | 試験方法は，JIS K5407（塗料成分試験方法）による。 |

は，表4のとおりであり，指触乾燥時間は8時間以下とする。

(4)　防水モルタルに混入した防水剤は，モルタルの防水性を高めるが，下地に浸透して防水効果を高めるものではない。よって最も不適当である。

13 (1)　アスファルトルーフィングは，アスファルトフェルト（軟質の原紙にストレートアスファルトを浸し込ませたもの）の両面にブローンアスファルトを厚く塗布したものである。よって，最も不適当である。

(2)　網状アスファルトルーフィングは，天然または有機合成繊維で作られた粗布にアスファルトを浸透，付着させたものである。柔軟でなじみやすく施工性が良い。

(3)　**ストレッチルーフィング**は，合成繊維を主とした不織布で，多孔質なフェルト状の原反にアスファルトを含浸してつくられ，防水用として用いられる。寸法安定性・耐久性にすぐれ，柔軟で伸びも大きい。絶縁工法に用いられるのは，あなあきルーフィングである。

(4)　アスファルトフェルトは，軟質の有機天然繊維の原紙にストレートアスファルトを浸透させたもので，モルタル塗り壁の防湿用下張りに用いられる。

14 (1)　**アクリル樹脂**は，透明度が高く，耐候性・着色性にすぐれ，平板成形品としてガラスのように用いられる場合が多い。よって，不適当である。

(2)　**ポリエチレン樹脂**は，常温で弾性に富み，劣化しにくいが，接着が困難である。

(3)　**塩化ビニル樹脂**は，耐熱性や耐候性に劣るが，成形しやすく，着色も自由であり，電気絶縁性にもすぐれている。

(4)　**メラミン樹脂**は，耐熱性・耐水性にすぐれ，透明で，表面硬度が大であり，表面化粧材として用いられている。

【正解】　12：(4)，13：(1)，14：(1)

建築学

建
築
学

## 1・4・5　その他

**15** 石材に関する次の記述のうち，**最も不適当なもの**はどれか。

(1) トラバーチンは大理石の一種で，内装などに用いられる。

(2) テラゾーは人造石の一種で，使用する種石は主に大理石である。

(3) 花こう岩は安山岩に比べ耐火性がすぐれている。

(4) 大理石は砂岩に比べ耐酸性が劣っている。

《基 本》

**16** 日本産業規格（JIS）に規定するセラミックタイルに関する記述として，**最も不適当なもの**はどれか。

(1) 表張りユニットタイルとは，多数個並べたタイルの表面に，表張り台紙を張り付けて連結したものをいう。

(2) 裏あしは，セメントモルタル等との接着をよくするため，タイルの裏面に付けたリブ又は凹凸のことをいう。

(3) 素地は，タイルの主体をなす部分をいい，施ゆうタイルの場合，表面に施したうわぐすりも含まれる。

(4) タイルには平物と役物があり，それぞれ形状は定形タイルと不定形タイルに区分される。

《R4-後13》

**17** ガラスに関する次の記述のうち，**不適当なもの**はどれか。

(1) 合わせガラスは，2枚以上の板ガラスを中間膜を挟み，全面接着したものである。

(2) 強化ガラスは，板ガラスを熱処理して破壊強さを増加させたものである。

(3) 網入板ガラスは，2枚の板ガラス間に網を入れ接着したものである。

(4) 複層ガラスは，2枚以上の板ガラスを一様に間隙をおいて並置し，その周辺を封着したものである。

《基 本》

**18** ガラスに関する記述として，**最も不適当なもの**はどれか。

(1) 熱線吸収板ガラスは，冷房負荷を軽減させる効果がある。

(2) 型板ガラスは，光を拡散し，視線を遮る効果がある。

(3) 複層ガラスは，結露防止に効果がある。

(4) 強化ガラスは，破損時の飛散防止効果がある。

《H24-13》

[解説]

15 (1) **トラバーチン**は，オニックスなどとともに大理石の一種である。酸・雨水に弱く，主として室内装飾用に用いられる。

(2) **テラゾー**は，人造石の一種であり，主として大理石の砕石を種石として，白色ポルトランドセメントや顔料を配合し，硬化・研磨したものである。

(3) **花こう岩**は，硬く，圧縮強さが大きく，耐久性がよいが，図6のように高温でもろくなり，耐火性が小さい。よって，最も不適当である。花こう岩には，稲田石や本みかげ石などがある。また，安山岩には，鉄平石・小松石などがあり，耐久・耐火性が大きい。

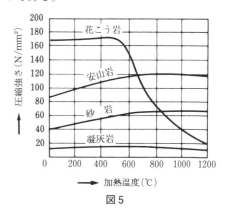

図5

(4) **砂岩**は，一般に耐火性が大きいが，吸水性や摩耗性も大きい。大理石は，主に炭酸石灰から成り，耐熱性に乏しい。

16 (3) 素地は，タイルの主体をなす部分をいい，施ゆうタイルの場合は，表面に施したうわぐすりを除いた部分である。よって，最も不適当である。

17 (1) **合わせガラス**は，2枚以上の板ガラスの間に接着力の強い特殊樹脂フィルム（中間膜）をはさんで接着したもので，破損しても破片が飛散しない。

(2) **強化ガラス**は，板ガラスを熱処理し，ガラス表面に圧縮応力層をつくって衝撃強さを増加させたものであり，破壊した際は小破片となる。製造後，現場での切断・加工はできない。

(3) **網入板ガラス**は，鉄線・黄銅線を網にしてガラス内部に入れたものであり，2枚の板ガラスを接着したものではない。よって，不適当である。網入り板ガラスは，防犯・防火上，有効である。

(4) **複層ガラス**は，2枚以上の板ガラスを一様に間隙をおいて並置し，乾燥空気を封入したもので，断熱・遮音効果が高い。

18 (1) **熱線吸収板ガラス**は，板ガラス組成の中に微量の金属成分を加えて着色されたガラスである。日射熱を吸収することにより，ガラスを透過する熱の量を抑制するため，冷房負荷を軽減させる効果がある。

(2) **型板ガラス**は，ガラスの片面に型模様をつけ，光を拡散して通すことによって，視線を遮る効果をもたせたガラスである。

(3) 17(4)参照。

(4) 17(2)参照。強化ガラスは，破損した際は小破片となる。破損時の飛散防止効果があるものは，17(1)の解説に示すように，合わせガラスである。よって，最も不適当である。

【正解】　15：(3)，16：(3)，17：(3)，18：(4)

---

**19** 日本産業規格（JIS）に規定する建具の性能試験における性能項目に関する記述として，**不適当なもの**はどれか。

(1) 防火性とは，火災時の延焼防止の程度をいう。

(2) 面内変形追随性とは，地震によって生じる面内変形に追随し得る程度をいう。

(3) 水密性とは，風雨による建具室内側への水の浸入を防ぐ程度をいう。

(4) 遮熱性とは，熱の移動を抑える程度をいう。

《R4-前 12》

---

**20** 内装材料に関する一般的な記述として，**最も不適当なもの**はどれか。

(1) 木毛セメント板は，断熱性，吸音性に優れている。

(2) けい酸カルシウム板は，軽量で耐火性に優れている。

(3) 強化せっこうボードは，心材のせっこうに油脂をしみ込ませ，強度低下を向上させたものである。

(4) シージングせっこうボードは，普通せっこうボードに比べ，吸水時の強度が生じにくい。

《R5-前 14》

---

**21** シーリング材の特徴に関する記述として，**最も不適当なもの**はどれか。

(1) ポリウレタン系シーリング材は，紫外線によって黄変することがある。

(2) ポリサルファイド系シーリング材は，表面に塗った塗料を変色させることがある。

(3) シリコーン系シーリング材は，表面への塗料の付着性がよい。

(4) アクリル系シーリング材は，未硬化の状態では水に弱く，雨に流されやすい。

《R4-前 13》

---

**22** 塗装の種類と素地の組合せとして，**最も不適当なもの**はどれか。

(1) 2液形ポリウレタンワニス塗り ———————— 木部面

(2) オイルステイン塗り ———————————— 木部面

(3) 合成樹脂調合ペイント塗り ———————— 鉄鋼面

(4) 合成樹脂エマルションペイント塗り ——— 鉄鋼面

《H28-14》

[解説]

19　主な建具の性能試験における性能項目とその意味

| | |
|---|---|
| 強さ | 外力に耐える程度 |
| 耐風圧性 | 風圧力に耐える程度 |
| 耐衝撃性 | 衝撃力に耐える程度 |
| 気密性 | 空気のもれを防ぐ程度 |
| 水密性 | 風雨による建具内面への水の侵入を防ぐ程度 |
| 遮音性 | 音を遮る程度 |
| 断熱性 | 熱の移動を抑える程度 |
| 遮熱性 | 日射熱を遮る程度 |
| 結露防止性 | 建具表面の結露の発生を防ぐ程度 |
| 防火性 | 火災時の延焼防止の程度 |
| 内面変形追随性 | 地震及び震動によって生じる面内変形に追随し得る程度 |
| 耐候性 | 構造，強度，表面状態などがある期間にわたり使用に耐え得る品質を保持している程度 |

よって，⑷が最も不適当である。

20　⑶　強化せっこうボードは，心材にガラス繊維を混入して，火災時のひび割れや破損に対応させたものである。よって，最も不適当である。

21　⑴　ポリウレタン系シーリング材は，紫外線によって黄変するなど耐候性に劣るのでガラスまわり目地には適さない。

　　⑵　ポリサルファイド系シーリング材は，耐熱性，耐候性が良く，表面にゴミなどが付きにくい特性があるが，表面の仕上塗材や塗料を変色させることがある。

　　⑶　シリコーン系シーリング材は，耐熱性，耐候性，耐疲労性に優れているが，表面への塗料の付着性が悪い。よって，最も不適当である。

22　⑴　2液形ポリウレタンワニス塗りは，塗膜が呼吸し，弾性力により木材の伸縮に追従する。さらに，耐候性がよく，変色しにくい。

　　⑵　オイルステイン塗りは，油溶性染料をトルエンやミネラルターベンなどに溶かし，少量の油ワニスなどを添付したものによる塗装である。建物内部の木部に適用される。

　　⑶　合成樹脂調合ペイント塗りは，鉄，亜鉛メッキ面に，防錆，美装を目的として用いられる塗装である。

　　⑷　合成樹脂エマルションペイントは，水性塗料のため作業性に優れ，乾燥も速いと言う特徴がある。塗膜は艶消しで不透明で，壁や天井などに多く用いられている。金属面には向かない。よって，⑷が最も不適当である。

【正解】　19：⑷，20：⑶，21：⑶，22：⑷

建築学

**必修基本問題** **1・4 建 築 材 料**

1 木材に関する一般的な記述として，最も不適当なものはどれか。
(1) 木材の強度は，含水率が同じ場合，密度の大きいものほど大きい。
(2) 針葉樹は，広葉樹に比べて軽量で加工がしやすい。
(3) 節は，断面の減少や応力集中をもたらし，強度を低下させる。
(4) 心材は，辺材に比べて腐朽菌や虫害に対して抵抗が低い。

(R4-後 12)

2 木材の防腐処理等に関する次の記述のうち，**不適当なもの**はどれか。
(1) 土台のコンクリートに接する面には，防腐剤を塗布する必要がある。
(2) ラワン及び広葉樹は，辺材のほうが心材より虫害を受けにくい。
(3) 建築用木材防腐剤としては，クレオソート油がある。
(4) 防ぎ剤には，毒性があるので取扱いに注意を要する。

(基 本)

3 木質材料に関する記述として，**最も不適当なもの**はどれか。
(1) 集成材は，ひき板や小角材などを繊維方向が互いに直角となるように集成接着したものである。
(2) フローリングボードは，1枚のひき板を基材とした単層フローリングである。
(3) フローリングブロックは，ひき板を2枚以上並べて接合したものを基材とした単層フローリングである。
(4) パーティクルボードは，木材などの小片を接着剤を用いて熱圧成形したものである。

(H27-12)

4 木材の樹種に関する一般的な圧縮強度の比較として，**適当なもの**はどれか。
(1) ス　ギ＜ヒノキ＜ケヤキ
(2) ヒノキ＜ス　ギ＜ケヤキ
(3) ケヤキ＜ス　ギ＜ヒノキ
(4) ヒノキ＜ケヤキ＜ス　ギ

(R3-後 12)

5 コンクリートに関する記述として，**最も不適当なもの**はどれか。
(1) セメントの粉末が微細なほど，コンクリートの強度発現は遅くなる。
(2) 単位セメント量や単位水量が過大になると，ひび割れが生じやすくなる。
(3) コンクリートは，大気中の炭酸ガスやその他の酸性物質の浸透によって徐々に中性化する。
(4) コンクリートの圧縮強度が大きくなるほど，ヤング係数は大きくなる。

(H27-11)

6　コンクリートに関する記述として，**最も不適当なもの**はどれか。

(1)　コンクリートは，不燃材料であり，長時間火熱を受けても変質しない。

(2)　コンクリートの圧縮強度が高くなるほど，ヤング係数は大きくなる。

(3)　コンクリートは，大気中の炭酸ガスやその他の酸性物質の浸透によって徐々に中性化する。

(4)　コンクリートの線膨張係数は，鉄筋とほぼ同じである。

(H30-後 11)

7　コンクリートに関する一般的な記述として，**最も不適当なもの**はどれか。

(1)　普通コンクリートの単位容積質量は，約 $2.3\,\mathrm{t/m^3}$ である。

(2)　単位水量が大きくなると，コンクリートの乾燥収縮が大きくなる。

(3)　コンクリートの耐久性は，水セメント比が小さくなるほど向上する。

(4)　コンクリートの引張強度は，圧縮強度の $\frac{1}{5}$ 程度である。

(H29-前 11)

8　鋼の一般的な性質に関する記述として，**最も不適当なもの**はどれか。

(1)　弾性限度内であれば，引張荷重を取り除くと元の状態に戻る。

(2)　炭素含有量が多くなると，溶接性は向上する。

(3)　熱処理によって，強度等の機械的性質を変化させることができる。

(4)　空気中で酸化し，錆を生じるため，防食を施す必要がある。

(R4-前 11)

9　構造用鋼材に関する記述として，**最も不適当なもの**はどれか。

(1)　線膨張係数は，約 $1.2\times10^{-5}$（1/℃）である。

(2)　炭素含有量が多くなると，ねばり強さや伸びが大きくなる。

(3)　建築構造用圧延鋼材 SN 400 B の引張強さの下限値は，400 N/mm$^2$ である。

(4)　鋼のヤング係数は，常温では強度に係わらずほぼ一定である。

(R5-後 11)

10　石材名と岩石名の組合せとして，**最も不適当なもの**はどれか。

(1)　稲田石 ——————— 花こう岩

(2)　ビアンコ カラーラ ——— 大理石

(3)　大谷石 ——————— 凝灰岩

(4)　鉄平石 ——————— 砂岩

(H23-12)

▶ **必修基本問題** ◀　1・4 建 築 材 料

11 日本産業規格（JIS）に規定するセラミックタイルに関する記述として，**不適当なものはどれか。**
(1)　セラミックタイルとは，粘土又はその他の無機質原料を成形し，高温で焼成した，所定の厚さを有した板状の不燃材料である。
(2)　裏連結ユニットタイルとは，多数個並べたタイルの裏面や側面を，ネットや台紙等の裏連結材で連結したものをいう。
(3)　屋外壁の有機系接着剤によるタイル後張り工法で施工するタイルには，裏あしがなくてもよい。
(4)　屋外壁のセメントモルタルによるタイル後張り工法で施工するタイルには，裏あしがなくてもよい。

(R5-前 12)

12 塗料の種類とその使用箇所における次の組合せのうち，**不適当なものはどれか。**
(1)　塩化ビニール樹脂エナメル ――――― 屋内モルタル壁面
(2)　アクリル樹脂エナメル ―――――――― 屋外コンクリート壁面
(3)　クリアラッカー ―――――――――――― 木製幅木
(4)　合成樹脂エマルションペイント ―― 金属面

(基 本)

13 シーリングに関する記述として，**最も不適当なものはどれか。**
(1)　モジュラスは，シーリング材表面の細かい亀甲状のひび割れである。
(2)　プライマーは，被着面とシーリング材との接着性を良好にするために，あらかじめ被着面に塗布する材料である。
(3)　1成分形シーリング材は，あらかじめ施工に供する状態に調製したシーリング材である。
(4)　2成分形シーリング材は，施工直前に基剤，硬化剤の2成分を着色剤などとともに練り混ぜて使用するように調製したシーリング材である。

(H24-14)

14 シーリング材に関する記述として，**最も不適当なものはどれか。**
(1)　ポリサルファイド系シーリング材は，ムーブメントが大きい目地には好ましくない。
(2)　ポリウレタン系シーリング材は，ガラス回り目地に適している。
(3)　シリコーン系シーリング材は，紫外線による変色が少ない。
(4)　アクリルウレタン系シーリング材は，施工時の気温や湿度が高い場合，発泡のおそれがある。

(R5-後 14)

15 日本産業規格（JIS）に規定する建具の性能試験に関する記述として，**不適当なものはどれか。**
(1)　遮音性の性能試験では，音響透過損失を測定する。

(2) 気密性の性能試験では，通気量を測定する。
(3) 結露防止性の性能試験では，熱貫流率を測定する。
(4) 水密性の性能試験では，漏水を測定する。

(R5-後 13)

### 正解とワンポイント解説

1 (4)　辺材は，心材に比べて腐朽菌や虫害に対して抵抗が低い。

2 (2)　一般に，辺材は心材よりも腐朽や虫害に対する抵抗性が劣り，害を受けやすい。

3 (1)　集成材は，ひき板や小さい角材など繊維方向が平行になるように集成接着したものである。

4 (1)　木材の樹種による一般的な圧縮強度は，スギ＜ヒノキ＜ケヤキである。

5 (1)　セメントの粉末が微細なほど，コンクリートの強度発現は早くなる。

6 (1)　コンクリートは不燃性であるが，長時間火熱を受けると表面から漸次溶融し強度が低下する。

7 (4)　コンクリートの引張強度は，圧縮強度の$\frac{1}{10}$程度である。

8 (2)　鋼は，炭素含有量が多くなると，溶接性は低下し，破断までの伸びは小さくなる。

9 (2)　8(2)の解説参照。

10 (4)　鉄平石は安山岩である。

11 (4)　外装タイルやそれ以外のタイルで屋外の壁に使用する場合，裏あしの形状はあり状とする。

12 (4)　合成樹脂エマルションペイントは，耐アルカリ性があり，金属面には適さない。

13 (1)　**モジュラス**とは，ゴム弾性体に一定のひずみを与えたときの応力をいう。モジュラス値が大きいほど，元の形に戻ろうとする力が大きいことになる。低モジュラスのシーリング材ほど，ムーブメントが大きく，幅の広い目地に対応できるが，小さければよいというわけではない。接着力と関係性が強く，モジュラス値が大きいと，接着力も大きくなる傾向になる。

14 (2)　ポリウレタン系シーリング材は，紫外線によって黄変するなど，耐候性に劣るので，ガラスまわり目地には適さない。

15 (3)　結露防止性は定量的に表現されず，空気温湿度などの要求される環境条件下での結露の発生の有無で判断する。

【正解】　1：(4)，2：(2)，3：(1)，4：(1)，5：(1)，6：(1)，7：(4)，
8：(2)，9：(2)，10：(4)，11：(4)，12：(4)，13：(1)，14：(2)，15：(3)

第 2 章

# 共　通

共

通

**令和 5 年度の出題傾向**

出題数は 3 問（解答数 3 問）
　前・後期ともに構内舗装工事，測量，建築設備からまんべんなく出題され，
正答肢が頻出肢であり，比較的易しかった。

## 2·1　舗装工事・植栽工事

[最近出題された問題]

---

**1** 構内舗装工事に関する記述として，**最も不適当な**ものはどれか。

(1) 路盤材料に用いられるクラッシャランは，採取したままの砂利で，砂と土粒の混入したものをいう。

(2) アスファルト舗装の路床は，地盤が軟弱な場合を除いて，現地盤の土をそのまま十分に締め固める。

(3) コンクリート舗装に用いるコンクリートのスランプは，一般的な建築物に用いるものより小さい。

(4) アスファルト舗装は，交通荷重及び温度変化に対してたわみ変形する。

《R5-前15》

---

**2** アスファルト舗装に関する記述として，**最も不適当な**ものはどれか。

(1) 路盤は，舗装路面に作用する荷重を分散させて路床に伝える役割を持っている。

(2) 表層は，交通荷重による摩耗とせん断力に抵抗し，平坦ですべりにくく快適な走行性を確保する役割を持っている。

(3) プライムコートは，路床の仕上がり面を保護し，路床と路盤との接着性を向上させる役割を持っている。

(4) タックコートは，基層と表層を密着し，一体化する役割を持っている。

《R3-前15》

---

**3** 舗装工事に用いる材料又は機器として，**関係ない**ものはどれか。

(1) クラッシャラン

(2) パワーストレッチャー

(3) インターロッキングブロック

(4) プライムコート

《H24-15》

---

**4** 樹木の用語に関する記述として，**不適当な**ものはどれか。

(1) 根巻きとは，樹木を移植する際，根と土の塊を崩さないようにわらや縄で周囲を包みこむことをいう。

(2) 枝張とは，樹木の四方面に伸長した枝の幅をいう。

(3) 樹高とは，樹冠の頂端から根鉢の底部までの垂直高さをいう。

(4) 高木とは，通常，幹が単幹で太くなり，樹高が高く伸びる樹木をいう。

《基本》

[解説]

**1** (1) クラッシュランとは，岩石を割り砕いたままで，ふるい分けをしていない砕石のことである。よって，最も不適当である。

(2) 路床は，通常は現地盤の土をそのまま利用し，必要なCBR値を確保するように締め固める。地盤が軟弱な場合は，改良を行う。

(3) コンクリート舗装に用いるコンクリートのスランプは，一般に，2.5〜8cm程度とする。

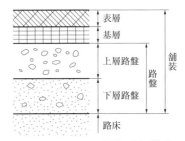

**図1** アスファルト舗装の断面構成

**2** (3) **プライムコート**は，路盤の上に散布されるもので，路盤の仕上がり面を保護し，その上に施工するアスファルト混合物のなじみを良くするために用いられる。よって最も不適当である。

(4) **タックコート**は，基盤あるいは路盤の上に置く混合物との間の付着を良くするためのものである。

**3** (1) **クラッシャラン**は，舗装の下地に用いる砕石のことである。

(2) **パワーストレッチャー**は，カーペットなどを貼るときに用いる工具である。したがって，舗装工事には関係ない。

(4) **2**(3)参照。

**4** (3) **樹高**とは，樹冠の頂端から根鉢の上部までの垂直高さをいう。よって，不適当である。

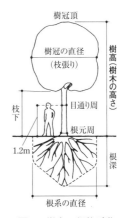

**図2** 樹木の規格呼称

【正解】　**1**：(1)，**2**：(3)，**3**：(2)，**4**：(3)

共
通

# 2・2　建　築　設　備

[最近出題された問題]

## 2・2・1　一般用語

☐☐☐ **1** 建築物の電気設備とそれに関する用語の組合せとして，最も関係の少ないものはどれか。

(1) 避雷設備 ────────── 棟上げ導体
(2) 高圧受変電設備 ────── キュービクル
(3) 情報通信設備 ────── 同軸ケーブル
(4) 照明設備 ────────── PBX

《R5-前16》

☐☐☐ **2** 建築設備とそれに関連する用語の組合せとして，最も関係の少ないものはどれか。

(1) 給水設備 ────────── ヒートポンプ
(2) ガス設備 ────────── マイコンメーター
(3) 排水設備 ────────── トラップ
(4) 空気調和設備 ────── ファンコイルユニット

《R5-後17》

## 2・2・2　電　気　設　備

☐☐☐ **3** 日本産業規格（JIS）に規定する構内電気設備の名称とその配線用図記号の組合せとして，不適当なものはどれか。

(1) 換気扇────────────────

(2) 蛍光灯────────────────

(3) 3路点滅器──────────────

(4) 情報用アウトレット──────────

《R4-後16》

━━━ **4** 日本工業規格 (JIS) に規定する構内電気設備の名称とその配線用図記号の組合せとして，**不適当なもの**はどれか。

(1) 情報用アウトレット（LANケーブル端子）────

(2) 蛍光灯 ────────────

(3) 換気扇 ────────────

(4) 分電盤 ────────────

《R1-前16》

共通

[解説]

**1** (1) 避雷設備における雷保護の方法として，突針による保護法（避雷針）と棟上げ導体保護法の2つの種類がある。

(2) 高圧受変電設備の方式として，金属製の箱内に発電所から送られてくる高電圧の電気を受け入れて，変圧し，各機器に配電するための重要な機器を収めたキュービクル（正式名称は「キュービクル式高圧受電設備」）がある。

(3) 情報通信設備で同軸ケーブルが用いられる。同軸ケーブルは，外部導体が電磁シールドの役割を果たし，外部から到来する電磁波の影響を受けにくく，主に高周波信号の伝送用ケーブルとして無線通信機器や放送機器，ネットワーク機器，電子計測器などに用いられている。

(4) PBXは，電話設備における構内交換機のことで，照明設備に関係はない。よって，最も不適当である。

**2** (1) ヒートポンプは，給湯設備の加熱装置および空調設備の熱源として用いられる。給水設備では使用されない。よって，最も不適当である。

(2) ガス使用量を計量する目的でマイコンメーターが使用される。

(3) トラップは，下水道からの臭気や硫化水素などのガスを遮断し，衛生害虫が排水管を通して屋内へ侵入するのを防ぐ目的で設置する。

(4) ファンコイルユニットは，小型の空調機器で室毎に設置しの冷房・暖房に用いられる。

**3** (4) 壁付コンセント，情報用アウトレットは，⬛が用いられる。よって，不適当である。

**4** (4) 構内電気設備の配線用図記号は，JIS C 0303（構内電気設備の配線用図記号）に規定されている。それによると，(1),(2),(3)の図記号は適当であり，(4)は配電盤の図記号であり，分電盤の図記号は である。よって，不適当である。

【正解】 **1**：(4)，**2**：(1)，**3**：(4)，**4**：(4)

□□□ **5**　建築物の電気設備及び電気通信設備に関する用語の説明として，**最も不適当**なものはどれか。

(1)　キュービクルは，金属製の箱に変圧器や遮断器などを収めたものである。

(2)　IP-PBX は，施設内の LAN を利用して内線電話網を構築できる交換機である。

(3)　漏電遮断器は，屋内配線の短絡や過負荷などの際に，回路を遮断するための装置である。

(4)　同軸ケーブルは，CATV の配信などの情報通信に用いられる。

《H30-後 16》

## 2・2・3　照　明　設　備

□□□ **6**　照明設備に関する一般的な記述として，**最も不適当なもの**はどれか。

(1)　LED は，高効率で他の照明器具に比べ寿命が長く，省エネ対策として広く用いられる。

(2)　Hf 蛍光ランプは，ちらつきが少なく，主に事務所などの照明に用いられる。

(3)　ハロゲン電球は，低輝度であり，主に道路やトンネルの照明に用いられる。

(4)　メタルハライドランプは，演色性がよく，主にスポーツ施設などの照明に用いられる。

《R1-後 16》

□□□ **7**　LED 照明に関する一般的な記述として，**最も不適当なもの**はどれか。

(1)　水銀を使用していないため，廃棄する場合に蛍光灯のように手間が掛からない。

(2)　蛍光灯や電球に比べ耐熱性が高いため，高温となる発熱体の周辺への設置に適している。

(3)　光の照射方向に熱をほとんど発しないため，生鮮食料品用の照明に適している。

(4)　光線に紫外線をほとんど含まないため，屋外照明に使用しても虫が寄り付きにくい。

《R5-後 16》

## 2・2・4　防　災　設　備

□□□ **8**　建築物に設ける自動火災報知設備の感知器として，**最も関係の少ないもの**はどれか。

(1)　熱感知器

(2)　煙感知器

(3)　炎感知器

(4)　地震感知器

《R4-前 16》

[解説]

5 (1), (2) 設問のとおりである。

(3) **漏電遮断器**は，これを取付けた部分以後の配線や電気機器に絶縁の低下（または破壊）が生じて漏電した場合，速やかに電気をとめて災害の発生を防ぐ安全装置である。屋内配線の短絡や過負荷などの際に遮断するための遮断機は**過電流遮断器**である。よって，最も不適当である。

(4) 設問のとおりである。

6 (1) 設問のとおりである。

(2) **Hf 蛍光ランプ**は，高周波点灯専用蛍光ランプで，高効率，長寿命でちらつきが少なく，事務所などの照明に用いられる。

(3) **ハロゲン電球**は，白熱電球の一種で，アルゴンガスなどとともに，微量のハロゲン物質を封入した電球である。ふつうの白熱電球より寿命が長く，明るさの変化が少なく，小型のうえ高輝度である。また，光色，演色性も優れており，照らされたものを美しく見せるため，店舗のスポット照明などに用いるほか，スポーツ施設，工場の投光照明などに使用されている。主に道路やトンネルの照明に用いられている電球は，LED 灯である。よって，最も不適当である。

(4) **メタルハライドランプ**は，水銀灯の演色性を改善したランプであり，高輝度で効率もよいので，大規模な商業施設や高層ビルなどの吹き抜け部分，室内アトリウムのベース照明などに用いられる場合が多い。

7 (1) 設問のとおりである。LED には水銀は使用されていない。

(2) 一般に LED の内部温度が 80℃ を越えると劣化が始まり，寿命が縮まる。また，高温になると，LED の回路が破壊される恐れがある。よって，最も不適当である。

(3) LED の光には可視光以外の放射がほとんどない。熱や紫外線を避けるべき生鮮食料品等の被照射物への照明に適している。

(4) 設問のとおりである。

8 消防法の自動火災報知設備の感知器は火災を検知する目的で，熱を感知する(1)熱感知器，煙を感知する(2)煙感知器と，炎を感知する(3)炎感知器に分けられる。
よって，(4)地震感知器は最も不適当である。

【正解】 5：(3)，6：(3)，7：(2)，8：(4)

（メモ）

共
通

## 2・2・5　給排水衛生設備

**9** 給排水設備に関する記述として，最も不適当なものはどれか。

(1) 地中埋設排水管において，桝を設ける場合，雨水桝には泥だめを，汚水桝にはインバートを設ける。

(2) 飲料水用の給水タンクの天井，底又は周壁は，建築物の構造体と兼用してはならない。

(3) ポンプ直送方式の給水設備は，水道本管から分岐した水道引き込み管に増圧給水装置を直結し，建物各所に給水する方式である。

(4) 飲料水用の給水タンクの水抜き管は，一般排水系統へ直接連結してはならない。

《R5-前 17》

**10** 給排水設備に関する記述として，最も不適当なものはどれか。

(1) 水道直結直圧方式は，水道本管から分岐した水道引き込み管に増圧給水装置を直結し，建物各所に給水する方式である。

(2) ウォーターハンマーとは，給水配管内の水流が急激に停止したとき，振動や衝撃音等が生じる現象をいう。

(3) 公共下水道の排水方式には，汚水と雨水を同一系統で排除する合流式と，別々の系統で排除する分流式がある。

(4) 排水トラップの破封を防止するため，排水系統に通気管を設ける。

《R4-後 17》

**11** 給排水設備に関する記述として，最も不適当なものはどれか。

(1) 圧力水槽方式の給水設備は，給水圧力の変動が大きく，停電時には給水が期待できない。

(2) 地中埋設排水管において，桝を設ける場合，雨水桝には泥だめを，汚水桝にはインバートを設ける。

(3) 水道直結直圧方式は，水圧が大きすぎるため，2階建住宅の給水には採用できない。

(4) トラップとは，悪臭などが室内へ侵入するのを防ぐためのものをいう。

《R3-前 17》

**12** 給排水設備に関する記述として，最も不適当なものはどれか。

(1) 水道直結直圧方式は，水道本管から分岐した水道引き込み管に増圧給水装置を直結し，建物各所に給水する方式である。

(2) 中水道とは，水の有効利用を図るため，排水を回収して処理再生し，雑用水などに再利用する水道のことである。

(3) 排水系統に設ける通気管は，排水トラップの破封を防止するためのものである。

(4) 公共下水道の排水方式には，汚水と雨水を同一系統で排除する合流式と，別々の系統で排除する分流式とがある。

《H30-後17》

[解説]

9 (1) 設問のとおりである。

(2) 設問のとおりである。建設省告示で建築物の構造体と兼用してはならないことが規定されている。

(3) ポンプ直送方式は，受水槽と直送ポンプユニットで構成する方式である。増圧給水装置は用いない。よって，最も不適当である。

(4) 設問のとおりである。

10 (1) 水道直結直圧方式は，水道本管から分岐した水道引き込み管を，増圧給水装置を介さず，直接建物各所に給水する方式である。よって，最も不適当である。

(2) 設問のとおりである。

(3) 設問のとおりである。

(4) 設問のとおりである。

11 (1) 圧力水槽方式は，水槽内の水位により水圧が変動する。給水ポンプに非常電源が供給されていないと停電時には給水できない。

(2) 設問のとおりである。雨水桝には排水中に混入する砂等を除去するための泥だめ，汚水桝には汚物が流れやすくするためにインバートを設ける。

(3) 水道直結直圧方式は，水道本管からの水圧で給水する方式で2階程度の住宅に用いられる方式である。よって，最も不適当である。

(4) 設問のとおりである。

12 (1) 水道直結直圧方式は，水道本管から配管を分岐し，建物内の給水箇所に直接配管を接続する方式で，増圧給水装置は用いない。よって，最も不適当である。

(2) 設問のとおりである。大規模施設では，排水再利用が行われている。

(3) 設問のとおりである。通気管は排水管内の圧力変動を緩和し，排水トラップの封水が消失すること（破封）を防ぐ。

(4) 設問のとおりである。なお，敷地内では，合流は汚水と雑用水を同一系統で流すこと，分流は汚水と雑用水を分けて排水することを指すので注意する。

【正解】　9 : (3)，10 : (1)，11 : (3)，12 : (1)

共
通

## 2・2・6 空 調 設 備

☐☐☐ **13** 空気調和設備に関する記述として，最も不適当なものはどれか。

(1) パッケージユニット方式は，機械室，配管，ダクト等のスペースが少なくてすむ。

(2) ファンコイルユニット方式は，ユニットごとの温度調節はできない。

(3) 二重ダクト方式は，別々の部屋で同時に冷房と暖房を行うことができる。

(4) 単一ダクト方式は，主機械室の空気調和機から各室まで，一系統のダクトで冷風又は温風を送るものである。

《R4-前17》

☐☐☐ **14** 空気調和設備に関する記述として，最も不適当なものはどれか。

(1) 定風量単一ダクト方式は，一定の風量で送風するシステムであり，負荷変動の異なる複数の空間に適するものである。

(2) 二重ダクト方式は，冷風，温風の2系統のダクトを設置するシステムであり，混合ボックスで温度を調節して室内に吹き出すものである。

(3) パッケージユニット方式は，機内に冷凍機，ファン，冷却コイル，加熱コイル等を内蔵した一体型の空調機を使用するものである。

(4) ファンコイルユニット方式は，熱源機器でつくられた冷水や温水を各室のファンコイルユニットに供給し，冷風や温風を吹き出すものである。

《R2-後17》

☐☐☐ **15** 空気調和設備に関する記述として，最も不適当なものはどれか。

(1) 単一ダクト方式におけるCAV方式は，室内に吹き出す風量が一定であり，室内環境を一定に保つことができる。

(2) 二重ダクト方式は，別々の部屋で同時に冷房と暖房を行うことができる。

(3) パッケージユニット方式は，熱源機器でつくられた冷水や温水を各室のパッケージユニットに供給し，冷風や温風が吹き出るようにしたものである。

(4) 各階ユニット方式は，各階ごとに空調機を分散設置して空調を行う方式で，各階ごとの負荷変動に対応できる。

《R1-後17》

［解説］

13 (1)　設問のとおりである。

(2)　ファンコイルユニット方式は，温度調節弁をつけ冷水量や温水量を制御することで，温度調節が可能である。よって，最も不適当である。

(3)　二重ダクト方式は，各室に冷風と温風を常時送風し，室ごとに設置する混合ユニットで，冷風と温風を混合することで冷房と暖房を同時に行うことができる。ただし，省エネルギーなシステムではない。

(4)　設問のとおりである。

14 (1)　定風量単一ダクト（CAV）方式は，負荷変動の異なる複数の空間を同時に空調することは出来ない。それぞれ別の空調系統とするか，変風量単一ダクト（VAV）方式などを用いる。よって，最も不適当である。

(2)　設問のとおりである。ただし，冷風と温風の2つのダクトが必要となるため工事費は高くなる。

(3), (4)　設問のとおりである。

15 (1)　設問のとおりである。風量を一定とし吹出温度を負荷状況に合わせて変化させて室温を一定にしている。

(3)　パッケージ方式は屋外機と室内機と冷媒を流す冷媒管で構成され，冷水や温水を製造する熱源機器はない。よって，最も不適当である。

(2), (4)　設問のとおりである。

【正解】　13 : (2)，14 : (1)，15 : (3)

（メモ）

必修基本問題 ◀ 2・1 舗装工事・植栽工事　2・2 建 築 設 備

1　建築設備とそれに関連する用語の組合せとして，**最も関係の少ないもの**はどれか。

(1)　給水設備 ──── ヒートポンプ

(2)　排水設備 ──── トラップ

(3)　電気設備 ──── バスダクト

(4)　空気調和設備 ── 2重ダクト

(R1-前17)

2　空気調和設備に関する記述として，**最も不適当なもの**はどれか。

(1)　二重ダクト方式は，別々の部屋で同時に冷房と暖房を行うことができる。

(2)　ファンコイルユニット方式は，各ユニットごとの温度調節はできない。

(3)　定風量単一ダクト方式は，部分的な負荷変動が少ない劇場，オーディトリウムに適している。

(4)　パッケージ方式は，機械室，配管，ダクト等のスペースが少なくてすむ。

(H29-後17)

3　自動火災報知設備の感知器に関する記述として，**最も不適当なもの**はどれか。

(1)　差動式分布型熱感知器は，湯沸室や厨房などの温度変化が激しい場所に適している。

(2)　定温式スポット型熱感知器は，火災時の熱により一局所が一定温度に達することにより作動する。

(3)　光電式スポット型煙感知器は，火災時の一局所の煙により光電素子の受光量が変化することにより作動する。

(4)　光電式分離型煙感知器は，天井が高い場合や吹抜けモール部分などの場所に適している。

(H30-前16)

4　防災設備に関する記述として，**最も不適当なもの**はどれか。

(1)　傾斜路に設ける通路誘導灯は，避難上必要な床面照度の確保と避難の方向の確認を主な目的とする避難設備である。

(2)　劇場の客席に設ける客席誘導灯は，客席から一番近い避難口の方向の明示を主な目的とする避難設備である。

(3)　自動火災報知設備は，火災発生時に煙又は熱を感知し，自動的にベルやサイレンを鳴らす警報設備である。

(4)　非常用の照明装置は，火災等で停電した場合に自動的に点灯し，避難上必要な床面照度を確保する照明設備である。

(R2-後16)

⑤ 電気設備に関する記述として，**最も不適当なもの**はどれか。

  (1) 電圧区分において，7000 V を超えるものを高圧という。

  (2) 単相 2 線式 100 V は，一般住宅などの電灯やコンセントなどへの供給に用いられる。

  (3) 受電設備などの配電盤から分電盤や制御盤までの配線を幹線という。

  (4) 可とう電線管は，配線工事において，屈曲部などに用いられる。

(H24-16)

共通

⑥ 給排水設備に関する記述として，**最も不適当なもの**はどれか。

  (1) 給水タンクの容量は，1 日の予想給水量をもとに，給水能力や使用時間などを考慮して決める。

  (2) 飲料水用の給水タンクは，外部からタンクの天井，底及び周壁の保守点検を行うことができるように設ける。

  (3) トラップは，排水管内の空気を流通させて換気を行うために設けられる。

  (4) 地中埋設排水管において，桝を設ける場合，雨水桝には泥だめを，汚水桝にはインバートを設ける。

(H28-17)

## 正解とワンポイント解説

① (1) ヒートポンプは熱を利用する設備で，空調設備もしくは給湯設備で関連する。

② (2) ファンコイルユニットは，各ユニットの吹出温度や吹出風量を変えることで温度調整ができる。

③ (1) 差動式分布型熱感知器は，感知器の周囲の温度の上昇率が一定の率以上になった時に火災信号を発信するもので，広範囲の熱効果により作動するものである。湯沸室や厨房などの温度変化が激しい場所には定温式熱感知器が適している。

④ (2) 客席誘導灯は，公演中における出入りにおいて階段でつまづかないため，火災などの緊急時においても非常口へ避難するためにも必要な設備である。

⑤ 7000 V を超えるものは，特別高圧である。下記　電圧区分表を参照

電圧区分

| | 直 流 | 交 流 |
|---|---|---|
| 低　　圧 | 750 V 以下 | 600 V 以下 |
| 高　　圧 | 750 V を超え，7,000 V 以下 | 600 V を超え，7,000 V 以下 |
| 特別高圧 | 7,000 V を超える | 7,000 V を超える |

⑥ (3) 排水管に設けるトラップは，排水管内の空気が水使用器具などを介して室内に侵入するのを防止するために設ける。

【正解】　①：(1)，②：(2)，③：(1)，④：(2)，⑤：(1)，⑥：(3)

# 2・3　設計図書・測量・積算

[最近出題された問題]

## 2・3・1　設計図書・契約

□□□ **1** 日本工業規格（JIS）の建築製図通則に定められた材料構造表示記号と表示事項の組合せとして，**最も不適当なもの**はどれか。

(1) ——— 構造材（木材）

(3) ——— 畳

(2) ——— 地盤

(4) ——— 鉄筋コンクリート

《H18-17》

□□□ **2** 次の記述のうち，「公共工事標準請負契約約款」上，**誤っているもの**はどれか。

(1) 請負者は，天候不良のため工期内に工事を完成することができないときは，発注者に書面により工期の延長変更を請求することができる。

(2) 請負者は，仮設，施工方法その他工事目的物を完成するために必要な一切の手段については，すべて発注者の指示に従わなければならない。

(3) 請負者は，工事の全部を一括して第三者に請け負わせてはならない。

(4) 請負者は，支給材料を除き，検査の結果不合格と決定された工事材料については，早急に工事現場外に搬出しなければならない。

《基本》

□□□ **3** 「公共工事標準請負契約約款」に関する次の記述のうち，**正しいもの**はどれか。

(1) 現場代理人は，主任技術者を兼ねることができる。

(2) 破壊検査に要する費用は，発注者が負担する。

(3) 発注者は受注者に対して，請負代金額を変更することなしに，工期の短縮を命ずることができる。

(4) 設計図書には，図面及び仕様書を含むが，現場説明書及びその質問回答書は含まない。

《基本》

[解説]

1 (2) JIS A 0150 に定められた表示記号より，この図は**割栗**を表す。よって，(2)が最も不適当である。なお，**地盤**を表す記号は図1のとおりである。

**図1** 地盤の表示記号

2 (1) 請負者は，天候不良，その他，請負者の責に帰すことができない事由により，工期内に工事を完成することができないときは，その理由を明示した書面により，発注者に工期の延長変更を請求することができる。

(2) 仮設，施工方法その他工事目的物を完成するために必要な一切の手段については，特別な定めがある場合を除き，<u>請負者がその責任において定める</u>とされている。よって，誤っている。

(3) 請負者は，工事の全部，もしくは，その主たる部分を一括して第三者に請け負わせてはならない。また，「公共工事入札・契約適正化法」により，いかなる場合も，公共工事を一括下請させてはならないと定められている。

(4) 消費者は，検査の結果，不合格と決定された工事材料については，決定を受けた日から，一般に7日程度以内に工事現場外に搬出しなければならない。

3 (1) 現場代理人・主任技術者および専門技術者は，これを<u>兼ねることができる</u>。よって，正しい。

(2) 監督員は，必要があると認められたときは，工事の施工部分を破壊して検査することができる。その場合，検査に直接要する費用は請負者の負担となる。よって，誤っている。

(3) 発注者は，特別の理由により工期短縮する必要があるときは，請負者にその請求ができる。また，必要があると認められるときは請負代金額を変更し，または，請負者に損害を及ぼしたときは必要な費用を負担しなければならない。よって，誤っている。

(4) 設計図書には，図面・仕様書・現場説明書および現場説明に対する質問回答書を含む。よって，誤っている。

このほか，「公共工事標準請負契約約款」では，以下のような規定がある。

・請負者は，設計図書の表示が明確でないこと，現場と設計図書とが異なることを発見したときは，その旨を書面で監督員に通知し，その確認を請求し，監督員の指示により施工する。

・発注者は，引渡し前においても，工事目的物の全部または一部を，請負者の承諾を得て使用できる。

・発注者は，請負契約を締結後，天災等の場合のほか，発注者が必要と認めたときは，工事の全部または一部の施工を，一時中止させることができる。

【正解】　1：(2)，2：(2)，3：(1)

共
通

---

**4**　現場代理人に関する次の記述のうち，「公共工事標準請負契約約款」上，**誤っ**ているものはどれか。

(1)　現場代理人は，工事現場に常駐しなければならない。

(2)　現場代理人は，設計図書と現場の状態が一致しない場合は，書面をもって監督員に報告しなければならない。

(3)　現場代理人は，請負代金の受領の権限を有していない。

(4)　現場代理人は，工事完了まで交替することはできない。

《基　本》

---

**5**　「公共工事標準請負契約約款」上，設計図書に**含まれないもの**はどれか。

(1)　仕様書

(2)　図面

(3)　見積書

(4)　現場説明書

《H17-17》

---

**6**　建設工事の請負契約書に記載すべき次の事項のうち「建設業法」に**規定されていないもの**はどれか。

(1)　工事着手の時期および工事完成の時期

(2)　現場代理人の氏名

(3)　工事完成後における請負金の支払いの時期および方法

(4)　契約に関する紛争の解決方法

《基　本》

---

[解説]

4　(1)，(3)　現場代理人は，工事現場に常駐し，その運営・取締りを行うほか，請負代金額の変更，請負代金の請求および受領，この契約の解除などに係わる権限を除き，請負者の一切の権限を行使することができる。

(2)　請負者（現場代理人）は，設計図書に示された自然的または人為的な施工条件と実際の工事現場が一致していない場合，その旨を直ちに監督員に通知し，その確認を請求しなければならない。

(4)　不適切な現場代理人と認めたときは，書面により理由を明示し，発注者は現場代理人の変更を請求できる。したがって，誤っている。

5　設計図書には次のものがある（灰色のマーク事項は，各設問に該当）。

① 契約書

② 仕様書（標準・特記）

③ 設計図（図面・設計計算書）

④ 現場説明書

⑤ 質問回答書（現場説明書に対する）

⑥ 公共工事標準請負契約約款

以上により，設計図書に含まれないものは，⑶の見積書である。見積書は，設計図書ではないので，法的拘束力はなく，その変更も可能である。

6　建設業法第19条第1項では，請負契約の締結に際し，書面に記載する事項を以下のように規定している（灰色のマーク事項は，各設問に該当）。

1　工事内容

2　請負代金の額

3　工事着手の時期及び工事完成の時期

4　請負代金の全部又は一部の前金払又は出来形部分に対する支払の定めをするときは，その支払の時期及び方法

5　当事者の一方から設計変更又は工事着手の延期もしくは工事の全部もしくは一部の中止の申出があった場合における工期の変更，請負代金の額の変更又は損害の負担及びそれらの額の算定方法に関する定め

6　天災その他不可抗力による工期の変更又は損害の負担及びその額の算定方法に関する定め

7　価格等（物価統制令（昭和21年勅令第118号）第2条に規定する価格等をいう。）の変動若しくは変更に基づく請負代金の額又は工事内容の変更

8　工事の施工により第三者が損害を受けた場合における賠償金の負担に関する定め

9　注文者が工事に使用する資材を提供し，又は建設機械その他の機械を貸与するときは，その内容及び方法に関する定め

10　注文者が工事の全部又は一部の完成を確認するための検査の時期及び方法並びに引渡しの時期

11　工事完成後における請負代金の支払の時期及び方法

12　工事の目的物の瑕疵を担保すべき責任又は当該責任の履行に関して講ずべき保証保険契約の締結等のときは，その内容

13　各当事者の履行の遅滞その他債務の不履行の場合における遅延利息，違約金その他の損害金

14　契約に関する紛争の解決方法

よって，建設業法に規定されていないものは，⑵の現場代理人の氏名である。

【正解】　4：⑷，5：⑶，6：⑵

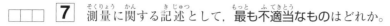

## 2・3・2　測量・積算

☐☐☐ **7** 測量に関する記述として，**最も不適当な**ものはどれか。
- (1) 水準測量は，地表面の高低差を求める測量で，レベル等を用いる。
- (2) 角測量は，水平角と鉛直角を求める測量で，セオドライト等を用いる。
- (3) 平板測量は，測点の距離と高さを間接的に求める測量で，標尺等を用いる。
- (4) 距離測量は，2点間の距離を求める測量で，巻尺等を用いる。

《R4-後15》

☐☐☐ **8** 距離測量における測定値の補正に関する記述として，**最も不適当な**ものはどれか。
- (1) 光波測距儀を用いた測量において，気象補正を行った。
- (2) 光波測距儀を用いた測量において，反射プリズム定数補正を行った。
- (3) 鋼製巻尺を用いた測量において，湿度補正を行った。
- (4) 鋼製巻尺を用いた測量において，尺定数補正を行った。

《R5-後15》

☐☐☐ **9** 数量積算に用いる用語の説明として，建築積算研究会「建築工事数量積算基準」上，**誤っている**ものは次のうちどれか。
- (1) 根切りとは，基礎などのための土の掘削をいう。
- (2) 根切り深さとは，基準線から砂利敷などの厚さを含まない基礎の底面までの深さをいう。
- (3) 仕上げとは，躯体の保護，意匠などのための材料，製品などの塗付け，張付け，取付けなどをいう。
- (4) 地業とは，基礎又は底盤など建築物の底面に接続して建築物を支持する部分をいう。

《基本》

☐☐☐ **10** 積算に関する記述として，**最も不適当な**ものはどれか。
- (1) 設計数量は，設計図書に表示されている個数や，設計寸法から求めた正味の数量をいう。
- (2) 所用数量は，切りむだなどを含まない数量をいう。
- (3) 計画数量は，仮設や土工の数量など，施工計画に基づいて算出した数量をいう。
- (4) 材料歩掛りは，単位面積や単位容積当たりの施工に必要な材料の数量をいう。

《H19-17》

［解説］

7 (1)　**水準測量**は，各測点の標高や高低差を求める測量である。水準測量では，普通，レベルと標尺を用いる。

(3)　**平板測量**は，現地で，平板上に貼られた用紙に地形図を作図する測量法で，アリダードにより方向を，巻尺により距離を，標尺により高低差を測定する。よって，最も不適当である。

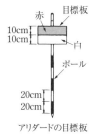

アリダードの目標板

巻尺

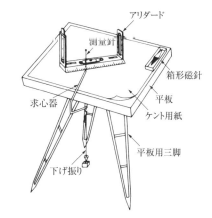

図2　平板測量一式

なお，**平面測量**は，三角測量やトラバース測量の総称である。水平角および垂直角は，セオドライト（トランシット）を用いて測定し，距離は光波測距儀で測定する。

8 (3)　鋼製巻尺の示す値は，温度による膨張，収縮，張力による伸びなどにより誤差を生じる。したがって，補正が必要であるが，湿度による補正は必要がない。よって，最も不適当である。

9 (1)　**根切り**とは，基礎または地下構築物などのための，土の掘削をいう。その数量は，根切り側面を垂直とみなし，根切り面積と根切り深さとの体積による。

(2)　**根切り深さ**とは，基準線から基礎の底面までの深さに，捨てコンクリートや砂利敷などの厚さを加えたものをいう。よって，誤っている。

(3)　**仕上げ**とは，躯体の保護や意匠・装飾などのための材料・製品などの塗付け・張付け・取付け，および，躯体の表面の加工などをいう。

図3　セオドライト

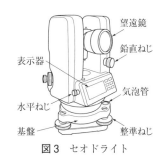

図4　光波測距儀

(4)　**地業**とは，基礎または底盤など，建築物の底面に接続して建築物を支持する部分で，杭地業・特殊地業などがある。

10 (2)　**所要数量**は，施工のロスや材料の切りむだなどを考慮して計上される数量である。よって，最も不適当である。

【正解】　7：(3)，8：(3)，9：(2)，10：(2)

# 第 3 章

## 建築施工

建築施工

### 令和 5 年度の出題傾向

出題数は 11 問（解答数 8 問）

基本的な施工手順や管理数値（寸法）など各分野からまんべんなく出題された。過去の類似問題が複数出題されているので，過去問題を繰り返し学習することが得点につながる。

# 3・1 地 盤 調 査

[最近出題された問題]

---

**1** 地盤の標準貫入試験に関する記述として，**最も不適当なもの**はどれか。

(1) 貫入量 100 mm ごとの打撃回数を記録し，1 回の貫入量が 100 mm を超えた打撃は，その貫入量を記録した。

(2) 本打ちの貫入量 200 mm に対する打撃回数が 30 回であったので，その深さの N 値を 30 とした。

(3) 本打ちの打撃回数は，特に必要がなかったので，50 回を限度として打撃を打ち切った。

(4) 本打ちは，ハンマーの落下高さを 760 mm とし，自由落下させた。

《R1-前18》

---

**2** 地盤調査に関する記述として，**最も不適当なもの**はどれか。

(1) ボーリングには，一般にロータリー式コアボーリングが用いられる。

(2) サウンディングとは，土質の色調により地層の性状を探査することをいう。

(3) 一軸圧縮試験により，非排水せん断強さを推定することができる。

(4) サンプリングとは，地盤の土質試料を採取することをいう。

《H26-37》

---

**3** 平板載荷試験に関する記述として，**最も不適当なもの**はどれか。

(1) 試験で求められる支持力特性は，載荷板直径の 5 倍程度の深さの地盤が対象となる。

(2) 載荷板の沈下量を測定するための変位計は，4 箇所以上設置する。

(3) 試験地盤面は，載荷板の中心から 1 m 以上の範囲を水平に整地する。

(4) 試験地盤に載荷板の直径の $\frac{1}{5}$ を超える礫が混入する場合，より大型の載荷板に変更する。

《H29-後38》

---

**4** 次の項目のうち，標準貫入試験の N 値から**推定できないもの**はどれか。

(1) 粘性土における一軸圧縮強さ

(2) 粘性土におけるせん断抵抗角（内部摩擦角）

(3) 砂質土における相対密度

(4) 砂質土における液状化強度

《H29-後37》

建築施工

┌──────────────────────────────────────────┐
│ □□□ **5** 地盤調査に関する記述として，**最も不適当なもの**はどれか。
│ (1) オーガーボーリングは，ロッド先端のオーガーを回転させて地中に押し込み，試料を
│     採取する。
│ (2) シンウォールサンプラーは，軟弱な粘性土の土質サンプリングに用いる。
│ (3) 土の粒度は，ふるい分析や沈降分析によって求める。
│ (4) 土の粒径は，粘土，シルト，細砂の順に小さくなる。
└──────────────────────────────────────────┘

《H24-37》

**[解説]**

**1** (2) **標準貫入試験**は，土の硬軟の程度を示すN値を測定するものである。

標準貫入試験（JIS A 1219）は，所定の深さ位置に掘削し，孔底のスライムを取り除いた孔に標準貫入試験用試料採取工具（サンプラー）をロッドに取り付け，63.5±0.5 kgのドライブハンマーを76±1 cmの高さから自由落下させ，ロッドを打撃して，その地層を30 cm貫入させるのに必要な打撃回数Nを求める。これが標準貫入試験の**N値**で，土の硬軟の程度を推定することができる。同時に，試料の採取が可能である（ただし，乱さない試料採取はできない）。

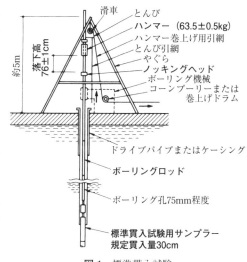

図1 標準貫入試験

**2** (2) **サウンディング**は，地盤の支持力を調査することの総称である。

**3** (1) **平板載荷試験**（図2）は，想定基礎底面の深さまで掘り下げ，そこに載荷板・油圧ジャッキを置き，これに荷重をかけて沈下量を測定し，地盤の地耐力や変形性を調べる試験である。載荷面から載荷板幅の1.5〜2倍の深さまでの地盤の支持力特性が求められる。

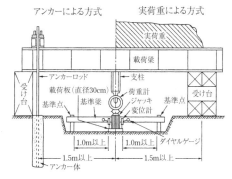

図2 平板載荷試験

**4** (2) 砂質土におけるせん断抵抗角（内部摩擦角）が推定できる。

**5** (4) 土の粒径は，**れき**（粒径2 mm以上），**砂**（2〜0.074 mm），**シルト**（0.074〜0.005 mm），**粘土**（0.005 mm以下）の順に小さくなる。

**【正解】** 1：(2)，2：(2)，3：(1)，4：(2)，5：(4)

建築施工

**必修基本問題**　**3・1 地盤調査**

**1**　土の標準貫入試験の $N$ 値に関する次の文章中，［　　　］に当てはまる数値の組合せとして，**正しいもの**はどれか。

「$N$ 値とは，重量 $63.5 \pm 0.5$ kg のドライブハンマーを［　イ　］$\pm 1$ cm 自由落下させ，標準貫入試験用サンプラーを地盤に［　ロ　］cm 打込むのに要する打撃数をいう。」

|  | イ | ロ |  | イ | ロ |
|---|---|---|---|---|---|
| (1) | 56 | 15 | (3) | 106 | 45 |
| (2) | 76 | 30 | (4) | 126 | 60 |

（基　本）

**2**　地盤調査に関する記述として，**最も不適当なもの**はどれか。

(1)　ロータリー式ボーリングは，軟らかい地層から硬い岩盤までの地盤構成を調べることができる。

(2)　シンウォールサンプラーは，軟弱な粘性土の土質サンプリングに用いる。

(3)　スウェーデン式サウンディング試験は，密な砂層，礫層にも適用できる試験方法である。

(4)　ハンドオーガーボーリングは，人力でオーガーを回転圧入させ試料を採取する方法である。

（H29-前 37）

**3**　平板載荷試験に関する記述として，**最も不適当なもの**はどれか。

(1)　平板載荷試験は，地盤の変形や強さなどの特性を調べるために行う。

(2)　載荷パターンには，段階式載荷と段階式繰返し載荷がある。

(3)　試験結果は，時間-載荷圧力曲線，時間-沈下量曲線などで整理する。

(4)　試験孔の大きさは，載荷板の大きさと等しくする。

（H25-37）

**4**　標準貫入試験に関する記述として，**最も不適当なもの**はどれか。

(1)　標準貫入試験は，土の静的貫入抵抗を求めるために行う試験である。

(2)　所定の打撃回数で，貫入量が $300$ mm に達しない場合，打撃回数に対する貫入量を記録する。

(3)　標準貫入試験による $N$ 値から砂質土の内部摩擦角や粘性土の一軸圧縮強度が推定できる。

(4)　$N$ 値やボーリングの採取試料の観察記録は，一般に，土質柱状図としてまとめる。

（H27-37）

### サウンディングとサンプリング

　サウンディングとは，ロッドに取り付けた抵抗体を地中に挿入し，貫入・回転・引抜きなどの抵抗から，地層の性状を探査することである。

　サンプリングとは，地盤土を代表する土質試料を採取することである。

主な地盤調査の種類と調査事項を表1に示す。

1 (2) N値とは，$63.5 \pm 0.5$ kg のドライブハンマーを $76 \pm 1$ cm の高さから自由落下させ，ロッドを打撃して，その地層を 30 cm 貫入させるのに必要な打撃回数である。

2 (3) スウェーデン式サウンディング試験は，玉石・礫層等には適用できない。

3 (4) 載荷試験のうち，平板載荷試験においては，試験孔を設けることはない。孔内水平載荷試験にあっては試験孔を設ける。

**表1　主な地盤調査の種類と調査事項**

| 調　査　法 | 機器または調査法の種類 | | 適　用　土　質 | 調査事項または用途 |
|---|---|---|---|---|
| ボ ー リ ン グ | ロータリーボーリング | | 土と岩のあらゆる地層 | 地盤構成，サンプリング，標準貫入試験等に用いる |
| | 試　　掘 | | 土と岩のあらゆる地層 | 原位置での土の採取，原位置試験に用いる |
| | コアボーリング | | 岩盤 | 岩盤コアの連続サンプリング |
| サンプリング | 固定ピストン式シンウォールサンプラー | | 軟弱な粘性土 | 軟弱な粘性土の乱さない試料採取 |
| | ロータリー式二重管サンプラー | | 硬質な粘性土 | 乱さない試料採取 |
| | 原位置凍結サンプリング | | 砂，砂れき | 乱さない試料採取 |
| サウンディング | 標準貫入試験 | | 玉石を除くあらゆる土 | N値，土の状態（内部摩擦角，粘着力，相対密度等） |
| | オランダ式二重管コーン貫入試験 | | 玉石を除くあらゆる土 | 粘性土のせん断強度の測定砂れき層の支持能力の判定 |
| | スウェーデン式サウンディング試験 | | 玉石，れきを除くあらゆる土 | 標準貫入試験の補助法 |
| | ベーン試験 | | 軟弱な粘土，高有機質土 | 軟弱な粘性土のせん断強度の測定 |
| 載 荷 試 験 | 平板載荷試験 | | すべての土 | 地耐力，変形係数，地盤係数 |
| | 孔内水平載荷試験 | | すべての土 | 地耐力，変形係数，地盤係数 |
| 物 理 探 査 | 地表探査法 | 電 気 探 査 | 土と岩のあらゆる地層 | 地下水の帯水層，基盤の深さ・風化状況の推定 |
| | | 表 面 波 探 査 | 土と岩のあらゆる地層 | 地盤のS波速度の分布 |
| | | 常時微動測定 | 土と岩のあらゆる地層 | 地盤の卓越周期 |
| | 孔内探査法 | P S 検 層 | 土と岩のあらゆる地層 | 地盤のP波およびS波の速度分布 |
| | | 電 気 検 層 | 土と岩のあらゆる地層 | 地盤の比抵抗分布 |
| | | 密 度 検 層 | 土と岩のあらゆる地層 | 地盤の密度分布 |
| | | 地 下 水 検 層 | 土と岩のあらゆる地層 | 地下水の流動速度，帯水層の位置 |
| 透 水 試 験 | 室内透水試験 | | すべての土 | 透水係数 |
| | 現場透水試験 | | 土と岩のあらゆる地層 | 透水係数 |
| | 揚水試験 | | 砂，砂れき | 透水係数，貯留係数，湧水量，影響範囲，動水勾配 |

4 (1) 標準貫入試験は，土の硬軟の程度を示すN値を測定するものである。

**【正解】**　1：(2)，2：(3)，3：(4)，4：(1)

# 3・2　仮 設 工 事

[最近出題された問題]

---

□□□ **1** 遣方及び墨出しに関する記述として，**最も不適当な**ものはどれか。
(1) ベンチマークは，移動するおそれのない既存の工作物に2箇所設けた。
(2) 2階より上階における高さの基準墨は，墨の引通しにより，順次下階の墨を上げた。
(3) 水貫は，水杭に示した一定の高さに上端を合わせて，水杭に水平に取り付けた。
(4) 鋼製巻尺は，同じ精度を有する巻尺を2本以上用意して，1本は基準巻尺として保管した。

《R3-後18》

---

□□□ **2** やり方及び墨出しに関する記述として，**最も不適当な**ものはどれか。
(1) 水貫は，水杭に示した一定の高さに上端を合わせて，水杭に水平に取り付ける。
(2) 鋼製巻尺は，同じ精度を有する巻尺を複数本用意して，そのうちの1本を基準巻尺とする。
(3) やり方は，建物の高低，位置，方向，心の基準を明確に表示するために設ける。
(4) 2階から上階における高さの基準墨は，墨の引通しにより，順次下階の墨を上げる。

《R5-後18》

---

□□□ **3** やり方及び墨出しに関する記述として，**最も不適当な**ものはどれか。
(1) 水貫は，水杭に示した一定の高さに上端を合わせて，水杭に水平に取り付ける。
(2) やり方は，建物の高低，位置，方向，心の基準を明確にするために設ける。
(3) 高さの基準点は，複数設置すると相互に誤差を生じるので，設置は1箇所とする。
(4) 鋼製巻尺は，同じ精度を有する巻尺を2本以上用意して，1本は基準巻尺として保管する。

《R1-後18》

□□□ **4** 墨出しに関する記述として，**最も不適当なもの**はどれか。

(1) 平面上の位置を示すために床面に付ける墨を，地墨という。

(2) 垂直を示すために壁面に付ける墨を，たて墨という。

(3) 基準墨から一定の距離をおいて平行に付ける墨を，逃げ墨という。

(4) 逃げ墨をもとにして型枠などの位置に付ける墨を，親墨という。

《R2-後 18》

□□□ **5** 仮設工事に関する記述として，**最も不適当なもの**はどれか。

(1) 建物の位置を確認するための縄張りは，配置図に従ってロープを張り巡らせた。

(2) 鋼製巻尺は温度により伸縮するので，測定時の気温に合わせて温度補正を行った。

(3) 床スラブコンクリート打設時のコンクリート上端のレベルチェックは，レーザーレベルとばか棒を用いて行った。

(4) 建物四隅の基準墨の交点を上階に移す際，2点を下げ振りで移し，他の2点はセオドライト（トランシット）で求めた。

《H29-前 36》

□□□ **6** 墨出し等に関する記述として，**最も不適当なもの**はどれか。

(1) 陸墨を柱主筋に移す作業は，台直し等を終え，柱主筋が安定した後に行った。

(2) 建物の位置を確認するための縄張りは，配置図に従ってロープを張り巡らせた。

(3) 通り心の墨打ちができないため，通り心より1m離れたところに逃げ墨を設け，基準墨とした。

(4) 建物四隅の基準墨の交点を上階に移す際，2点を下げ振りで移し，他の2点はセオドライトで求めた。

《R4-前 18》

[解説]

1 (2) 高さの基準墨は，順次下階の墨を上げると誤差を生じるので，外部などの基準レベルから高さを取得する。

2 (4) 1(2)の解説参照。

3 (3) 高さの基準点は，正確に設置し，移動しないようにその周囲を養生する。通常2箇所以上設けて相互に確認できるようにする。

4 (4) 逃げ墨をもとにして，型枠などの位置に付ける墨は小墨である。

5 (4) 四隅の基準墨の交点の4点とも下げ振りで移すのが一般的である。

6 (4) 5(4)の解説参照のこと。

【正解】　1：(2)，2：(4)，3：(3)，4：(4)，5：(4)，6：(4)

**▶ 必修基本問題 ◀ 　3・2 仮 設 工 事**

1　仮設足場に関する次の記述のうち，**不適当なもの**はどれか。

(1)　枠組足場は，単管足場より壁つなぎを多く設けなければならない。

(2)　単管足場で，建地の最高部から31 mを超える部分は，鋼管を2本組としなければならない。

(3)　登り桟橋で，勾配が15°を超えるものには，滑止めを設けなければならない。

(4)　高さ2 m以上の作業場所に設ける作業床は，吊足場の場合を除き，幅40 cm以上で，床材間のすき間は3 cm以下としなければならない。

（基　本）

2　墨出し等に関する記述として，**最も不適当なもの**はどれか。

(1)　検査用鋼製巻尺は，その工事現場専用の基準巻尺を使用する。

(2)　鉄筋コンクリート造では，躯体工事用の各階ごとの基準高さは，1階の基準高さから確認する。

(3)　建物の位置を確認するための縄張りでは，配置図に従ってロープを張るか，石灰で線を引くなどする。

(4)　高さの基準点は，複数設置すると相互に誤差を生じるので，設置は1箇所とする。

（H26-36）

3　遣方に関する記述として，**最も不適当なもの**はどれか。

(1)　水杭の頭部は，物が接触した場合等に，その変状で移動をすぐに発見できるようにいすか切りとする。

(2)　水貫は，上端を水杭にしるした高さの基準に合わせて水平に取り付ける。

(3)　平遣方は，建築物の隅部に設ける遣方である。

(4)　水杭は，根切りや基礎工事に支障がない位置に打ち込む。

（H27-36）

4　墨出しに関する記述として，**最も不適当なもの**はどれか。

(1)　通り心の墨打ちができないため，通り心より1 m離れたところに逃げ墨を設け，基準墨とした。

(2)　2階より上階における高さの基準墨は，墨の引通しにより，順次下階の墨を上げた。

(3)　高さの基準墨を柱主筋に移す作業は，台直し等を終え，柱主筋が安定した後に行った。

(4)　通り心，高低のベンチマーク等の基準墨については，図面化し，墨出し基準図を作成した。

（H30-前 18）

5　建築工事における墨の呼び名とその説明の組合せとして，**最も不適当なもの**はどれか。

(1)　地　墨 —— 平面の位置を示すために床面に付けた墨

(2)　陸　墨 —— 垂直を示すために壁面に付けた墨

(3)　親　墨 —— 基準となる墨

(4)　逃げ墨 —— 通り心から一定の距離をおいて平行に付けた墨

(H24-36)

正解とワンポイント解説

1　(1)　表1より，**壁つなぎ**は，単管足場の場合が枠組足場よりも多く設ける必要がある。

(3)　**登り桟橋**の勾配は，30°以下とし，それを超える場合は階段とするか，または，高さ2m未満の丈夫な手掛けを設ける。勾配が15°を超えるものは，踏桟等の滑り止めを設ける。

2　(4)　高さの基準点は，一般的には複数箇所に設置する。

3　(3)　遣方は，その位置によって隅遣方と平遣方とがあるが，建築物の隅部に設ける遣方は，隅遣方である。

4　(2)　高さの基準墨は，順次下階の墨を上げると誤差を生じるので，外部などの基準レベルから高さを取得する。

表1　足場の安全基準

| 要点 ＼ 種類 | 単管足場 | 枠組足場 |
|---|---|---|
| 建 地 の 間 隔 | ・桁行方向：1.85 m 以下<br>・梁間方向：1.50 m 以下<br>・建地の最高部から31 m を超える部分は2本組とする | 高さ20 m を超える場合および重量物の積載を伴う作業をする場合は，<br>・主枠の高さ：2 m 以下<br>・主枠の間隔：1.85 m 以下 |
| 地上第1の布の高さ | 2.0 m 以下 | |
| 建地脚部の滑動・沈下防止装置 | ベース金具，敷板，敷角 | 同　左 |
| 継　手　部 | 付属金具で緊結 | 同　左 |
| 接続部・交差部 | 付属金具で緊結 | 同　左 |
| 補　強 | 筋かいを入れる | 同　左 |
| 壁つなぎ，控え | ・垂直方向：5 m 以下<br>・水平方向：5.5 m 以下 | （高さ5 m 未満は除く）<br>・垂直方向：9 m 以下<br>・水平方向：8 m 以下 |
| 建地間の積載荷重（表示する） | 3 923 N（400 kg）以下 | — |
| 水　平　材 | — | 最上層および5層以内ごと |
| 作　業　床 | ・幅：400 mm 以上，隙間：30 mm 以下<br>・転位脱落防止のため2箇所以上緊結 | |
| 墜　落　防　止 | 高さ：850 mm 以上の手すりに中さん等を設ける | |

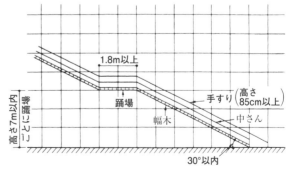

図1　登り桟橋の例

(3)　高さの基準墨を柱主筋に移す場合は，台直し等の作業を終えて，柱主筋が安定してから行う。

5　(2)　**陸墨**（ろくずみ）は，柱や壁などに記入する水平基準線の墨のことで，高さの基準を示す。**水墨**ともいう。

【正解】　1：(1)，2：(4)，3：(3)，4：(2)，5：(2)

# 3・3　地　　業

[最近出題された問題]

---

**1**　地業工事に関する記述として，**最も不適当なもの**はどれか。

(1)　砂利地業に用いる再生クラッシャランは，岩石を破砕したものであり，品質にばらつきがある。

(2)　土間コンクリートの下の防湿層は，断熱材がある場合，断熱材の直下に設ける。

(3)　砂利地業の締固めは，床付地盤を破壊したり，さらに深い地盤を乱さないよう，注意して行う。

(4)　砂利地業の締固めによるくぼみが生じた場合は，砂又は砂利を補充して再度転圧する。

《R1-後 19》

---

**2**　地業工事に関する記述として，**最も不適当なもの**はどれか。

(1)　砂利地業で用いる砂利は，砂が混じったものよりも粒径の揃ったものとする。

(2)　締固めによって砂利地業にくぼみが生じた場合，砂利を補充して表面を平らに均す。

(3)　捨てコンクリートは，墨出しをしやすくするため，表面を平坦にする。

(4)　土間コンクリートの下の防湿層は，断熱材がある場合，断熱材の直下に設ける。

《R5-後 19》

---

**3**　地業工事に関する記述として，**最も不適当なもの**はどれか。

(1)　床付け地盤が堅固で良質な場合には，地盤上に捨てコンクリートを直接打設することができる。

(2)　砂利地業では，締固め後の地業の表面が所定の高さになるよう，あらかじめ沈下量を見込んでおく。

(3)　土間コンクリートに設ける防湿層のポリエチレンフィルムは，砂利地業の直下に敷き込む。

(4)　砂利地業に使用する砂利は，粒径のそろった砂利よりも砂が混じった切込砂利などを用いる。

《H30-前 19》

---

**4** 地業工事に関する記述として，**最も不適当なもの**はどれか。

(1) 土間コンクリートに設ける防湿層のポリエチレンフィルムは，砂利地業の直下に敷き込んだ。

(2) 砂利地業の締固めによるくぼみが生じた場合は，砂利を補充して表面を平らにした。

(3) 砂利地業に，砕砂と砕石の混合した切込砕石を使用した。

(4) 捨てコンクリート地業は，基礎スラブ及び基礎梁のセメントペーストの流出等を防ぐために行った。

《R3-後 19》

---

**5** 既製コンクリート杭工事に関する記述として，**最も不適当なもの**はどれか。

(1) 中掘り根固め工法は，杭の中空部に挿入したアースオーガーで掘削しながら杭を設置した後，根固め液を注入する工法である。

(2) プレボーリング拡大根固め工法のアースオーガーの引上げ速度は，孔壁の崩壊が生じないように，速くする。

(3) プレボーリング拡大根固め工法の杭周固定液は，杭と周囲の地盤との摩擦力を確保するために使用する。

(4) セメントミルク工法において，支持地盤への到達の確認は，アースオーガーの駆動用電動機の電流値の変化により行う。

《R4-前 19》

---

[解説]

1 (1) 再生クラッシャランとは，コンクリートを破砕したものである。

2 (1) 砂利地業に使用する砂利の粒径は，JIS A5001（道路用砕石）による C-40 程度で，あまり大きくない方がよく，粒径がそろっていない砂混じりの方がよい。

3 (3) 土間コンクリートに防湿層を設ける際，防湿層の位置は，土間コンクリートの直下（砂利地業の直上）とする。

4 (1) 3(3)の解説参照。

　(3) 砂利地業に使用する砂利は，再生クラッシャラン，切込砂利または切込砕石とする。

5 (2) アースオーガーの引上げ速度は，孔壁の崩壊が生じないように，セメントミルクを噴出しながら，ゆっくり引き上げる。

【正解】　1：(1)，2：(1)，3：(3)，4：(1)，5：(2)

**▶ 必修基本問題 ◀　3・3 地　　業**

1 既製コンクリート杭工事に関する記述として，**最も不適当なもの**はどれか。

(1) 中掘り根固め工法は，杭の中空部に挿入したアースオーガーで掘削しながら杭を設置した後，根固め液を注入する工法である。

(2) セメントミルク工法は，あらかじめ掘削した孔に杭を挿入後，根固め液を注入する工法である。

(3) プレボーリング工法で掘削中の孔壁の崩壊を防ぐための安定液として，一般的にベントナイト泥水が用いられる。

(4) 基礎コンクリートの打設時に，コンクリートが杭の中空部に落下しないように杭頭をふさいでおく。

(H29-前40)

2 既製コンクリート杭のセメントミルク工法に関する記述として，**最も不適当なもの**はどれか。

(1) アースオーガーによる掘削は，粘着力の大きな地盤や硬い地盤ほど掘削速度を遅くする。

(2) オーガーヘッドは，掘削地盤によって適切な形状のものを使い，ヘッド径は杭径＋100 mm 程度とする。

(3) 根固め液は，杭孔の先端位置から注入しはじめ，オーガーを上下させ掘削液と十分に攪拌する。

(4) 杭先端を根固め液中に貫入させるため，杭を軽打又は圧入する。

(H28-69)

3 場所打ちコンクリート杭のアースドリル工法に関する記述として，**最も不適当なもの**はどれか。

(1) 孔底にスライムを十分沈降させた後，直ちに鉄筋かごを設置してコンクリートの打込みを行う。

(2) 孔中に水がある場合のコンクリートの余盛りは，水がない場合に比べて大きくする。

(3) コンクリート打設後，杭孔の上部に空掘り部分が残る場合は，良質土で埋戻しを行う。

(4) コンクリート打設を終了した杭に近接する杭の掘削は，打設直後を避けて施工する。

(H24-40)

4　地業工事に関する記述として，**最も不適当なもの**はどれか。

(1)　砂地業に用いる砂は，締固めが困難にならないように，シルトなどの泥分が多量に混入したものを避ける。

(2)　砂利地業に用いる再生クラッシャランは，コンクリート塊を破砕したものであり，品質のばらつきが少ない。

(3)　砂利地業において層厚が厚い場合の締固めは，2層以上に分けて行う。

(4)　捨てコンクリート地業は，掘削底面の安定化や，基礎スラブ及び基礎梁のコンクリートの流出等を防ぐために行う。

(H29-後 40)

建築施工

## 正解とワンポイント解説

1　既製コンクリート杭の施工法を図1に示す。

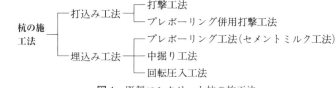

図1　既製コンクリート杭の施工法

(2)　セメントミルク工法は，アースオーガーにより所定の深度まで掘削した後，根固め液を注入し，オーガーを引き上げ，杭の建て込みを行う。

2　(3)　セメントミルク工法のうち，中堀り根固め工法では，杭が支持層に達したら，先端からセメントミルクを注入して，オーガーをゆっくり引き上げる。

3　(1)　スライムとは，孔壁の崩壊土や泥水中の土砂が孔底に沈殿したものである。スライムの集積した孔底にコンクリートを打設した杭は，上部荷重で杭底が沈下し，躯体が危険であるため，スライムを取り除く処理をする。処理方法には，スライムバケットを用いたり，水中ポンプを用いるなどの方法がある。

(2)　場所打ちコンクリート杭の杭頭部には，孔中に水が多い場合で 800 mm 以上，水が少ない場合で 500 mm 以上の余盛りを行う。

4　(2)　再生クラッシャランとは，コンクリートを破砕したもので，品質のばらつきが多い。

【正解】　1：(2)，2：(3)，3：(1)，4：(2)

# 3・4 土 工 事

[最近出題された問題]

---

**1** 親杭横矢板工法に関する記述として，**最も不適当なもの**はどれか。

(1) 比較的硬い地盤や砂礫層でも施工可能である。

(2) 横矢板のはずれ防止として，桟木等を矢板両側に釘止めする。

(3) 横矢板挿入時の裏込め材の充填不良により，地盤の沈下や山留め壁の変形が起こりやすい。

(4) 地下水位が高く，透水性の高い地盤に適している。

《H26-39》

---

**2** 土工事の埋戻し及び締固めに関する記述として，**最も不適当なもの**はどれか。

(1) 埋戻し土に粘性土を用いるため，余盛りの量を砂質土を用いる場合より多くした。

(2) 埋戻し土は，最適含水比に近い状態で締め固めた。

(3) 入隅等狭い箇所での締固めを行うため，振動コンパクターを使用した。

(4) 動的荷重による締固めを行うため，重量のあるロードローラーを使用した。

《R4-後 18》

---

**3** 山留め工事に関する記述として，**最も不適当なもの**はどれか。

(1) 法付けオープンカット工法は，周辺に安全な勾配の法面を形成しながら根切りする方法である。

(2) アイランド工法は，水平切梁工法に比べ，切梁の長さが長くなる。

(3) タイロッドアンカー工法は，山留め壁頭部の変形を抑制したい場合に有効である。

(4) 地盤アンカー工法は，偏土圧となる傾斜地の山留め工事に有効である。

《H28-38》

---

**4** 埋戻しに関する記述として，**最も不適当なもの**はどれか。

(1) 埋戻し土に用いる透水性のよい山砂は，水締めで締め固めた。

(2) 埋戻し土に用いる流動化処理土は，建設発生土に水を加えて泥状化したものに固化材を加えたものを使用した。

(3) 埋戻し土に用いる砂質土は，粒度試験を行い均等係数が小さいものを使用した。

(4) 埋戻し土に用いる山砂は，砂に適度の礫やシルトが混入されたものを使用した。

《R3-前18》

□□□ **5** 根切り及び山留め工法に関する一般的な記述として，**最も不適当な**ものはどれか。

(1) 控え（タイロッド）アンカー工法は，山留め壁頭部の変形を抑制したい場合に有効である。

(2) 場所打ち鉄筋コンクリート地中壁は，軟弱地盤や根切り底が深い掘削となる施工に適している。

(3) 親杭横矢板壁は，遮水性がなく，地下水位の高い地盤では地下水処理を併用する必要がある。

(4) トレンチカット工法は，根切り工事の範囲が狭い場合に適している。

《R5-前18》

[解説]

表1　与条件に対する山留め壁選定基準の目安（山留め設計施工指針より）

| 与条件／山留め壁の種類 | 地盤条件 | | | 工事規模 | | | | 周辺環境 | | | 工期 | 工費 |
|---|---|---|---|---|---|---|---|---|---|---|---|---|
| | 軟弱な地盤 | 砂礫地盤 | 地下水位が高い地盤 | 根切り深さ | | 平面規模 | | 騒音・振動 | 地盤沈下 | 排泥処理 | | |
| | | | | 浅い | 深い | 浅い | 深い | | | | | |
| 親 杭 横 矢 板 壁 | △ | ◎ | △ | ◎ | △ | ○ | ○ | ○ | △ | ◎ | ◎ | ◎ |
| 鋼 矢 板 壁 | ◎ | ○ | ○ | ◎ | ○ | ○ | ○ | ○ | ○ | ◎ | ◎ | ○ |
| 鋼 管 矢 板 壁 | ◎ | ○ | ○ | △ | ◎ | ○ | ○ | ◎ | ◎ | ◎ | ◎ | △ |
| ソイルセメント壁 | ◎ | ○ | ◎ | ○ | ○ | ○ | ○ | ○ | ○ | △ | ○ | ○ |
| R C 地 中 壁 | ◎ | ○ | ◎ | △ | ◎ | △ | ○ | ○ | ◎ | △ | △ | △ |

◎：有利　　○：普通　　△：不利

1 (4)　親杭横矢板工法は，遮水性がない，地下水位が低い場所に適する。

2 (4)　動的な締固めには，振動ローラーや振動コンパクター等を使用する。ロードローラーは自重による転圧に使用する。

3 (2)　アイランド工法は，山留め壁に接して方面を残し，これによって土圧を支え，まず中央部を掘削して構造物を築造し，この構造物から斜め切梁で山留め壁を支えながら周辺部を掘削して構造物を築造する工法である。そのため，切梁の長さを短くでき，広く，浅い掘削に適している。

4 (3)　埋戻し土には，腐食土や粘性土の含有量が少なく，透水性のよい砂質土を用いるのがよく，均等係数が大きいものを選ぶ。また，砂質土と粘性土を交互に組み合わせて使用することはない。

5 (4)　トレンチカット工法は，建物周辺部の地下躯体を先行するため，狭いと不適である。

**【正解】** 1：(4)，2：(4)，3：(2)，4：(3)，5：(4)

▶ **必修基本問題** ◀ 3・4 土 工 事

1 親杭横矢板水平切梁工法に関する記述として，**最も不適当なもの**はどれか。

(1) 腹起し材に H 形鋼を用いるため，フランジ面を山留め壁面に向けて設置した。

(2) プレボーリングで親杭を設置するため，杭の根入れ部分に根固め液を注入した。

(3) 横矢板のはずれ防止として，桟木を矢板両側に釘止めした。

(4) 腹起しの継手は，切梁や火打と腹起しの交点から可能な限り離して設けた。

(H28-39)

2 根切り及び山留め工法に関する一般的な記述として，**最も不適当なもの**はどれか。

(1) 法付けオープンカット工法は，山留め支保工が不要であり，地下躯体の施工性がよい。

(2) 水平切梁工法は，敷地に大きな高低差がある場合には適していない。

(3) トレンチカット工法は，根切りする部分が狭い場合に適している。

(4) アイランド工法は，根切りする部分が広く浅い場合に適している。

(H29-後 39)

3 土工事に関する次の記述のうち，**不適当なもの**はどれか。

(1) 根切り底を乱さないように，バックホーのバケットに特殊なアタッチメントを取り付けて掘削してもよい。

(2) ウェルポイント排水法とは，浅い地下水を強制的に排水する方法である。

(3) クラムシェルは，軟弱地盤の掘削には適さない。

(4) 埋戻し土には，透水性のよい砂質土を用いるのがよい。

(基 本)

4 土工事の埋戻し及び締固めに関する記述として，**最も不適当なもの**はどれか。

(1) 土間スラブ下の埋戻しにおいて，基礎梁や柱などの周囲や隅角部は，タンパーなどの小型機械を用いて十分締固めを行う。

(2) 透水性の悪い山砂を用いる場合は，厚さ 30 cm 程度ごとにローラー，ランマーなどで締め固める。

(3) 埋戻しに砂を用いる場合は，粒子の径が均一なものが最も適している。

(4) 埋戻しに砂質土を用いて水締めを行う場合は，粘性土を用いて締固めを行う場合より余盛り量は少なくてよい。

(H24-38)

5 親杭横矢板工法に関する記述として，**最も不適当なもの**はどれか。

(1) 矢板背面の地山を削り取る深さは，矢板の厚みに埋戻しができる余掘り厚を加えた程度までとする。

(2) 矢板は，取付けが可能な深さまでの掘削を完了した箇所から速やかに設置する。

(3) 著しく軟弱な粘土層やシルト層などの地盤，あるいは地下水位の高い地盤には適さない。

(4) 親杭を床付け面より下の地盤に打設することにより，根入れ部分の連続性が確保され，受働抵抗面積を大きくできる。

(H29-前 39)

**正解とワンポイント解説**

1 (4) 腹起しの継手は，切梁や火打ちと腹起しの交点から近い位置に設ける。

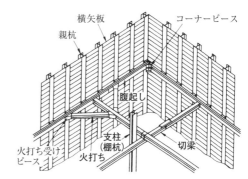

図1　山留め架構（水平切梁工法）

2 (3) トレンチカット工法は，建物周辺部の地下躯体を先行するため，狭いと不適である。

3 (1) 根切り底は，荒らさずに平坦に施工するために，バケットに特殊なアタッチメントを取り付けて，機械掘削としてもよい。

(2) **ウェルポイント排水**は，強制排水の1つで，6 m 以内の浅い地下水を強制的にポンプアップする方法である。

(3) 各種土工用機械を図2に示す。クラムシェルは，軟弱地盤の掘削に適している。

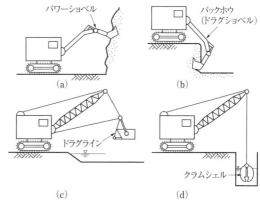

図2　各種土工用機械

4 (2) 締固めは，川砂や透水性のよい山砂の場合は水締めとし，透水性の悪い山砂や粘土質の場合は，厚さ 30 cm 程度ごとにローラーやランマー等で締め固めながら埋め戻す。

(3) 大きな締固め密度を得るためには，粒子の径が均一な砂を用いるよりは，粗砂や礫が混入した，粒子の径が不揃いで，大小混在している砂のほうがよい。

(4) 埋戻し，および，盛土には，土質による沈み代を見込んで余盛りを行う。通常，砂を用いて十分な水締めを行う場合は 50〜100 mm，粘性土を用いて十分な締固めを行う場合は 100〜150 mm 程度が，余盛りの目安と考えられている。

5 (4) 根入れ部分は親杭だけなので，山留め壁として連続していない。

【正解】　1:(4)，2:(3)，3:(3)，4:(3)，5:(4)

# 3・5　鉄筋コンクリート工事

[最近出題された問題]

## 3・5・1　鉄 筋 工 事

□□□ **1** 鉄筋のかぶり厚さに関する記述として，**最も不適当な**ものはどれか。
(1) 設計かぶり厚さは，最小かぶり厚さに施工精度に応じた割増しを加えたものである。
(2) かぶり厚さの確保には，火災時に鉄筋の強度低下を防止するなどの目的がある。
(3) 外壁の目地部分のかぶり厚さは，目地底から確保する。
(4) 屋内の耐力壁は，耐久性上有効な仕上げがある場合とない場合では，最小かぶり厚さが異なる。

《R3-前 19》

□□□ **2** 鉄筋のかぶり厚さに関する記述として，**最も不適当な**ものはどれか。
(1) 杭基礎におけるベース筋の最小かぶり厚さは，杭頭から確保する。
(2) 腹筋を外付けするときの大梁の最小かぶり厚さは，幅止め筋の外側表面から確保する。
(3) 直接土に接する梁と布基礎の立上り部の最小かぶり厚さは，ともに 30 mm とする。
(4) 屋内では，柱と耐力壁の最小かぶり厚さは，ともに 30 mm とする。

《R4-後 19》

□□□ **3** 鉄筋の加工及び組立てに関する記述として，**最も不適当な**ものはどれか。
(1) 鉄筋の折曲げ加工は，常温で行う。
(2) 鉄筋相互のあきは，鉄筋の強度により定められた最小寸法を確保する。
(3) 床開口部補強のための斜め補強筋は，上下筋の内側に配筋する。
(4) ガス圧接を行う鉄筋は，端面を直角，かつ，平滑にする。

《R5-後 20》

□□□ **4** 鉄筋のガス圧接に関する記述として，**最も不適当な**ものはどれか。
(1) 日本工業規格（JIS）に基づく手動ガス圧接技量資格種別の 1 種を有していれば，2 種の圧接作業可能範囲のすべてについて圧接作業を行うことができる。
(2) 圧接を行う鉄筋は，圧接部 1 箇所あたり，鉄筋径程度の縮みしろを見込んで切断・加工する。

(3)　鉄筋の圧接端面は，軸線に対して直角になるように切断・加工する。

(4)　圧接終了後の圧接器の取外しは，鉄筋加熱部分の火色消失後に行う。

《H27-42》

**5**　異形鉄筋の加工に関する記述として，**最も不適当なもの**はどれか。

(1)　鉄筋の加工寸法の表示及び計測は，突当て長さ（外側寸法）を用いて行う。

(2)　鉄筋の種類と径が同じ帯筋とあばら筋は，折曲げ内法直径の最小値は同じである。

(3)　壁の開口部補強筋の末端部には，フックを付けなければならない。

(4)　鉄筋の折曲げ加工は，常温で行う。

《R1-後 20》

**6**　鉄筋の継手及び定着に関する記述として，**最も不適当なもの**はどれか。

(1)　耐圧スラブが付く基礎梁主筋の継手の位置は，上端筋，下端筋ともスパンの中央部とする。

(2)　一般階の大梁の下端筋を柱内に折り曲げて定着する場合は，原則として曲げ上げる。

(3)　鉄筋の重ね継手の長さは，コンクリートの設計基準強度の相違により異なる場合がある。

(4)　フック付き定着とする場合の定着の長さは，定着起点からフックの折曲げ開始点までの距離とする。

《R2-後 20》

[解説]

1　(4)　屋内の耐力壁は，仕上げの有無にかかわらず最小かぶり厚さは 30 mm である。

2　(3)　直接土に接する梁と布基礎の立上り部のかぶり厚さは，ともに 40 mm 以上とする。

3　(2)　鉄筋相互のあきの最小寸法は，施工時のコンクリートの流動・締固めの効果のため，鉄筋径や粗骨材寸法で決められており，鉄筋の強度によって決めるものではない。

4　(1)　手動ガス圧接技量資格種別は，1 種から 4 種まであるが，種数が大きいほど，作業可能範囲（鉄筋の種類や径）が増える。

5　(3)　壁の開口部補強筋の末端部には，フックは不要である。

6　(1)　耐圧スラブが付く基礎梁主筋の継手位置は，上端筋はスパンの両端の 1/4，下端筋はスパンの中央部である。

【正解】　1：(4)，2：(3)，3：(2)，4：(1)，5：(3)，6：(1)

## 3・5・2　コンクリート工事

☐☐☐ **7** 日本産業規格（JIS）のレディーミクストコンクリート用骨材として，規定されていないものはどれか。

(1) 人工軽量骨材

(2) 高炉スラグ骨材

(3) 溶融スラグ骨材

(4) 再生骨材 H

《R5-前 20》

☐☐☐ **8** コンクリートの打込み及び締固めに関する記述として，**最も不適当なもの**はどれか。

(1) スラブのコンクリートの沈みひび割れ防止のため，タンパーを用いてコンクリートの表面をたたき締めた。

(2) コンクリート内部振動機（棒形振動機）による締固めは，加振時間を1箇所当たり15秒程度とした。

(3) 外気温が20℃だったので，コンクリートの練混ぜ開始から打込み終了までの時間の限度を150分とした。

(4) コンクリートの打継ぎ面は，ぜい弱なコンクリートを取り除き，健全なコンクリートを露出させた。

《H29-前 45》

☐☐☐ **9** コンクリートの調合に関する記述として，**最も不適当なもの**はどれか。

(1) 細骨材率は，乾燥収縮によるひび割れを少なくするためには，高くする。

(2) 単位セメント量は，水和熱及び乾燥収縮によるひび割れを防止する観点からは，できるだけ少なくする。

(3) AE減水剤を用いると，所定のスランプを得るのに必要な単位水量を減らすことができる。

(4) 川砂利と砕石は，それぞれが所定の品質を満足していれば，混合して使用してもよい。

《R4-後 21》

☐☐☐ **10** コンクリートの調合に関する記述として，**最も不適当なもの**はどれか。

(1) 耐久性を確保するためには，水セメント比は小さいほうがよい。

(2) スランプの大きいコンクリートでは，細骨材率が小さすぎると分離しやすくなる。

(3) スランプは，工場出荷時における値を指定する。

(4) AE減水剤を用いると，所定のスランプを得るのに必要な単位水量を減らすことができる。

《R2-後 22》

---

□□□ **11** コンクリートの養生に関する記述として，**最も不適当なもの**はどれか。

(1) 湿潤養生期間の終了前であっても，コンクリートの圧縮強度が所定の値を満足すれば，せき板を取り外すことができる。

(2) 打込み後のコンクリートが透水性の小さいせき板で保護されている場合は，湿潤養生と考えてよい。

(3) 早強ポルトランドセメントを用いたコンクリートの材齢による湿潤養生期間は，普通ポルトランドセメントより短くできる。

(4) 寒中コンクリート工事における加熱養生中は，コンクリートの湿潤養生を行わない。

《R1-後 22》

---

□□□ **12** コンクリートの養生に関する記述として，**最も不適当なもの**はどれか。

(1) 打込み後の養生温度が高いほど，長期材齢における強度増進性が大きくなる。

(2) 湿潤養生期間は，早強ポルトランドセメントを用いた場合，普通ポルトランドセメントより短くできる。

(3) 打込み後，直射日光等による急速な乾燥を防ぐための湿潤養生を行う。

(4) 打込み後，少なくとも1日間はそのコンクリートの上で歩行又は作業をしないようにする。

《R4-前 21》

---

[解説]

7 (3) JISでは，溶融スラグ骨材は骨材として規定されていない。

8 (3) 外気温が25℃未満の場合は，120分以内に終了させる。

9 (1) 乾燥収縮によるひび割れを少なくするためには水の量を少なくすることである。水を少なくするためには粗骨材の量を多くするほうが効果的であり，砂などの細骨材が多いと水の量が多くなるため収縮も大きくなる。よって，細骨粒率を低くする。

10 (3) スランプは，コンクリート荷卸し時における値である。

11 (4) 加熱養生中は，コンクリートが乾燥しないように散水などによって保湿に努める。

12 (1) 温度が過度に低いと，強度の発現が遅くなり，逆に，温度が高過ぎると，長期材齢における強度の増進が小さくなる。そのため，適当な温度を保つ必要がある。

**【正解】** 7：(3)，8：(3)，9：(1)，10：(3)，11：(4)，12：(1)

建築施工

## 3・5・3　型枠工事

**13** 型枠支保工に関する記述として，**最も不適当な**ものはどれか。

(1) パイプサポートに設ける水平つなぎは，番線を用いて緊結する。

(2) 上下階の支柱は，できるだけ平面上の同一位置になるように設置する。

(3) 梁下の支柱は，コンクリートの圧縮強度が設計基準強度以上で，かつ，所要の安全性が確認されれば取り外すことができる。

(4) スラブ下の支柱は，コンクリートの圧縮強度によらない場合，存置期間中の平均気温から存置日数を決定する。

《R2-後 21》

**14** 型枠の締付け金物等に関する記述として，**最も不適当な**ものはどれか。

(1) 独立柱の型枠の組立てには，セパレータやフォームタイが不要なコラムクランプを用いた。

(2) 防水下地となる部分の型枠に，C型のセパレータを用いた。

(3) 型枠脱型後にコンクリート表面に残るC型のセパレータのねじ部分は，ハンマーでたたいて折り取った。

(4) セパレータは，せき板に対して垂直となるよう取り付けた。

《R5-前 19》

**15** 型枠工事に関する記述として，**最も不適当な**ものはどれか。

(1) 内柱の型枠の加工長さは，階高からスラブ厚さとスラブ用合板せき板の厚さを減じた寸法とした。

(2) 柱型枠の足元は，型枠の変形防止やセメントペーストの漏出防止等のため，桟木で根巻きを行った。

(3) 壁の窓開口部下部の型枠に，コンクリートの盛り上がりを防ぐため，端部にふたを設けた。

(4) 床型枠用鋼製デッキプレート（フラットデッキ）を受ける梁の側型枠は，縦桟木で補強した。

《R3-後 20》

**16** 型枠の最小存置期間に関する記述として，**最も不適当な**ものはどれか。

(1) コンクリートの圧縮強度による場合，柱とスラブ下のせき板は同じである。

(2) コンクリートの圧縮強度による場合，壁とはり側のせき板は同じである。

(3) コンクリートの材齢による場合，柱と壁のせき板は同じである。

(4) コンクリートの材齢による場合，基礎と壁のせき板は同じである。

《R3-後 21》

**☐☐☐ 17** 型枠工事に関する記述として，最も不適当なものはどれか。

(1) 梁の側型枠の寸法をスラブ下の梁せいとし，取り付く底型枠の寸法を梁幅で加工した。

(2) 柱型枠は，梁型枠や壁型枠を取り付ける前にチェーン等で控えを取り，変形しないようにした。

(3) 外周梁の側型枠の上部は，コンクリートの側圧による変形防止のため，スラブ引き金物で固定した。

(4) 階段が取り付く壁型枠は，敷き並べた型枠パネル上に現寸で墨出しをしてから加工した。

《R4-後 20》

**☐☐☐ 18** 型枠支保工に関する記述として，最も不適当なものはどれか。

(1) 階段の斜めスラブ部分の支柱は，脚部にキャンバーを用い，斜めスラブに対して直角に建て込む。

(2) 支柱にパイプサポートを使用する場合，継手は差込み継手としてはならない。

(3) 柱，壁及び梁側型枠のせき板を保持する場合，支保工は一般に内端太及び外端太により構成する。

(4) パイプサポートに水平つなぎを設ける場合，根がらみクランプ等を用いて緊結しなければならない。

《R4-前 20》

［解説］

13 (1) 鋼材と鋼材との交差部は，直交型連結金具（クランプ）等で緊結する。

14 (2) 防水下地となる部分の型枠は，コーンを取り付けたセパレータ（B型）を用いる。

15 (1) 内柱の型枠の加工長さは，階高からスラブ厚さとスラブ用合板のせき板厚さ，および型枠を組み立てるスラブの不陸調整代（20 mm～30 mm）を減じて加工する。

16 (1) 柱のせき板は，圧縮強度が $5\,\mathrm{N/mm^2}$ 以上，スラブ下のせき板は支柱を取り外した後となる。支柱の最小存置期間は，圧縮強度が設計基準強度の85％以上または $12\,\mathrm{N/mm^2}$ 以上である。

17 (1) 梁の側型枠の寸法はスラブ下の梁せいとし，底型枠で受けるようにするため，底型枠は梁幅より大きくなる。

18 (2) パイプサポートを2本以上継ぐときは，4以上のボルトあるいは専用の金物（差込み継手）等で固定する。

【正解】　13：(1)，14：(2)，15：(1)，16：(1)，17：(1)，18：(2)

**必修基本問題**　**3・5　鉄筋コンクリート工事**

1　鉄筋のかぶり厚さに関する記述として，**最も不適当なもの**はどれか。

　　ただし，計画供用期間を指定する場合の級は標準とする。

　(1)　鉄筋の加工及び組立に用いるかぶり厚さは，最小かぶり厚さの値に 10 mm を加えた値とする。

　(2)　屋外において，耐久性上有効な仕上げを施す場合，柱の最小かぶり厚さは，仕上げを施さない場合の値から 10 mm を減じる値としてもよい。

　(3)　屋外において，耐久性上有効な仕上げを施す場合，耐力壁と非耐力壁の最小かぶり厚さの値は同じである。

　(4)　土に接するスラブにおける最小かぶり厚さには，捨コンクリートの厚さを含めない。

(H29-前 41)

2　鉄筋のかぶり厚さに関する記述として，**最も不適当なもの**はどれか。

　(1)　大梁の最小かぶり厚さは，梁主筋の外側表面から確保する。

　(2)　D29 以上の梁主筋のかぶり厚さは，主筋の呼び名に用いた数値の 1.5 倍以上とする。

　(3)　直接土に接する梁と布基礎の立上り部のかぶり厚さは，ともに 40 mm 以上とする。

　(4)　杭基礎におけるベース筋の最小かぶり厚さは，杭頭から確保する。

(R1-前 19)

3　鉄筋の加工及び組立てに関する記述として，**最も不適当なもの**はどれか。

　(1)　床開口部補強のための斜め補強筋は，上端筋及び下端筋の内側に配筋する。

　(2)　壁筋は，鉄筋相互の交点の半数以上を結束する。

　(3)　鉄筋末端部フックの余長の最小寸法は，折曲げ角度が大きいほど短くなる。

　(4)　鉄筋の折曲げ内法直径の最小値は，コンクリートの圧縮強度が大きいほど大きくなる。

(H28-41)

4　鉄筋の継手及び定着に関する記述として，**最も不適当なもの**はどれか。

　(1)　定着長さの算出に用いる鉄筋径は，異形鉄筋の場合は呼び名に用いた数値とする。

　(2)　一般階の大梁の下端筋を柱内に折り曲げて定着する場合は，原則として曲げ上げる。

　(3)　フック付き重ね継手の長さには，フック部分の長さを含める。

　(4)　大梁の上端筋の継手位置は，スパンの中央部とする。

(H28-42)

5　鉄筋の継手及び定着に関する記述として，**最も不適当なもの**はどれか。

　(1)　耐圧スラブ付きの基礎梁下端筋の継手位置は，スパンの中央部とする。

　(2)　スパイラル筋の柱頭及び柱脚の端部は，40 d（d は異形鉄筋の呼び名の数値又は鉄筋径）の定着をとる。

　(3)　フック付き定着とする場合の定着長さは，定着起点からフックの折曲げ開始点までの距

離とする。

(4)　梁主筋を重ね継手とする場合，隣り合う継手の中心位置は，重ね継手長さの約 0.5 倍ずらすか，1.5 倍以上ずらす。

(H30-前 20)

## 正解とワンポイント解説

1 (3)　かぶり厚さは，構造断面のコンクリートの表面までの距離とする。最小かぶり厚さは，耐力壁が 3 cm，非耐力壁は 2 cm である。

2 (1)　最小かぶり厚さは，大梁の場合はあばら筋の外側表面から確保する。

3 (4)　鉄筋の折曲げ内法直径の最小値は，コンクリートの圧縮強度では変わらない。

表 1　鉄筋の折曲げ形状・寸法（JASS 5）

| 図 | 折曲げ角度 | 鉄筋の種類 | 鉄筋の径による区分 | 鉄筋の折曲げ内法直系（$D$） |
|---|---|---|---|---|
| 180° 135° 90° | 180° 135° 90° | SR 235 SR 295 SR 295 A SD 295 B SD 345 | $16\phi$ 以下 $D\,16$ 以下 | $3\,d$ 以上 |
| | | | $19\phi$ $D\,19〜D41$ | $4\,d$ 以上 |
| | | SD 390 | $D\,41$ 以下 | $5\,d$ 以上 |
| | 90° | SD 490 | $D\,25$ 以下 | |
| | | | $D\,29〜D41$ | $6\,d$ 以上 |

注 (1) $d$ は，丸鋼では径，異形鉄筋では呼び名に用いた数値とする。
　(2) スパイラル筋の重ね継手部に 90° フックを用いる場合は，余長は 12 $d$ 以上とする。
　(3) 片持ちスラブ先端，壁筋の自由端側の先端で 90° フックまたは 180° フックを用いる場合は，余長は 4 $d$ とする
　(4) スラブ筋・壁筋には，溶接金網を除いて丸鋼を使用しない。
　(5) 折曲げ内法直径を上表の数値よりも小さくする場合は，事前に鉄筋の曲げ試験を行い，支障ないことを確認した上で，工事監理者の承認を得ること。
　(6) SD 490 の鉄筋を 90° を超える曲げ角度で折曲げ加工する場合は，事前に鉄筋の曲げ試験を行い，支障ないことを確認した上で，工事監理者の承認を得ること。

4 (3)　フック付き鉄筋の重ね継手の長さには，フック部分の長さは含めない。重ね継手の長さは鉄筋径（d）の倍数（例 45d とか 35d）となっているが，同じ径でもフック付きとフックなしでは，その倍数が異なる。

5 (2)　柱筋にスパイラル筋を用いる場合，柱頭および柱脚端部の定着は，1.5 巻以上の添え巻きとする。

【正解】　1：(3)，2：(1)，3：(4)，4：(3)，5：(2)

**必修基本問題**　3・5　鉄筋コンクリート工事

6　コンクリートの打込み及び締固めに関する記述として，**最も不適当なもの**はどれか。

(1)　コンクリートの打込み速度は，十分な締固め作業ができる範囲で設定する。

(2)　輸送管の大きさは，粗骨材の最大寸法を考慮して決める。

(3)　1回に打ち込むように計画された区画内では，連続して打ち込む。

(4)　コンクリートの圧送に先立って用いる先送りモルタルは，貧調合のものとする。

(H25-45)

7　型枠の存置に関する記述として，**最も不適当なもの**はどれか。

(1)　せき板を取り外すことができるコンクリートの圧縮強度は，梁下と梁側とでは同じである。

(2)　柱と壁のせき板の最小存置期間は，コンクリートの材齢により定める場合，同じである。

(3)　梁下の支柱の最小存置期間は，コンクリートの材齢により定める場合，28日である。

(4)　柱のせき板を取り外すことができるコンクリートの圧縮強度は，5 N/mm$^2$以上である。

(H30-後 21)

8　コンクリート内部振動機（棒形振動機）によるコンクリートの締固めに関する記述として，**最も不適当なもの**はどれか。

(1)　振動機による加振時間は，十分締固めができるように1箇所当たり60秒以上とする。

(2)　振動機の先端が，先に打込んだコンクリートの層に届くように挿入する。

(3)　振動機の引抜きは，コンクリートに穴を残さないようにゆっくり行う。

(4)　振動機の先端が，鉄筋や型枠などに接触しないようにコンクリートの締固めを行う。

(H24-45)

9　コンクリートの調合に関する記述として，**最も不適当なもの**はどれか。

(1)　細骨材率が小さすぎると，所定のスランプを得るための単位水量を多く必要とする。

(2)　高強度コンクリートには，高性能 AE 減水剤を使用するのが有効である。

(3)　単位セメント量が少なすぎると，コンクリートのワーカビリティーが悪くなる。

(4)　川砂利と砕石は，それぞれが所定の品質を満足していれば，混合して使用してもよい。

(H30-前 22)

10　コンクリートの調合に関する記述として，**最も不適当なもの**はどれか。

(1)　コンクリート中の連行空気は，凍結融解作用に対する抵抗性を向上させる。

(2)　単位水量は，所要のワーカビリティーが得られる範囲内でできるだけ小さくする。

(3)　単位セメント量の最小値は，コンクリートの種類にかかわらずすべて同じである。

(4)　細骨材率が大きすぎると，流動性の悪いコンクリートとなる。

(H24-44)

━━━━━━━━━━━━━━━━━ 正解とワンポイント解説 ━━━━━━━━━━━━━━━━━

6 (4)　コンクリートの圧送に先立って用いる先送りモルタルは，配管内の潤滑用に用いるものである。モルタルのみでは強度が発現しないので原則的に廃棄するが，管内に残ったモルタルが打ち込まれることになるために富調合のものとする。

7 (1)　せき板を取り外すことができるのは，梁側はコンクリート圧縮強度が $5\,\mathrm{N/mm^2}$ 以上となるまで，梁下は設計基準強度の $50\%$（支柱の盛替前提）以上である。

8 (1)　振動機による加振時間が長過ぎると，骨材分離が生ずる恐れがある。そのため，1 箇所当たりの加振時間は 5〜15 秒程度とする。

　　　棒形振動機によるコンクリートの締固めにあっては，60 cm 以下の間隔で垂直に挿入し，振動機の先端が，先に打込んだコンクリートの層に届くようにする。鉄筋や型枠などに接触しないようにし，コンクリート上面にペーストが浮くまで加振を行う。引き抜く際は，コンクリートに穴を残さないように，ゆっくり引き抜く。

9 (1)　所定のスランプを得るため単位水量が多く必要となるのは，細骨材率の大きい場合である。

10 (2)　寒冷地における凍害にあって，コンクリート中の連行空気は，凍結融解作用に対する抵抗性を向上させる。単位水量は，所要のワーカビリティーが得られる範囲で，できる限り小さくすることが望ましい。

　(3)　単位セメント量の最小値は，コンクリートの種類によって異なり，普通コンクリートで $270\,\mathrm{kg/m^3}$，軽量コンクリート（土または水に常時直接接する場合を除く）で $320\,\mathrm{kg/m^3}$ である。

【正解】　6 ： (4)，7 ： (1)，8 ： (1)，9 ： (1)，10 ： (3)

建築施工

**11** 型枠の支保工に関する記述として，**最も不適当なもの**はどれか。

(1) スラブ型枠の支保工に軽量型支保梁を用い，支保梁中央部の下弦材をパイプサポートで支持した。

(2) パイプサポートに水平つなぎを設けるため，根がらみクランプを用いて緊結した。

(3) 鋼管枠を支柱として用いるため，荷重は枠組の脚柱部で直接受け，横架材で受けないようにした。

(4) 地盤上に直接支柱を立てるため，支柱の下に剛性のある敷板を敷いた。

(H28-73)

**12** 型枠の存置に関する記述として，**最も不適当なもの**はどれか。

(1) コンクリートの材齢によるせき板の最小存置期間は，存置期間中の平均気温が高い方が短い。

(2) コンクリートの材齢によるせき板の最小存置期間は，基礎と柱では同じである。

(3) コンクリートの材齢によるせき板の最小存置期間は，高炉セメントB種と普通ポルトランドセメントでは同じである。

(4) 床スラブ下，梁下のせき板の取外しは，原則として支保工を取り外した後に行う。

(H29-前46)

**13** 型枠の締付け金物等に関する記述として，**最も不適当なもの**はどれか。

(1) 独立柱の型枠の組立てには，セパレータやフォームタイが不要なコラムクランプを用いた。

(2) 打放し仕上げとなる外壁コンクリートの型枠に使用するセパレータは，コーンを取り付けないものを用いた。

(3) 外周梁の側型枠の上部は，コンクリートの側圧による変形防止のため，スラブ引き金物を用いて固定した。

(4) 型枠脱型後にコンクリート表面に残るセパレータのねじ部分は，ハンマーでたたいて折り取った。

(R1-前20)

**14** コンクリートの養生及びせき板の存置期間に関する記述として，**最も不適当なもの**はどれか。

(1) 早強ポルトランドセメントを用いる場合の材齢によるせき板の最小存置期間は，普通ポルトランドセメントを用いる場合より短くてよい。

(2) 柱のせき板の材齢による最小存置期間は，スラブ下のせき板より短い。

(3) コンクリート打込み後の養生温度が高いほど，長期材齢における強度増進が大きくなる。

(4) 初期の湿潤養生の期間が短いほど，コンクリートの中性化が早く進行する。

(H27-46)

15 型枠の支保工に関する記述として，**最も不適当なもの**はどれか。

(1) 開口部がない壁が梁の幅方向の中央に付いていたので，梁の支柱をせき板と同時に取り外した。

(2) パイプサポートの頭部及び脚部は，大引及び敷板に釘で固定した。

(3) 地盤上に直接支柱を立てるため，支柱の下に剛性のある敷板を敷いた。

(4) パイプサポートに水平つなぎを設けるため，番線を用いて緊結した。

(H30-前 21)

### 正解とワンポイント解説

11 (1) 支保梁は両端部で荷重を負担する構造であり，中央部の下弦材を支持しても意味がない。

(2) 水平つなぎとパイプサポートとの緊結は，専用金具を用いて行い，番線等を使用してはならない。

12 (3) 材齢によるせき板の最小存置期間は，高炉セメントB種を用いる場合のほうが普通ポルトランドセメントを用いる場合より長い。

13 (2) 打放し仕上げとなる外壁面には，コーンを取り付けたセパレータを用いて，セパレータ断面の金属部が外壁に出ないようにする。

14 (3) 高い養生温度は，コンクリートのひび割れを誘発させ，品質を低下させる恐れがあり，一概に強度増進になるとはいえない。

15 (4) 鋼材と鋼材との交差部は，直交型連結金具（クランプ）等で緊結する。

【正解】 11：(1)，12：(3)，13：(2)，14：(3)，15：(4)

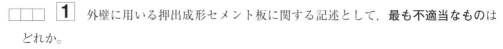

## 3・6　特殊コンクリート工事

［最近出題された問題］

---

　□□□ **1**　外壁に用いる押出成形セメント板に関する記述として，**最も不適当なものは**どれか。

(1)　横張り工法において，パネル積上げ枚数 2～3 枚ごとに自重受け金物を取り付けた。

(2)　縦張り工法において，パネルの取付け金物（Z クリップ）は，パネルがスライドできるように取り付けた。

(3)　幅 600 mm のパネルを欠き込むので，欠込み幅は 300 mm 以下とした。

(4)　パネルの取付け金物（Z クリップ）は，取付けボルトがルーズホールの中心に位置するように取り付けた。

《H26-65》

---

　□□□ **2**　外壁の押出成形セメント板張りに関する記述として，**最も不適当なものは**どれか。

(1)　パネルは，表裏を小口表示で確認し，通りよく建て込む。

(2)　パネルに軽微な欠けがある場合は，パネル製造者が指定する補修材により補修する。

(3)　縦張り工法のパネル上部の取付け金物（Z クリップ）は，回転防止のため，下地鋼材に溶接する。

(4)　横張り工法の目地幅は，縦目地よりも横目地の方を大きくする。

《H27-65》

---

　□□□ **3**　ALC パネル工事に関する記述として，**最も不適当なものは**どれか。

(1)　横壁アンカー構法において，パネル積上げ段数 5 段以下ごとに受け金物を設ける。

(2)　外壁パネルに設ける設備配管用貫通孔の径は，パネル幅の $\frac{1}{6}$ を超えないものとする。

(3)　外壁パネルと間仕切りパネルの取合い部は，パネルどうしにすき間が生じないように突付けとする。

(4)　パネル取付け用に施した座掘りによるパネルの凹部は，補修用モルタルにより埋め戻す。

《H29-前 65》

---

**4**　外壁の押出成形セメント板（ECP）横張り工法に関する記述として，最も不適当なものはどれか。

(1)　取付け金物（Zクリップ）は，パネル小口より80mm離れた位置に取り付けた。

(2)　取付け金物（Zクリップ）は，パネル1枚につき左右両端部2か所ずつ4か所取り付けた。

(3)　取付け金物（Zクリップ）は，下地鋼材にかかり代を20mm確保して取り付けた。

(4)　取付け金物（Zクリップ）は，下地鋼材に溶接長さを15mm確保して取り付けた。

《R5-前28》

---

**5**　押出成形セメント板による間仕切壁工事に関する記述として，最も不適当なものはどれか。

(1)　縦張り工法で施工する際に，パネル下部に取付け金物（L型金物）をセットし，パネル側はタッピンねじ，床面側はアンカーボルトで固定した。

(2)　横張り工法で施工する際に，パネルがロッキングできるように，取付け金物（Zクリップ）はパネルの左右端部に取り付けた。

(3)　縦張り工法のパネル上部の取付け金物（Zクリップ）は，回転防止のため，下地鋼材に溶接した。

(4)　横張り工法の目地幅は，横目地よりも縦目地の方を大きくした。

《H29-後65》

---

［解説］

1　(2)　縦張り工法では，パネルの取付け金物（Zクリップ）は，パネルがロッキングできるように取り付ける。

2　(4)　押出成形セメント板張りの目地幅は，横目地で8mm以上，縦目地で15mm以上とする。

3　(3)　外壁パネルと間仕切りパネルの取合い部は，クリアランスを設けた伸縮目地とする。すき間のない突付けとすることは誤りである。

4　(3)　かかり代は30mm以上確保する。

5　(2)　横張り工法は，建物の動きに対し，スライドにより追従させる工法である。

【正解】　1：(2)，2：(4)，3：(3)，4：(3)，5：(2)

**▶ 必修基本問題 ◀　3・6　特殊コンクリート工事**

1　外壁の押出成形セメント板の横張り工法に関する記述として，**最も不適当なもの**はどれか。

　(1)　パネルは，構造体に取り付けた下地鋼材に固定された自重受け金物で受けた。

　(2)　パネルの取付け金物（Zクリップ）は，パネル1枚につき上下2箇所ずつ4箇所取り付けた。

　(3)　パネルの取付け金物（Zクリップ）は，取付けボルトがルーズホールの中心に位置するように取り付けた。

　(4)　パネルへの取付けボルトの孔あけは，振動ドリルを用いて行った。

(H28-65)

2　補強コンクリートブロック積みに関する次の記述のうち，**適当でないもの**はどれか。

　(1)　目地モルタルは，化粧仕上げの場合のみ目地ずりを行う。

　(2)　ブロック積みは，縦やり方にならって隅角部より積み始め，水平を保ちながら積み廻る。

　(3)　気温が2℃以下の場合及びモルタルが適度に硬化しないうちに気温が2℃以下になるおそれがある場合は，作業を中止する。

　(4)　帳壁において，躯体と取り合う最上段のブロックに横筋用ブロックを用いる場合は，積上げに先立ちブロックの溝部にモルタルを充てんする。

(基　本)

3　ALCパネル工事に関する記述として，**最も不適当なもの**はどれか。

　(1)　パネルの外壁面は，防水性のある仕上げ材で仕上げた。

　(2)　パネルの加工などにより露出した鉄筋は，防錆処置をした。

　(3)　床パネルで集中荷重が作用する部分は，その直下に荷重受け梁を設け，パネルを梁上で分割した。

　(4)　縦壁ロッキング構法におけるパネル間の縦目地は，モルタルを充填し固定した。

(H22-65)

4　ALCパネル工事に関する記述として，**最も不適当なもの**はどれか。

　(1)　外壁パネルの縦壁ロッキング構法において，パネルとコンクリートスラブとの取合い部のすき間は，両者が一体となるようにモルタルを充填する。

　(2)　パネルの加工などにより露出した鉄筋は，モルタルで保護される場合を除き防錆処理を行う。

　(3)　間仕切壁の縦壁フットプレート構法において，パネルの上部は間仕切チャンネルへのかかり代を確保して取り付ける。

　(4)　間仕切壁の施工において，出入口などの開口部回りには，パネルを支持するための開口補強鋼材等を取り付ける。

(H28-64)

5　外壁の押出成形セメント板張りに関する記述として，**最も不適当なもの**はどれか。

(1)　パネルの取付け金物（Zクリップ）は，下地鋼材に<ruby>かかり<rt>しろ</rt></ruby>代を 30 mm 以上確保して取り付けた。

(2)　パネルの取付け金物（Zクリップ）は，取付けボルトがルーズホールの中心に位置するように取り付けた。

(3)　幅 600mm のパネルに設ける欠込み幅は，300 mm 以下とした。

(4)　工事現場でのパネルへの取付けボルトの孔あけは，振動ドリルを用いて行った。

(R1-前 32)

**━━━━━━━━━━ 正解とワンポイント解説 ━━━━━━━━━━**

1　(4)　孔あけは，専用の穿孔ドリルを使用する。

2　(1)　目地モルタルは，化粧仕上げの有無にかかわらず，硬化前に入念に目地ずりをする。

　(2)　ブロック積みは，縦やり方にならって隅角部より積み始め，順次，水平を保ちながら水平方向に積み，1段の積み終わりの後，上段へと進む。1日の積上げ高さは 1.6 m 以下とする。

　　ブロックは，シェル幅の広いほうを上にして積み，目地モルタルは，ブロック相互が接合する全面に塗り付けて積む。目地幅は 1 cm を標準とする。

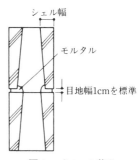

図1　ブロック積み

3　(4)　パネル間の縦目地は，伸縮目地とする。

4　(1)　パネル間の縦目地は，伸縮目地とする。

5　(4)　孔あけは，専用の穿孔ドリルを使用する。

【正解】　1：(4)，2：(1)，3：(4)，4：(1)，5：(4)

## 3・7　鉄骨工事

[最近出題された問題]

**1** 鉄骨の建方に関する記述として，**最も不適当なもの**はどれか。

(1) 溶接継手のエレクションピースに使用する仮ボルトは，高力ボルトを用いて全数締め付けた。

(2) ターンバックル付き筋かいを有する鉄骨構造物は，その筋かいを用いて建入れ直しを行った。

(3) 柱現場溶接接合部に建入れ及び食違い調整機能の付いた治具を使用したため，ワイヤロープを用いず，建入れ直しを行った。

(4) 建方精度の測定は，温度の影響を避けるため，早朝の一定時間に実施した。

《R1-後 23》

**2** 鉄骨製作工場における錆止め塗装に関する記述として，**最も不適当なもの**はどれか。

(1) 組立てによって肌合せとなる部分は，錆止め塗装を行わなかった。

(2) 柱ベースプレート下面のコンクリートに接する部分は，錆止め塗装を行わなかった。

(3) 素地調整を行った鉄鋼面は，素地が落ち着くまで数日あけて錆止め塗装を行った。

(4) 錆止め塗装を行う部材は，原則として塗装検査以外の検査を終了した後に塗装を行った。

《R3-前 20》

**3** 高力ボルト接合に関する記述として，**最も不適当なもの**はどれか。

(1) ナット側の座金は，座金の内側面取り部がナットに接する側に取り付ける。

(2) 高力ボルト接合部のフィラープレートは，両面とも摩擦面処理を行う。

(3) 摩擦面の錆の発生状態は，自然発錆による場合，鋼材の表面が一様に赤く見える程度とする。

(4) ボルトの締付けは，ボルト群ごとに継手の周辺部より中央に向かう順序で行う。

《R3-後 22》

**4** 高力ボルト接合に関する記述として，**最も不適当なもの**はどれか。

(1) トルシア形高力ボルトの本締めは，ピンテールが破断するまで締め付けた。

(2) トルシア形高力ボルトの座金は，座金の内側面取り部がナットに接するように取り

付けた。
(3) JIS形高力ボルトの首下長さは，締付け長さにナットと座金の高さを加えた寸法とした。
(4) 高力ボルト接合部のフィラープレート両面に摩擦面処理を行った。

《R5-後21》

□□□ **5** 鉄骨の加工に関する記述として，**最も不適当なもの**はどれか。
(1) ひずみの矯正を常温加圧で行う場合は，ローラー又はプレスを使用する。
(2) 溶融亜鉛めっき高力ボルトの孔径は，同じ呼び径の高力ボルトの孔径よりも大きくする。
(3) 柱の十字形鉄骨に設ける梁主筋の貫通孔は，耐力低下の大きいフランジを避けて，ウェブに設ける。
(4) 開先の加工は，自動ガス切断，機械加工等により行う。

《R2-後23》

建築施工

[解説]
1 (2) ターンバックル付筋かいを有する鉄骨構造物は，その筋かいを用いて建入れ直しをしてはならない。

2 (2) 鉄骨のさび止め塗装は，以下の部分については行わない。
　①コンクリートに密着または埋め込まれる部分
　②高力ボルト摩擦接合部の摩擦面
　③現場溶接を行う部分の両側約100 mmの範囲および超音波探傷試験に支障を及ぼす範囲
　④ピン，ローラー等密着する部分および回転または摺動面で削り仕上げした部分
　⑤密閉される閉鎖形断面の内面
　⑥組立てによって肌合せとなる部分
　⑦耐火被覆材の接着する部分

(3) 素地調整を行なったところは，空気にふれると錆の発生がはじまるので，ただちに錆止め塗装を行う。

3 (4) 一群のボルトの締付けは，締付けによる板のひずみを周辺に逃すよう，群の中央から周辺に向かう順序で行う。

4 (3) JIS形高力ボルトの首下長さは，締付け長さにナットと座金の高さと余長を加えた寸法とする。

5 (2) 溶融亜鉛めっきの高力ボルトの孔径も，同じ呼び径の一般の高力ボルトの孔径も同じである。

【正解】 1 : (2)，2 : (3)，3 : (4)，4 : (3)，5 : (2)

▶ **必修基本問題** ◀ ３・７ 鉄 骨 工 事

1 鉄骨工事における錆止め塗装に関する記述として，**最も不適当なもの**はどれか。

(1) 素地調整を行った鉄鋼面は，素地が落ち着くまで数日あけて錆止め塗装を行った。

(2) 角形鋼管柱の密閉される閉鎖形断面の内面は，錆止め塗装を行わなかった。

(3) コンクリートに埋め込まれる鉄骨梁に溶接された鋼製の貫通スリーブの内面は，錆止め塗装を行った。

(4) 組立てによって肌合せとなる部分は，錆止め塗装を行わなかった。

(H30-後 22)

2 鉄骨の建方に関する記述として，**最も不適当なもの**はどれか。

(1) 建方精度の測定は，温度の影響をできるだけ避けるため，早朝の一定時間に実施した。

(2) 架構の倒壊防止用ワイヤロープを，建入れ直し用に兼用した。

(3) 油が付着している仮ボルトは，油を除去して使用した。

(4) 外周に養生シートを張った鉄骨骨組の倒壊防止の検討に用いる風荷重は，風上と風下の2面のうち大きい方の値とした。

(H28-48)

3 鉄骨の工作に関する記述として，**最も不適当なもの**はどれか。

(1) 高張力鋼にけがきをする場合，表面にポンチやたがね等の打こんを残さないようにした。

(2) 鋼材切断面の凹凸やノッチ等の不良箇所は，グラインダーにより修正した。

(3) 高力ボルトの孔径は，高力ボルトの公称軸径に 5.0 mm を加えた値とした。

(4) 組立てに使用する部材にひずみがあったので，組立て前にひずみの矯正を行った。

(H26-47)

4 高力ボルト摩擦接合に関する記述として，**最も不適当なもの**はどれか。

(1) 摩擦面をブラスト処理とする場合は，サンドブラストとする。

(2) 自然発錆による場合，摩擦面の錆の発生状態は，鋼材の表面が一様に赤く見える程度とする。

(3) ナット回転法による本締めにおいて，回転量が不足しているボルトは，所定のナット回転量まで追締めする。

(4) ナットと座金に共回りが生じた場合は，新しいボルトセットに取り替える。

(H27-47)

5 鉄骨の加工に関する記述として，**最も不適当なもの**はどれか。

(1) けがき寸法は，製作中に生じる収縮，変形及び仕上げしろを考慮した値とした。

(2) 板厚 20 mm の鋼板の切断を，レーザー切断法で行った。

(3) 400 N/mm$^2$ 級鋼材のひずみの矯正は，850～900℃ に局部加熱して行った後に空冷した。

(4) 鋼材の加熱曲げ加工は，200～400℃ に加熱して行った。

(H30-前 23)

6 鉄骨の加工等に関する記述として，**最も不適当なもの**はどれか。

(1) 部材を加工，組立てする際に，固定したり，拘束したりするためにジグが用いられる。

(2) 曲げ加工を加熱加工とする場合は，赤熱状態で行ってはならない。

(3) 高力ボルト接合における摩擦面には，ディスクグラインダー掛けによるへこみなどがないようにする。

(4) ひずみの矯正を常温加圧で行う場合は，プレスあるいはローラー等を使用する。

(H29-後 47)

7 高力ボルト摩擦接合に関する記述として，**最も不適当なもの**はどれか。

(1) ナット側の座金は，座金の内側面取り部がナットに接する側に取り付ける。

(2) ナット回転法による本締めにおいて，ナットの回転量が不足しているボルトは，所定の回転量まで追締めする。

(3) ナットとボルトが共回りを生じた場合は，新しいボルトセットに取り替える。

(4) ボルトの締付けは，ボルト群ごとに継手の周辺部より中央に向かう順序で行う。

(R1-後 22)

### 正解とワンポイント解説

1 (1) 素地調整を行った鉄鋼面は，錆が発生する前に直ちに塗装する。

2 (4) 風荷重は，風上・風下ではなく，地上高さによって計算される。風速による最大値と安全率で求める。

3 (3) 一般に孔径は高力ボルトの呼び径に2 mm加える（普通ボルトは0.5 mm）。

4 (1) 高力ボルト摩擦接合の，摩擦面のブラスト処理については，サンドブラストは表面粗度が低く，安定性に欠けるので適用しないこととされている。ショット・グリッドブラスト処理などが適用される。

5 (4) 熱間曲げ加工は，800〜900℃で行う。

6 (2) 曲げ加工を加熱加工とする場合は，赤熱状態（850℃〜900℃）で行い，青熱ぜい性域（200℃〜400℃）で行ってはならない。

7 (4) 一群のボルトの締付けは，締付けによる板のひずみを周辺に逃すよう，群の中央から周辺に向かう順序で行う。

【正解】 1：(1)，2：(4)，3：(3)，4：(1)，5：(4)，6：(2)，7：(4)

# 3・8　木　工　事

[最近出題された問題]

**1** 在来軸組構法における木工事に関する記述として，**最も不適当なもの**はどれか。
(1) 土台の継手位置は，床下換気口を避けた位置とした。
(2) 束立て床組の大引の継手位置は，床束心とした。
(3) 根太掛けの継手位置は，柱心とした。
(4) 根太の継手位置は，大引等の受材心とした。

《R5-前 21》

**2** 在来軸組構法の木工事に関する記述として，**最も不適当なもの**はどれか。
(1) 土台を固定するアンカーボルトは，土台の両端部や継手の位置，耐力壁の両端の柱に近接した位置に設置した。
(2) 柱に使用する心持ち材には，干割れ防止のため，見え隠れ部分に背割りを入れた。
(3) 根太の継手は，大引の心を避けて突付け継ぎとし，釘打ちとした。
(4) 軒桁の継手は，柱心から持ち出して，追掛け大栓継ぎとした。

《R1-後 24》

**3** 在来軸組構法の木工事における仕口の名称と納まり図の組合せとして，**誤っているもの**はどれか。

(1) 大留め

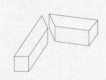

(2) 相欠き

(3) 大入れ

(4) 蟻掛け

《R5-後 22》

**4** 在来軸組構法における木工事に関する記述として，**最も不適当なもの**はどれか。

(1) 土台の継手は腰掛けあり継ぎとし，継手付近の下木をアンカーボルトで締め付けた。

(2) 和小屋組の棟木や母屋には，垂木を取り付けるため，垂木当たり欠きを行った。

(3) 隅通し柱の仕口は土台へ扇ほぞ差しとし，ホールダウン金物を用いてボルトで締め付けた。

(4) 床束の転倒やずれを防止するため，床束の相互間に根がらみ貫を釘で打ち付けた。

《R4-前22》

**5** 在来軸組構法における木工事に関する記述として，**最も不適当なもの**はどれか。

(1) 土台の継手は腰掛けあり継ぎとし，継手付近の下木をアンカーボルトで締め付けた。

(2) 隅通し柱の仕口は土台へ扇ほぞ差しとし，ホールダウン金物を用いてボルトで締め付けた。

(3) 建入れ直し完了後，接合金物や火打材を固定し，本筋かいを取り付けた。

(4) 垂木の継手は母屋の上でそぎ継ぎとし，釘で取り付けた。

《R2-後24》

**6** 在来軸組構法における木工事に関する記述として，**最も不適当なもの**はどれか。

(1) 真壁の柱に使用する心持ち材には，干割れ防止のため，見え隠れ部分に背割りを入れた。

(2) 洋式小屋組における真束と棟木の取合いは，棟木が真束より小さかったため，長ほぞ差しとした。

(3) 建入れ直し完了後，接合金物や火打材を固定し，筋かいを取り付けた。

(4) 軒桁の継手は，柱心から持ち出して，追掛大栓継ぎとした。

《R4-後22》

[解説]

1 (2) 大引の継手は，床束心から150 mm内外持ち出した位置とする。

2 (3) 根太の継手は，大引の心で突付け継ぎとして釘打ちとする。

3 (4) 図は，「渡りあご」である。

4 (1) 継手付近の上木をアンカーボルトで締め付ける。

5 (1) 4(1)の解説参照。

6 (2) 短ほぞ差し割くさび締めとする。

【正解】　1：(2)，2：(3)，3：(4)，4：(1)，5：(1)，6：(2)

▶ **必修基本問題** ◀ 　3・8 木　工　事

1 在来軸組構法の木工事に関する記述として，**最も不適当なもの**はどれか。

(1) せいが異なる胴差どうしの継手は，柱心上で腰掛けあり継ぎとし，短ざく金物当てボルト締めとした。

(2) 隅通し柱の土台への仕口は，土台へ扇ほぞ差しとし，ホールダウン金物当てボルト締めとした。

(3) 建入れ直し完了後，接合金物を締め付けるとともに，本筋かい，火打材を固定した。

(4) 内装下地や造作部材の取付けは，屋根葺き工事が終わってから行った。

(H28-49)

2 在来軸組構法の木工事に関する記述として，**最も不適当なもの**はどれか。

(1) 建入れ直し完了後，接合金物を締め付けるとともに，本筋かい，火打材を固定した。

(2) 内装下地や造作部材の取付けは，屋根葺き工事が終わってから行った。

(3) 土台の据付けは，遣方の心墨や逃げ墨を基準とした。

(4) 火打梁は，柱と梁との鉛直構面の隅角部に斜めに入れた。

(H30-後 23)

3 在来軸組構法の木工事における継手の図の名称として，**不適当なもの**はどれか。

1. 目違い継ぎ

2. そぎ継ぎ

3. 腰掛け蟻継ぎ

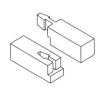

4. 台持ち継ぎ

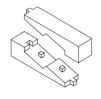

(R1-前 23)

4 在来軸組構法における木工事に関する記述として，**最も不適当なもの**はどれか。

(1) 筋かいにより引張力が生じる柱の脚部近くの土台には，柱心より 150 mm の位置にアンカーボルトを設置した。

(2) 柱に使用する心持ち材には，干割れ防止のため，見え隠れ部分へ背割りを入れた。

(3) 根太の継手は，大引の心で突付け継ぎとし，釘打ちとした。

(4) 洋式小屋組における真束と棟木の取合いは，棟木が真束より小さかったので，長ほぞ差し割くさび締めとした。

(H29-後49)

5　在来軸組構法の木工事に関する記述として，**最も不適当なもの**はどれか。

(1)　土台の据付けは，基礎の天端に遣方から移した墨を基準にする。

(2)　火打梁は，柱と梁との鉛直構面の入隅部に斜めに入れる。

(3)　建入れ直し完了後，接合金物を締め付けるとともに，本筋かい，火打梁を固定する。

(4)　構造耐力上主要な部分である柱，筋かい及び土台のうち，地面から1m以内の部分には，有効な防腐措置を行う。

(H27-49)

6　在来軸組構法における木工事に関する記述として，**最も不適当なもの**はどれか。

(1)　せいが異なる胴差の継手は，受材心より150mm程度持ち出し，腰掛けかま継ぎとし，ひら金物両面当て釘打ちとした。

(2)　土台の継手は，腰掛けあり継ぎとし，下木となる方をアンカーボルトで締め付けた。

(3)　垂木の継手は，母屋の上でそぎ継ぎとし，釘打ちとした。

(4)　大引の継手は，床束心から150mm程度持ち出し，腰掛けあり継ぎとし，釘打ちとした。

(H30-前24)

7　在来軸組構法における木工事に関する記述として，**最も不適当なもの**はどれか。

(1)　せいが異なる胴差の継手は，受材心より150mm程度持ち出し，腰掛けかま継ぎとし，ひら金物両面当て釘打ちとした。

(2)　束立て床組の大引の継手は，床束心で腰掛けあり継ぎとし，釘打ちとした。

(3)　筋かいと間柱の交差する部分は，間柱を筋かいの厚さだけ欠き取って筋かいを通した。

(4)　ラグスクリューのスクリュー部の先孔の径は，スクリュー径の70%程度とした。

(R3-前21)

### 正解とワンポイント解説

1　(1)　一般に胴差しの継手は柱から持ち出したところで「追掛け継ぎ」や「腰掛けかま継ぎ」に短ざく金物当てボルト締めとし，「あり継ぎ」は採用しない。

2　(4)　火打梁は，梁と梁との隅角部に斜めに入れるものである。

3　(3)　図は，「腰掛けかま継ぎ」である。

4　(4)　短ほぞ差し割くさび締めとする。

5　(2)　火打梁は，直交する梁と梁でできる隅部に水平に入れるものである。

6　(2)　土台の継手は，土台がねじれないよう腰掛けあり継ぎや腰掛けかま継ぎとし，上木となる方をアンカーボルトで締め付ける。

7　(2)　大引の継手は，床束心から150mm内外持ち出した位置とする。

【正解】　1：(1)，2：(4)，3：(3)，4：(4)，5：(2)，6：(2)，7：(2)

# 3·9　防水工事

[最近出題された問題]

---

**1** アスファルト防水工事に関する記述として，**最も不適当なもの**はどれか。

(1) 防水下地となるコンクリートの入隅の形状は，通りよく 45° の面取りとした。

(2) 平場部のアスファルトルーフィングの重ね幅は，長手及び幅方向とも 100 mm 以上とした。

(3) 平場部のストレッチルーフィングの流し張りは，ルーフィングの両端からアスファルトがはみ出さないように押し付けながら張り付けた。

(4) 砂付あなあきルーフィングを用いる絶縁工法の立上り部は，砂付あなあきルーフィングを省略した。

《R3-前23》

---

**2** ウレタンゴム系塗膜防水絶縁工法に関する記述として，**最も不適当なもの**はどれか。

(1) 不織布タイプの通気緩衝シートは，接着剤で張り付けた。

(2) 通気緩衝シートの継目は，隙間や重なり部をつくらないようにシート相互を突付けとし，ジョイントテープを張り付けた。

(3) 穴あきの不織布タイプの通気緩衝シートは，下地に張り付けた後，防水材でシートの穴を充填した。

(4) 通気緩衝シートは，防水立上り面まで張り上げた。

《R5-前23》

---

**3** 塩化ビニル樹脂系ルーフィングシート防水接着工法に関する記述として，**最も不適当なもの**はどれか。

(1) ルーフィングシート相互の接合部は，重ね面を溶剤溶着とし，端部は液状シール材を用いて処理した。

(2) プライマーは，ALC パネル下地であったため，塗布しなかった。

(3) 防水層の立上り末端部は，押え金物で固定し，不定形シール材を用いて処理した。

(4) ルーフィングシートの張付けは，エポキシ樹脂系接着剤を用い，下地面のみに塗布した。

《R1-前25》

---

**4** シーリング工事に関する記述として，**最も不適当なもの**はどれか。

(1) 充填箇所以外の部分に付着したシリコーン系シーリング材は，硬化後に除去した。

(2)　目地深さがシーリング材の寸法より深かったため，ボンドブレーカーを用いて充填深さを調整した。

(3)　ノンワーキングジョイントでは，3面接着で施工した。

(4)　コンクリート打継目地のシーリング目地幅は，20 mm とした。

《R1-後 25》

□□□ **5**　加硫ゴム系シート防水接着工法に関する記述として，**最も不適当なもの**はどれか。

(1)　プライマーを塗布する範囲は，その日にシートを張り付ける範囲とした。

(2)　下地への接着剤の塗布は，プライマーの乾燥後に行った。

(3)　シートは，接着剤を塗布後，オープンタイムを置かずに張り付けた。

(4)　仕上塗料塗りは，美観と保護を目的に行った。

《R3-後 23》

□□□ **6**　シーリング工事に関する記述として，**最も不適当なもの**はどれか。

(1)　マスキングテープは，シーリング材のへら仕上げ終了後，直ちに取り除いた。

(2)　コンクリートの目地等のノンワーキングジョイントは，シーリング材の充填深さの最小値を 10 mm とした。

(3)　裏面に粘着剤が付いているバックアップ材は，目地幅より 1～2 mm 小さい幅のものを使用した。

(4)　異種シーリング材を打ち継ぐため，先打ちシーリング材が硬化しないうちに，後打ちシーリング材を施工した。

《R2-後 25》

[解説]

1 (3)　流し張りは，溶かしたアスファルトを接着剤として，下地に流しながらルーフィングを張り付ける施工方法である。はけなどで均一に塗り，ルーフィングの張り付けにあたっては，アスファルトがはみ出すように押し付けながら張り付ける。

2 (4)　通気緩衝シートは，スラブの平場部に張り付ける。

3 (2)　ALC パネル下地には，プライマーを塗布する。

4 (2)　充填深さ調整は，バックアップ材を利用する。ボンドブレーカーとは，目地が浅い場合にシーリング材の3面接着を避けるために目地底に貼る絶縁テープである。

5 (3)　接着剤の塗布後，6時間以上経過した後に張り付ける。

6 (4)　異種シーリング材を打ち継ぐ場合は，先打ちシーリング材が十分に硬化してから後打ちシーリング材を施工する。

【正解】　1：(3)，2：(4)，3：(2)，4：(2)，5：(3)，6：(4)

■▶ **必修基本問題** ◀ ３・９ 防 水 工 事

1 加硫ゴム系シート防水接着工法に関する記述として，**最も不適当なもの**はどれか。

(1)　シートは，接着剤を塗布後オープンタイムを置かずに張り付ける。

(2)　ルーフドレンと取り合う部分のシートに切込みを入れる場合は，補強のため増張りする。

(3)　下地が ALC パネルの場合，パネルの短辺接合部の目地部には絶縁用テープを張り付ける。

(4)　プライマーを塗布する範囲は，その日にシートを張り付ける範囲とする。

(H28-51)

2 屋上アスファルト防水工事に関する記述として，**最も不適当なもの**はどれか。

(1)　立上り部は，型枠の締付け材にコーンを使用し，コンクリート打放し仕上げとした。

(2)　保護コンクリートの伸縮調整目地の深さは，保護コンクリートの厚さの半分とした。

(3)　平場部のルーフィング類の流張りでは，ルーフィングの両端から溶融アスファルトがあふれ出るように押し付けた。

(4)　露出防水絶縁工法における防水層のふくれを低減するため，脱気装置を設けた。

(H29-前 51)

3 屋上アスファルト防水工事に関する記述として，**最も不適当なもの**はどれか。

(1)　保護コンクリートに設ける伸縮調整目地は，中間部の縦横間隔を 3 m 程度とした。

(2)　ルーフィング類は，継目の位置が上下層で同一箇所にならないようにして，水下側から張り付けた。

(3)　平場のルーフィングと立上りのルーフィングとの重ね幅は，100 mm とした。

(4)　保護コンクリートに入れる溶接金網は，保護コンクリートの厚さのほぼ中央に設置した。

(H30-後 25)

4 シーリング材と使用部位に関する記述として，**最も不適当なもの**はどれか。

(1)　PCa パネル方式によるカーテンウォールのパネル間目地には，変成シリコーン系シーリング材を用いた。

(2)　ALC パネル表面と同材の仕上げを行うパネル間の目地には，ポリウレタン系シーリング材を用いた。

(3)　乾式工法による外壁石張りの目地には，シリコーン系シーリング材を用いた。

(4)　外壁タイル張り面の伸縮調整目地には，ポリサルファイド系シーリング材を用いた。

(H26-52)

5 シーリング工事に関する記述として，**最も不適当なもの**はどれか。

(1)　裏面に接着剤が付いているバックアップ材は，目地幅より大きい幅のものとした。

(2)　目地への打始めは，目地の交差部あるいはコーナー部より開始した。

(3)　ノンワーキングジョイントでは，3 面接着で施工した。

　(4)　目地底にシーリング材を接着させないため，ボンドブレーカーを用いた。

(H29-後 52)

6　加硫ゴム系シート防水接着工法に関する記述として，**最も不適当なもの**はどれか。

　(1)　下地への接着剤の塗布は，プライマーの乾燥後に行った。

　(2)　美観と保護を目的に仕上塗料塗りを行った。

　(3)　下地とシートの接着には，エポキシ樹脂系接着剤を用いた。

　(4)　平場でのシート相互の接合幅は，幅方向，長手方向とも 100 mm 以上とした。

(H29-後 51)

7　シーリング工事に関する記述として，**最も不適当なもの**はどれか。

　(1)　シーリング材の打継ぎは，目地の交差部及び角部を避け，そぎ継ぎとした。

　(2)　目地深さが所定の寸法より深かったので，バックアップ材を用いて所定の目地深さになるように調整した。

　(3)　シーリング材の硬化状態は指触で，接着状態はへらで押えて確認した。

　(4)　プライマーの塗布後，1 日経過してからシーリング材を充填した。

(H30-前 25)

正解とワンポイント解説

1　(1)　シートは，接着材所定のオープンタイムを置いて張り付ける。

2　(2)　保護コンクリートの伸縮調整目地は，保護コンクリートの上面から下面まで達するようにする。なお，目地間隔は，周辺の立上り部の仕上り面から 600 mm 程度に設置し，中間部は縦横間隔 3,000 mm 程度とする。

3　(3)　立上りと平場のアスファルトルーフィングは，原則として別々に張り付け，立上り部のルーフィングは，各層とも，平場のルーフィングに 150 mm 以上張り掛ける。

4　(3)　シリコーン系シーリング材は引張力が強いため，弾性系のシーリング材を使用する。

5　(1)　裏面に接着剤が付いているバックアップ材は，目地幅より 1 mm ほど小さなものとする。

6　(3)　加硫ゴム系ルーフィングシートの接着には，柔軟性のある接着剤として，ゴム系，エチレン・ビニルエステル系接着剤などが用いられる。エポキシ樹脂系接着剤は，硬化性のある接着剤のため，FRP などに適している。

7　(4)　プライマーは，シーリング材と接着面との接着力向上のため，シーリング材充填前に被着面に塗布する材料である。プライマー塗布後は，30 分以上乾燥させてからシーリング材を充填する。

**【正解】**　1：(1)，2：(2)，3：(3)，4：(3)，5：(1)，6：(3)，7：(4)

# 3·10 石 工 事

[最近出題された問題]

**1** 内壁空積工法による石張りに関する記述として，**最も不適当なもの**はどれか。

(1) 石材の大きさは，石材1枚の面積を0.8 m² 以下とした。

(2) 引き金物用の道切りは，工事現場において，石の据付け前に加工した。

(3) 引き金物と下地の緊結部分は，取付け用モルタルを充填し被覆した。

(4) 一般部の石材は，縦目地あいばにだぼ及び引き金物を用いて据え付けた。

《H28-83》

**2** 鉄筋コンクリート造の場合の乾式工法による外壁の張り石工事に関する記述として，**最も不適当なもの**はどれか。

(1) だぼ穴は，石の上下の小口にそれぞれ2箇所設けた。

(2) 1次ファスナーと2次ファスナーをつなぐボルト穴は，ルーズホールとした。

(3) ファスナー部分は，石裏から躯体までモルタルを充填して固定した。

(4) 石張りに先立ち，躯体コンクリートの打継ぎ部等の防水上の弱点部を防水処理した。

《H23-53》

**3** 外壁の張り石工事において，湿式工法と比較した場合の乾式工法の特徴として，**最も不適当なもの**はどれか。

(1) 地震時の躯体の挙動に追従しにくい。

(2) 石材の熱変形による影響が少ない。

(3) 白華現象が起こりにくい。

(4) 工期短縮を図りやすい。

《R5-前24》

**4** 内壁空積工法による張り石工事に関する記述として，**最も不適当なもの**はどれか。

(1) だぼの取付け穴は，工場で加工した。

(2) 一般部の石材は，縦目地あいばにだぼ及び引き金物を用いて据え付けた。

(3) 引き金物と下地の緊結部分は，取付け用モルタルを充填し被覆した。

(4) 引き金物用の道切りは，工事現場で加工した。

《H30-後26》

---

**5** 花崗岩の表面仕上げに関する記述として，最も不適当なものはどれか。

(1) びしゃん仕上げとは，石材表面を多数の格子状突起をもつハンマーでたたいた仕上げをいう。

(2) 小たたき仕上げとは，びしゃんでたたいた後，先端がくさび状のハンマーで平行線状に平坦な粗面を作る仕上げをいう。

(3) ジェットバーナー仕上げとは，超高圧水で石材表面を切削して粗面とした仕上げをいう。

(4) ブラスト仕上げとは，石材表面に鋼鉄の粒子等を圧縮空気でたたきつけて粗面とした仕上げをいう。

《R4-前 23》

---

**6** 鉄筋コンクリート造の外壁乾式工法による張り石工事に関する記述として，最も不適当なものはどれか。

(1) 入隅で石材がのみ込みとなる部分は，目地位置より 20 mm を表面仕上げと同様に仕上げた。

(2) ファスナー部分は，固定のため，張り石と躯体のすき間に取付け用モルタルを充填した。

(3) 石材間の一般目地は，目地幅を 10 mm としてシーリング材を充填した。

(4) 幅木は，衝撃対策のため，張り石と躯体のすき間に裏込めモルタルを充填した。

《R1-前 26》

[解説]

1 (4) 一般部の石材は，横目地あいばにだぼ及び引き金物を用いて据え付ける。

2 (1) だぼ穴は，石材の上端の横目地合端に 2 箇所，両端部より 150 mm 程度の位置に設ける。

(2) 1 次ファスナーと 2 次ファスナーをつなぐボルト穴はルーズホールとし，変形追従ができるようにする。

(3) 外壁の乾式工法の耐震性は，石材取付用ファスナーの変形追従機構によるところが大きく，その部分についてモルタル充填を行うことは，不適当である。

3 (1) 乾式工法は，石材取付用ファスナーが変形追従機構を有しているので，地震時の躯体の挙動に追従しやすい。

4 (2) 1(4)の解説参照

5 (3) ジェットバーナー仕上げとは，180℃〜200℃ のバーナーで表面に凸凹を作る仕上げである。

6 (2) ファスナー部分にて施工精度を調整するため，モルタルは充填しない。

**【正解】** 1：(4)，2：(3)，3：(1)，4：(2)，5：(3)，6：(2)

建築施工

[最近出題された問題]

□□□ **1** セメントモルタルによるタイル後張り工法に関する記述として，**最も不適当なものはどれか。**

(1) 改良積上げ張りは，張付けモルタルを塗り付けたタイルを，下部から上部に張り上げる工法である。

(2) 密着張りは，下地面に張付けモルタルを塗り付け，振動機を用いてタイルを張り付ける工法である。

(3) マスク張りは，下地面に張付けモルタルを塗り付け，表張りユニットをたたき込んで張り付ける工法である。

(4) 改良圧着張りは，下地面とタイル裏面とに張付けモルタルを塗り付け，タイルを張り付ける工法である。

《R1-後26》

□□□ **2** セメントモルタルによる床タイル圧着張りに関する記述として，**最も不適当なものはどれか。**

(1) タイルの張付けモルタルは，塗り付ける厚さを5〜7mmとし，1度に塗り付けた。

(2) タイルの張付けモルタルは，1回に塗り付ける面積をタイル工1人当たり2m²以下とした。

(3) タイルの張付け面積が小さかったため，下地となる敷きモルタルは貧調合とした。

(4) タイルの張付けは，目地部分に張付けモルタルが盛り上がるまで，木づちでたたき押さえた。

《R2-後26》

□□□ **3** 壁タイル密着張り工法に関する記述として，**最も不適当なものはどれか。**

(1) 振動工具は，タイル面に垂直に当てて使用した。

(2) 振動工具による加振は，張付けモルタルがタイル周辺からはみ出すまで行った。

(3) 張付けモルタルの1回に塗り付ける面積は，60分でタイルを張り終える面積とした。

(4) 目地詰めは，タイル張付け後24時間以上経過してから行った。

《R4-後23》

建築施工

---

**4** セメントモルタルによるタイル後張り工法に関する記述として，最も不適当なものはどれか。

(1) マスク張りにおいて，タイル裏面へマスク板を当てて，張付けモルタルを金ごてで塗り付けた。

(2) 密着張りにおいて，タイルは下部から上部に張り進めた。

(3) 改良圧着張りにおいて，張付けモルタルの1回に塗り付ける面積は，タイル工1人当たり2m²とした。

(4) モザイクタイル張りにおいて，張付けモルタルの1回に塗り付ける面積は，タイル工1人当たり3m²とした。

《R5-後23》

[解説]

1 (1) 改良積上げ張り（図1）は，裏面に張付けモルタルを平らに塗り付けたタイルを，木づち等で十分たたき締めて張り付ける工法である。

(2) 密着張り（ヴィブラート工法）（図2）は，張付けモルタルを2層に分けて塗り付けた壁面に，タイル張り用振動機（ヴィブラート）を用いてタイルに特殊衝撃を加えてモルタルに埋め込むもので，目地部に張付けモルタルを盛り上がらせて，目地も同時に仕上げる工法である。

(3) マスク張り（図3）は，25mmを超え小口未満のタイルに用いられ，タイルに見合った

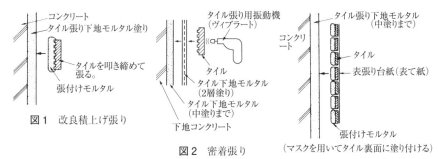

図1　改良積上げ張り

図2　密着張り

図3　マスク張り（ユニットタイル）

マスクを用い，タイルの裏面全面に張付けモルタルを均一に塗り付け，たたき板で目地部分にモルタルが盛り上がるまでたたき締める工法である。

(4) 改良圧着張り（図4）は，張付けモルタルを塗り付けた下地面に，モルタルが軟らかいうちにタイル裏面に張付けモルタルを塗り付けたタイルを圧着張りする工法である。

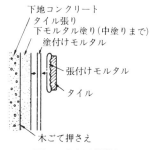

図4　改良圧着張り

2 (1) 張付けモルタルは，2層に分けて塗り付け，1層目はこて圧をかけて塗り付ける。

3 (3) 1回に塗り付ける面積は，2m²程度で，30分で張り終える面積とする。

4 (2) 上部から1段置きに水糸にあわせて張ったのち，その間を埋めるように張る。

【正解】　1：(3)，2：(1)，3：(3)，4：(2)

**必修基本問題　3・11　タイル工事**

1　セメントモルタルによる床タイル圧着張りに関する記述として，**最も不適当なもの**はどれか。

(1)　タイルの張付けモルタルは，塗り付ける厚さを5～7mmとし，一度に塗り付けた。

(2)　タイルの張付けモルタルを1回に塗り付ける面積は，タイル工1人当たり2m²以下とした。

(3)　タイルの張付けは，目地部分に張付けモルタルが盛り上がるまで，木づちでたたき押さえた。

(4)　化粧目地詰めは，タイル上を歩行可能となった時点で行った。

(H29-後53)

2　タイル張りの工法に関する次の記述のうち，**不適当なもの**はどれか。

(1)　接着剤張りは，接着剤を下地に塗布し，くし目ごてでくし目を立てる。

(2)　改良圧着張りは，下から張り上げるため，下部のタイルを汚しやすい。

(3)　マスク張りは，目地部に張付けモルタルがはみだすまでたたき込みを行う。

(4)　密着張りは，張付けモルタルを2度に分けて塗る。

(基　本)

3　タイル工事に関する記述として，**最も不適当なもの**はどれか。

(1)　改良積上げ張りでは，タイルは下部より上部に張り進めた。

(2)　改良圧着張りのタイル目地詰めは，タイル張付け後24時間以上経過したのちに行った。

(3)　小口タイルの役物をまぐさ部分に張り付けるので，銅線の引金物を使用した。

(4)　密着張りのタイルの張付けは，上部から1段置きに水糸に合わせて張ったのち，その間を埋めるように張った。

(H24-53)

4　タイル工事に関する記述として，**最も不適当なもの**はどれか。

(1)　壁タイル面の伸縮調整目地の位置は，下地コンクリートのひび割れ誘発目地と一致させないようにした。

(2)　気温が3℃以下になるおそれがあったので，タイル張り施工を中止した。

(3)　目地モルタルは，目地の深さがタイル厚の$\frac{1}{2}$以下となるように充填した。

(4)　タイル張りに用いる現場調合モルタルは，セメントと細骨材の容積比で調合した。

(H22-53)

⑤　タイル工事に関する記述として，**最も不適当なもの**はどれか。

(1)　化粧目地はタイル張り後，2時間程度経過し，張付けモルタルが適度に硬化してから行った。

(2)　接着力試験は，目地部分を下地のコンクリート面まで切断して，周囲と絶縁して行った。

(3)　試験体の個数は，$100\,\mathrm{m^2}$ およびその端数につき1個以上，かつ全体で3個以上とした。

(4)　接着力は引張接着強度が $0.3\,\mathrm{N/mm^2}$ 以上を合格とした。

（基 本）

⑥　有機系接着剤による壁タイル後張り工法に関する記述として，**最も不適当なもの**はどれか。

(1)　外壁の施工に使用する接着剤は，練混ぜの必要がない一液反応硬化形のものを使用した。

(2)　張付け用接着剤は，くし目立てに先立ち，こて圧をかけて平坦に下地に塗り付けた。

(3)　くし目立ては，くし目ごての角度を壁面に対し直角とし，くし目を立てた。

(4)　二丁掛けのタイル張りは，密着張りで使用する振動工具で加振して張り付けた。

（H30-前 26）

建築施工

**正解とワンポイント解説**

①　(1)　張付けモルタルは，2層に分けて塗り付け，1層目はこて圧をかけて塗り付ける。

②　(1)　接着剤張り（図5）の接着剤の塗付けには金ごてを用い，下地面にこすり付けるように塗り，くし目ごてでくし目を立てる。

(2)　改良圧着張りは，一般に上から下に向かって張り下げる。

③　(3)　小口タイルの役物をまぐさ部分に張り付ける際は，なましスレンレス鋼線 $0.6\,\mathrm{mm}$ 以上の引金物を用いる。

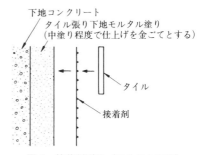

図5　接着剤張り（モルタル下地）

④　(1)　タイル張り面の伸縮調整目地は，ひび割れ誘発目地と一致させる。設ける位置は，以下の位置とする。

水平方向：各階の打継ぎ目地の位置

垂直方向：① 外部側に柱形がない場合は，柱の両側または開口部上下および中間 3〜4 m 程度

　　　　　② 外部側に柱形がある場合は，柱形の両端および中間 3〜4 m 程度

屋内のタイル張りは，入隅部，建具まわりおよび設備器具との取合い部に伸縮目地を設ける。

⑤　(4)　引張接着強度は $0.4\,\mathrm{N/mm^2}$ 以上を合格とする。

⑥　(3)　くし目ごての角度は壁面に対して 60 度程度でくし目を立てる。

【正解】　①：(1)，②：(2)，③：(3)，④：(1)，⑤：(4)，⑥：(3)

## 3・12　屋 根 工 事

[最近出題された問題]

---

**1**　金属製折板葺の工法に関する記述として，**最も不適当なもの**はどれか。

(1)　重ね形折板のボルト孔は，折板を 1 枚ずつ，呼び出しポンチで開孔した。

(2)　重ね形折板は，各山ごとにタイトフレーム上の固定ボルトに固定した。

(3)　折板葺のけらばの変形防止材には，折板の 3 山ピッチ以上の長さのものを用いた。

(4)　折板葺の棟包みの水下側には，雨水を止めるために止水面戸を用いた。

《R1-後 27》

---

**2**　屋根工事に関する記述として，**最も不適当なもの**はどれか。

(1)　銅板平葺（一文字葺）において，葺板の留付けにジョイナーを用いた。

(2)　繊維強化セメント板（スレート大波板）葺において，スレート大波板の鉄骨母屋への留付けにフックボルトを用いた。

(3)　粘土瓦葺において，のし瓦や冠瓦の緊結に樹脂被覆された銅線を用いた。

(4)　金属製重ね形折板葺において，折板のタイトフレームへの取付けに固定ボルトを用いた。

《H28-54》

---

**3**　金属製折板葺の工法に関する記述として，**最も不適当なもの**はどれか。

(1)　嵌合形折板は，折板を仮葺せずに本締めを行う。

(2)　はぜ締め形折板は，本締めの前にタイトフレームの間を 1m 程度の間隔で部分締めを行う。

(3)　けらばの変形防止材には，折板の 3 山ピッチ以上の長さのものを用いる。

(4)　タイトフレームと下地材との接合は，スポット溶接とする。

《R3-後 24》

---

**4**　金属製折板葺に関する記述として，**最も不適当なもの**はどれか。

(1)　はぜ締め形折板は，本締めの前にタイトフレームの間を 1m の間隔で部分締めを行った。

(2)　けらば部分の折板の変形を防ぐため，変形防止材を設けた。

(3)　重ね形折板の重ね部に使用する緊結ボルトの流れ方向の間隔は，900 mm とした。

(4)　重ね形折板のボルト孔は，呼び出しポンチで開孔した。

《R5-後 24》

**5** 硬質塩化ビニル雨どいの工事に関する記述として，**最も不適当なもの**はどれか。

(1) たてどいの継手は，専用の部品により接着剤を用いて取り付けた。

(2) たてどいの受け金物は，900 mm 間隔で通りよく取り付けた。

(3) 軒どいの両端は，集水器に接着剤を用いて堅固に取り付けた。

(4) 軒どいの受け金物は，所定の流れ勾配をとり，600 mm 間隔で取り付けた。

《R2-後 27》

**6** とい工事に関する記述として，**最も不適当なもの**はどれか。

(1) 鋼板製谷どいの継手部は，シーリング材を入れ 60 mm 重ね合わせて，リベットで留め付けた。

(2) 硬質塩化ビニル製縦どいは，継いだ長さが 10 m を超えるため，エキスパンション継手を設けた。

(3) 鋼板製丸縦どいの長さ方向の継手は，下の縦どいを上の縦どいの中に差し込んで継いだ。

(4) 硬質塩化ビニル製軒どいは，とい受け金物に金属線で取り付けた。

《R4-前 24》

[解説]

1 (2) 重ね形折板は，各山ごとにタイトフレームに固定しなければならない（図1）。

(4) 水下側に用いるのは，エプロン面戸である。

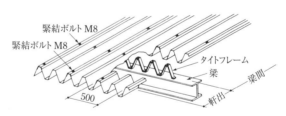

図1 折板葺屋根

2 (1) 一文字葺は，葺板の四辺にはぜを付け，釘打ちした吊子で留付ける。

3 (4) タイトフレームと下地材との接合は，隅肉溶接とする。

4 (3) 緊結ボルトの流れ方向の間隔は，600 mm 以下とする。

5 (2) たてどいの受け金物は，間隔 1,200 mm 以下に通りよく取り付ける。

(3) 接着剤による両端固定では，温度変化による雨どいの伸縮に追従できない恐れがある。

6 (3) 一般に，たてどいの長さ方向の継手は，T 型継手を用い，上のたてどいを T 型継手の内側に，下のたてどいを T 型継手の外側に差し込んで継ぐ。

【正解】 1：(4)，2：(1)，3：(4)，4：(3)，5：(3)，6：(3)

# 3·13　金 属 工 事

[最近出題された問題]

---

**1** ステンレス板の表面仕上げの説明として，**最も不適当なもの**はどれか。

(1) No.2B は，冷間圧延して熱処理，酸洗した後，適度な光沢を与えるために軽い冷間
圧延をした仕上げである。

(2) ヘアラインは，冷間圧延して光輝熱処理を行い，さらに光沢を上げるために軽い冷間
圧延をした仕上げである。

(3) エッチングは，化学処理により研磨板に図柄や模様を施した仕上げである。

(4) 鏡面は，研磨線がなくなるまでバフ仕上げをした最も反射率の高い仕上げである。

《R1-前 27》

---

**2** 軽量鉄骨壁下地に関する記述として，**最も不適当なもの**はどれか。

(1) 床ランナーは，端部を押さえ，900 mm 間隔に打込みピンでコンクリート床に固定した。

(2) スタッドは，上部ランナーの上端とスタッド天端のすき間が 10 mm 以下となるよう
に取り付けた。

(3) ボード1枚張りであったので，スタッドの間隔を 450 mm とした。

(4) 出入口開口部の垂直方向の補強材の上部は，梁下，床スラブ下に固定した。

《H29-後 55》

---

**3** アルミニウム合金の表面処理に関する記述として，**最も不適当なもの**はどれか。
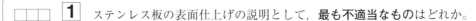

(1) 陽極酸化皮膜の上に，クリア塗装する。

(2) 硫黄を用いた硫化処理を行い，褐色に発色させる。

(3) 化成皮膜の上に，樹脂塗料を焼付け塗装する。

(4) 有機酸を用いた陽極酸化処理を行い，皮膜の生成と同時に発色させる。

《R3-前 25》

---

**4** 軽量鉄骨壁下地に関する記述として，**最も不適当なもの**はどれか。

(1) スタッドを建て込む高さが 4.0 m のため，65 形のスタッドを用いた。

(2) コンクリート壁に添え付くスタッドは，打込みピンでコンクリート壁に固定した。

(3) スペーサーは，スタッドの建込みの後に取り付けた。

(4) そで壁端部は，開口部の垂直方向の補強材と同じ材料をスタッドに添えて補強した。

《H28-55》

---

☐☐☐ **5** 軽量鉄骨壁下地に関する記述として，**最も不適当なもの**はどれか。

(1) 同一壁面でスタッドの高さに高低差があったので，高い方のスタッドに適用される部材を使用した。

(2) スタッドの高さが2.5mだったので，振れ止めは，床ランナー下端から約1.2mの高さに1段のみ設けた。

(3) 床ランナーの継手は，重ね継ぎとし，打込みピンでコンクリートスラブに固定した。

(4) 出入口開口部の垂直方向の補強材は，上下のコンクリートスラブに固定した。

《H27-55》

---

☐☐☐ **6** 金属の表面仕上げに関する記述として，**最も不適当なもの**はどれか。

(1) ステンレス鋼のNo.2Bは，母材を冷間圧延して熱処理，酸洗いした後，適度な光沢を与えるために軽い冷間圧延をした仕上げである。

(2) アルミニウムの自然発色皮膜は，母材を陽極酸化処理した後に着色や染色を行わず，素地のシルバー色のままとした無着色仕上げである。

(3) 鋼材の電気めっきは，母材を電解液中で通電して，表面に皮膜金属を生成させた仕上げである。

(4) 銅合金の硫化いぶしは，母材の表面に，硫黄を含む薬品を用いて褐色に着色した仕上げである。

《R5-前25》

---

**[解説]**

1 (2) ヘアラインは，適当な粒度の研磨材で連続した磨き目がつくように研磨した仕上げであり，設問はBA仕上げの説明である。

2 (3) 仕上げ材直張りの場合は，スタッド間隔は300mm程度である。

3 (2) 設問の表面処理は，銅合金の仕上げに用いられる「硫化いぶし仕上げ」である。

4 (2) ランナーは，打込みピンでコンクリート床，梁下およびスラブ下に固定する。

　(3) スペーサーは，スタッドの建込み前に取り付ける。建込み後の取付けは困難である。

　(4) そで壁端部は，開口部の垂直方向の補強材と同じ材料をスタッドに添えて補強する。

5 (3) 床ランナーは，突付け継ぎとする。

6 (2) アルミニウムの自然発色皮膜は，母材を陽極酸化処理によって着色や染色を行わず，アルミニウム合金の材質や電解条件の組み合わせにより発色させる仕上げである。

**【正解】** 1 : (2)，2 : (3)，3 : (2)，4 : (3)，5 : (3)，6 : (2)

建築施工

**▶ 必修基本問題 ◀　3・13　金　属　工　事**

1　屋内の軽量鉄骨天井下地に関する次の記述のうち，**不適当なもの**はどれか。

(1)　天井下地材は，JIS では 19 形と 25 形がある。

(2)　野縁受けの吊りボルトの間隔は 900 mm 程度とし，周辺部は端から 150 mm 以内とする。

(3)　天井のふところが 1,800 mm の場合には，吊りボルトの振れ止め補強は必要ない。

(4)　ボード類 2 枚張りの場合，野縁の間隔は 360 mm 程度とする。

(基　本)

2　屋内の軽量鉄骨天井下地に関する記述として，**最も不適当なもの**はどれか。

(1)　野縁受からの野縁のはね出し長さは，200 mm とした。

(2)　吊りボルトの取付け用インサートは，鋼製のものを使用した。

(3)　野縁受のジョイントは，吊りボルトの近くに設け，隣り合うジョイント位置は，1 m ずらした。

(4)　天井下地は，部屋の中央部が高くなるよう，むくりをつけて組み立てた。

(H24-55)

3　ステンレス板の表面仕上げの説明として，**最も不適当なもの**はどれか。

(1)　BA は，800 番程度の研磨材で，研磨線が目立たないように磨き上げた仕上げである。

(2)　ヘアラインは，適当な粒度の研磨材で連続した磨き目がつくように研磨した仕上げである。

(3)　鏡面は，研磨線がなくなるまでバフ仕上げを行った最高の反映度を持つ仕上げである。

(4)　エッチングは，化学処理により研磨板に図柄や模様を施した仕上げである。

(H29-前55)

4　金属材料の表面処理及び表面仕上げに関する記述として，**最も不適当なもの**はどれか。

(1)　ステンレスの表面に腐食溶解処理して模様を付けたものを，エンボス仕上げという。

(2)　銅合金の表面に硫黄を含む薬品を用いてかっ色に着色したものを，硫化いぶし仕上げという。

(3)　アルミニウム合金を硫酸その他の電解液中で電気分解して，表面に生成させた皮膜を陽極酸化皮膜という。

(4)　鋼材などを電解液中で通電して，表面に皮膜金属を生成させることを電気めっきという。

(H30-後27)

5　金属工事に関する記述として，**最も不適当なもの**はどれか。

(1)　アルミニウム製笠木は，直線部材をコーナー部材より先に取り付けた。

(2) アルミニウム製笠木の天端の水勾配は，内側が低くなるように取り付けた。

(3) 鋼製手すりの支柱は，コンクリートに埋め込む部分についても錆止めを行った。

(4) 柵などの板厚の薄い鋼仮製品は，電気亜鉛めっきの上に塗装されたものとした。

(H28-86)

1 (1) 軽量鉄骨天井下地は，JIS 規格として 19 形と 25 形がある（図 1）。

(2) 野縁受けの吊りボルトの間隔は 900 mm，周辺部は端部から 150 mm 以内とする（図 2）。

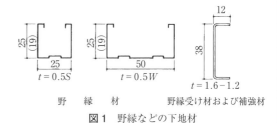

野 縁 材　　　野縁受け材および補強材

図 1　野縁などの下地材

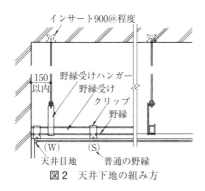

図 2　天井下地の組み方

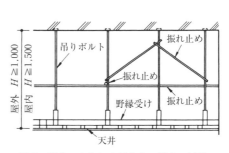

図 3　天井のふところが大きい場合の補強

(3) 天井ふところが大きい場合（屋内 1.5 m 以上，屋外 1 m 以上）は，縦横間隔 1.8 m 程度に丸鋼等で振れ止め補強を行う（図 3）。

(4) 屋内の下地張りのある場合の野縁の間隔は 360 mm 程度，下地張りのない場合は 300 mm 程度とする。

2 (1) 野縁受からの野縁のはね出し長さは，150mm 以内とする。

(3) 野縁受け，野縁同士のジョイントは，隣り合うジョイント位置が並ばないように千鳥状にずらす（図 4 参照）。

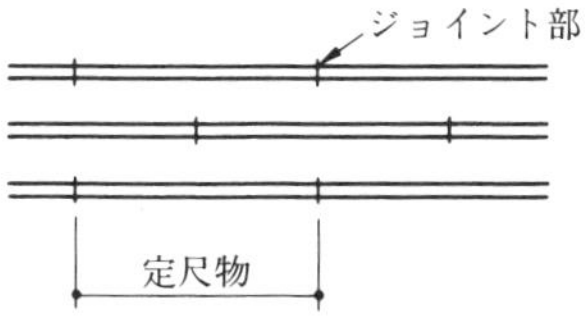

図 4　野縁受け，野縁同士のジョイント

3 (1) BA 仕上げは，冷間圧延後，光輝処理を施した仕上げである。

4 (1) 腐食溶解処理して模様を付けるものは，エッチング仕上げである。

5 (1) 笠木は，直線部材で長さを調整するため，コーナー部材から取り付ける。

【正解】　1：(3)，2：(1)，3：(1)，4：(1)，5：(1)

建築施工

# 3·14 左 官 工 事

[最近出題された問題]

**1** 仕上塗材仕上げに関する記述として，**最も不適当なもの**はどれか。

(1) 仕上塗材は，現場で顔料及び添加剤を加えて色つやを調整した。

(2) コンクリート下地面の厚付け仕上塗材の下地調整は，目違いをサンダー掛けで取り除くことができたので，下地調整塗材塗りを省いた。

(3) 合成樹脂エマルション系複層仕上塗材（複層塗材 E）仕上げなので，合成樹脂エマルション系下地調整塗材を使用した。

(4) けい酸質系複層仕上塗材（複層塗材 Si）の上塗りは，2回塗りとし，均一に塗り付けた。

《H29-後56》

**2** コンクリート壁下地のセメントモルタル塗りに関する記述として，**最も不適当なもの**はどれか。

(1) 吸水調整材は，下地とモルタルの接着力を増強するため，厚膜となるように十分塗布した。

(2) 下塗りは，吸水調整材塗りの後，3時間経過してから行った。

(3) つけ送りを含む総塗り厚が40 mmとなる部分は，下地にアンカーピンを打ち，ネットを取り付けた。

(4) セメントモルタル張りのタイル下地となるモルタル面は，木ごてで仕上げた。

《R5-後25》

**3** コンクリート壁下地のセメントモルタル塗りに関する記述として，**最も不適当なもの**はどれか。

(1) 下塗りは，14日以上放置し，十分にひび割れを発生させてから次の塗付けにかかった。

(2) 乾燥収縮によるひび割れの防止のため，保水剤を混和剤として使用した。

(3) モルタルの1回の練混ぜ量は，60分以内に使い切れる量とした。

(4) 上塗りモルタルの調合は，下塗りモルタルよりも富調合とした。

《R4-後25》

□□□ **4** セルフレベリング材塗りに関する記述として，**最も不適当なもの**はどれか。

(1) セルフレベリング材塗りは，下地となるコンクリートの打込み後，1か月経過したのちに行った。

(2) セルフレベリング材の流し込みは，吸水調整材塗布後，直ちに行った。

(3) セルフレベリング材の流し込み作業中は，できる限り通風を避けるよう窓や開口部をふさいだ。

(4) セルフレベリング材の流し込み後の乾燥養生期間は，外気温が低い冬季であったため，14日間とした。

《R2-後28》

□□□ **5** 床コンクリートの直均し仕上げに関する記述として，**最も不適当なもの**はどれか。

(1) 床仕上げレベルを確認できるガイドレールは，床コンクリートを打ち込んだ後に4m間隔で設置した。

(2) コンクリート面を指で押しても少ししか入らない程度になった時に，木ごてで中むら取りを行った。

(3) 金ごて仕上げの中ずりで，ブリーディングが多かったため，金ごての代わりに木ごてを用いた。

(4) 最終こて押えの後，12時間程度を経てから，散水養生を行った。

《R4-前25》

建築施工

[解説]

1 (1) 材料は，現場で色つやを調整することはない。

2 (1) 吸水調整材はドライアウト防止剤であり，接着力を増強するものではないため，厚塗りは避けなければならない。

3 (4) 上塗りモルタルの調合は，下塗りモルタルより貧調合とする。

4 (2) セルフレベリング材塗りは，吸水調整材や接着剤が乾いた後に行うことが必要である。

5 (1) ガイドレールは，床コンクリートを打ち込む前に設置する。

【正解】 1：(1)，2：(1)，3：(4)，4：(2)，5：(1)

■▶ **必修基本問題** ◀ 3・14　左 官 工 事

**1** コンクリート壁下地のセメントモルタル塗りに関する記述として，**最も不適当なもの**はどれか。

(1) 下塗り，中塗り，上塗りの各層の塗り厚は，6mm 程度とした。

(2) 下塗りは，吸水調整材塗りの後，3時間経過後に行った。

(3) 下塗り用の砂は，ひび割れを防止するため，粒度が粗い A 種の砂を用いた。

(4) 吸水調整材は，下地とモルタルの接着力を増強するため，厚膜となるように十分塗布した。

(R3-後25)

**2** 仕上塗材仕上げに関する記述として，**最も不適当なもの**はどれか。

(1) 見本塗板は，所要量又は塗厚が工程ごとに確認できるように作成した。

(2) シーリング面への仕上塗材仕上げの吹付けは，シーリング材の硬化前に行った。

(3) 仕上塗材の付着性の確保や目違いの調整のため，下地コンクリート面にセメント系下地調整塗材を使用した。

(4) スプレーガンによる吹付けは，スプレーガンのノズルを下地面に対してやや上向きにし，一定距離を保ちながら縦横2方向に吹き付けた。

(H28-56)

**3** 仕上塗材仕上げに関する記述として，**最も不適当なもの**はどれか。

(1) 下地のコンクリートの不陸が 3 mm を超えていたので，合成樹脂エマルション系下地調整塗材を使用した。

(2) 仕上塗材を施工する場合の所要量は，被仕上塗材仕上面の単位面積に対する希釈前の仕上塗材の使用質量とした。

(3) 外装厚塗材 C の凸部処理は，模様塗り後，適度の硬化状態になったときを見計らって行った。

(4) 複層塗材 CE（凹凸状）の主材塗りは，吹付けにより基層塗りと模様塗りの2回とした。

(H27-56)

**4** せっこうプラスター塗りに関する記述として，**最も不適当なもの**はどれか。

(1) 調合で砂を多く入れると，強度が増す。

(2) すさは，収縮によるひび割れの防止，分散のため混入する。

(3) 下塗りは，下地モルタルが十分乾燥した後，施工する。

(4) 塗り面の凝結が十分進行した後，適度の通風を与える。

(H25-57)

5 コンクリート壁下地のセメントモルタル塗りに関する記述として，**最も不適当なもの**はどれか。

(1) 下塗り，中塗り，上塗りの各層の塗り厚は，6 mm 程度とした。

(2) 下塗り後，モルタル表面のドライアウトを防止するため，水湿しを行った。

(3) 上塗りの塗り厚を均一にするため，中塗り後，むら直しを行った。

(4) モルタルの1回の練混ぜ量は，60 分以内に使い切れる量とした。

(H30-後 28)

6 セルフレベリング材塗りに関する記述として，**最も不適当なもの**はどれか。

(1) せっこう系の材料は，耐水性がないので，屋外や浴室などには使用しなかった。

(2) 吸水調整材は，コンクリート下地にデッキブラシで十分すり込むように塗り付けた。

(3) 流込み作業中や作業後は，できる限り通風を避けるよう窓や開口部をふさいだ。

(4) 流込み作業後の表面は，金ごてを用いて平滑に仕上げた。

(H29-前 57)

### 正解とワンポイント解説

1 (4) 吸水調整材は，ドライアウト防止剤であり，接着力を増強するものではなく，厚塗りは避けなければならない。

2 (2) シーリング面への仕上塗材仕上げは，シーリング材の硬化後に行う。

3 (1) コンクリートの下地調整は，一般に，セメント系下地調整塗材2種を1〜2 mm 程度塗り付けて平滑にするが，不陸調整厚さが1 mm 以下の場合はセメント系下地調整塗材1種を，不陸調整厚さが3 mm を超えて10 mm 以下の場合は，セメント系下地調整厚塗材2種を使用する。

4 (1) 砂を多く入れると貧調合となり，強度は低下する。

5 (3) むら直しは，下塗り後に行う。

6 (4) セルフレベリング材は，文字通り，自身で重力に従ってレベルとなるので，コテ等で仕上げる必要はない。

【正解】 1：(4)，2：(2)，3：(1)，4：(1)，5：(3)，6：(4)

# 3·15　建具工事

[最近出題された問題]

---

**1** 建具金物に関する記述として，**最も不適当なもの**はどれか。

(1) 本締り錠は，握り玉の中心にシリンダーが組み込まれたもので，ラッチボルトがデッドボルトと兼用となっている錠である。

(2) 鎌錠は，鎌状のデッドボルトを突合せ部分の受けに引っかけて施錠するもので，引き戸に使用される錠である。

(3) ピボットヒンジは，戸を上下から軸で支える金物で，戸の表面外又は戸厚の中心に取り付ける。

(4) フロアヒンジは，床に埋め込む箱形の金物で，自閉機能があり，戸の自閉速度の調整をすることができる。

《R5-後 26》

---

**2** 鋼製建具に関する記述として，**最も不適当なもの**はどれか。

(1) 建具枠の取付け精度は，対角寸法差を 3 mm 以内とした。

(2) 外部に面する鋼製ドアのステンレス製くつずりは，両端を縦枠より延ばし，縦枠の裏面で溶接した。

(3) 外部に面する両面フラッシュ戸の見込み部は，上下を除いた左右 2 方のみ，表面板で包んだ。

(4) くつずりは，あらかじめ裏面に鉄線を付けておき，モルタル詰めを行った後，取り付けた。

《R3-前 26》

---

**3** 建具工事に関する記述として，**最も不適当なもの**はどれか。

(1) アルミニウム製建具のアルミニウムに接する小ねじは，亜鉛めっき処理した鋼製のものを使用した。

(2) ステンレス製建具のステンレスに接する鋼製の重要な補強材は，錆止め塗装をした。

(3) 木製フラッシュ戸の中骨は，杉のむく材を使用した。

(4) 樹脂製建具は，建具の加工及び組立てからガラスの組込みまでを建具製作所で行った。

《R4-前 26》

---

**4** 外部に面するサッシのガラス工事に関する記述として，**最も不適当なもの**はどれか。

(1) 熱線反射ガラスは，反射膜コーティング面を室内側とした。

(2) 建具下辺のガラス溝内に置くセッティングブロックは，ガラス1枚につき2箇所設置した。

(3) グレイジングチャンネルの継目の位置は，ガラスの下辺中央部とした。

(4) 厚さ8mmの単板ガラスの留付けは，不定形シーリング材構法とした。

《R2-後29》

---

**5** 建具工事に関する記述として，**最も不適当なもの**はどれか。

(1) 鋼製両面フラッシュ戸の表面板裏側の見え隠れ部分は，防錆塗装を行わなかった。

(2) 木製フラッシュ戸の中骨は，杉のむく材を使用した。

(3) アルミニウム製建具のアルミニウムに接する小ねじは，亜鉛めっき処理したものを使用した。

(4) 樹脂製建具は，建具の加工及び組立てからガラスの組込みまでを建具製作所で行った。

《R1-後29》

---

**6** 鋼製建具に関する記述として，**最も不適当なもの**はどれか。

(1) くつずりの材料は，厚さ1.5mmのステンレス鋼板とした。

(2) 四方枠の気密材は，建具の気密性を確保するため，クロロプレンゴム製とした。

(3) フラッシュ戸の組立てにおいて，中骨は600mm間隔で設けた。

(4) 大型で重量のある建具の仮止めは，位置調節用の金物を用いた。

《R4-後26》

---

［解説］

1 (1) 本締り錠は，デッドボルトだけを備えた錠で，鍵またはサムターンで施解錠する。

2 (3) 外部に面する両面フラッシュ戸の見込み部分は，上部と左右の三方を表面板で包む。

3 (1) アルミニウムに接する小ねじは，ステンレス製のものを使用する。

4 (3) グレイジングチャンネルの継目の位置は，水密性，気密性の観点より，ガラスの上辺中央部とする。

5 (3) アルミニウムに接する小ねじは，ステンレス製を使用する。

6 (3) 中骨は，300mm以下の間隔とする。

【正解】　1 : (1)，2 : (3)，3 : (1)，4 : (3)，5 : (3)，6 : (3)

■▶ **必修基本問題** ◀ **3・15 建具工事**

**1** 建具工事におけるキーシステムに関する記述として，**最も不適当なもの**はどれか。

(1) 複数個の異なった錠のいずれの錠でも，特定の鍵で施解錠できるシステムを，マスターキーシステムという。

(2) 複数個の異なった鍵のいずれの鍵でも，特定の錠だけを施解錠できるシステムを，逆マスターキーシステムという。

(3) 施工後にシリンダーを変更することなく，工事中に使用した鍵では施解錠できなくするシステムを，コンストラクションキーシステムという。

(4) 各々の錠をそれに対応する個別の鍵のみで施解錠できるシステムを，同一キーシステムという。

(H29-後 59)

**2** 鋼製建具に関する記述として，**最も不適当なもの**はどれか。

(1) さび止め塗装を2回塗りとするので，1回目を工場で行い，2回目を工事現場で行った。

(2) 外部のくつずりの材料は，厚さ1.5 mm のステンレス鋼板とした。

(3) 4方枠の気密材は，建具の気密性を確保するため，クロロプレンゴム製とした。

(4) 枠のつなぎ補強板は，両端から逃げた位置から間隔 900 mm に取り付けた。

(H29-前 58)

**3** ガラス工事に関する記述として，**最も不適当なもの**はどれか。

(1) エッジ強度の低下を防ぐため，ガラスの切口は，クリーンカットとした。

(2) 外部に面するサッシの網入板ガラスでは，水分の影響で発錆するおそれがあるので，サッシの下枠内に水抜き孔を設けた。

(3) ガラスブロック積み工法における水抜きプレートは，合成樹脂製とした。

(4) 不定形シーリング材構法におけるセッティングブロックは，ガラス下辺の両角の下に設置した。

(H25-59)

**4** ガラス工事に関する記述として，**最も不適当なもの**はどれか。

(1) 板ガラスの切断面は，クリーンカット（クリアカット）とし，エッジ強度の低下を防いだ。

(2) 不定形シーリング材構法におけるセッティングブロックは，ガラス下辺の両角の下に設置した。

(3) 吹抜け部分のガラス手すりは，破損時の飛散を防ぐため，合わせガラスを使用した。

(4) 網入りガラスは，線材が水分の影響により発錆するおそれがあるため，建具の下枠に水抜き孔を設けた。

(H30-前 29)

⑤ 建具金物に関する記述として，**最も不適当なもの**はどれか。

(1) モノロックは，内外の握り玉の同一線上で施解錠ができる錠で，押しボタンやシリンダーが設けられている。

(2) グラビティヒンジは，扉側と枠側のヒンジ部の勾配を利用し，常時開又は常時閉鎖の設定ができる。

(3) ピボットヒンジは，床に埋め込まれる扉の自閉金物で，自閉速度を調整できる。

(4) ドアクローザは，開き戸の自閉機能と閉鎖速度制御機能を有している。

(R1-前29)

⑥ 建具金物に関する記述として，**最も不適当なもの**はどれか。

(1) モノロックは，押しボタンやシリンダーが設けられており，内外の握り玉の同一線上で施解錠することができる。

(2) ピボットヒンジは，床に埋め込まれる扉の自閉金物で，自閉速度を調整することができる。

(3) 空錠は，鍵を用いずに，ハンドルでラッチボルトを操作することができる。

(4) 本締り錠は，鍵又はサムターンでデッドボルトを操作することができる。

(R3-後26)

⑦ 鋼製建具に関する記述として，**最も不適当なもの**はどれか。

(1) 溶融亜鉛めっき鋼板の溶接痕は，表面を平滑に研磨し，鉛・クロムフリーさび止めペイントで補修した。

(2) フラッシュ戸の組立てにおいて，中骨は鋼板厚さ1.6 mmとし，600 mm間隔で設けた。

(3) くつずりは，あらかじめ裏面に鉄線を付けておき，モルタル詰めを行った後，取り付けた。

(4) 建具枠の取付けにおいて，枠の取付け精度は対角寸法差3 mm以内とした。

(H30-後29)

正解とワンポイント解説

① (4) 同一キーシステムとは，複数の錠（同一のシリンダー）を一つの鍵で施解錠できるシステムをいう。

② (4) 枠のつなぎ補強板は，両端から逃げた位置から間隔600 mmに取り付ける。

③ (4) セッティングブロックは，ガラス下辺の両端部から1/4の位置に，2箇所設置する。

④ (2) 不定型シーリング材構法におけるセッティングブロックは，ガラス下辺両端部より1/4の位置に設置する。

⑤ (3) ピボットヒンジは回転円滑金物で枠に取り付けられる。設問の説明はフロアヒンジである。

⑥ (2) ⑤(3)の解説参照。

⑦ (2) 中骨は，間隔300 mmで取り付ける。

【正解】　①:(4)，②:(4)，③:(4)，④:(2)，⑤:(3)，⑥:(2)，⑦:(2)

# 3·16　塗装工事

[最近出題された問題]

**1** 木部の塗装工事に関する記述として，**最も不適当なもの**はどれか。

(1) オイルステイン塗りは，耐候性が劣るため，建築物の屋外には使用しなかった。

(2) つや有合成樹脂エマルションペイント塗りの下塗り後のパテかいは，耐水形の合成樹脂エマルションパテを使用した。

(3) クリヤラッカー塗りの下塗り材は，サンジングシーラーを使用した。

(4) 木材保護塗料塗りにおいて，塗料は希釈せず原液で使用した。

《R1-後30》

**2** 塗装工事に関する記述として，**最も不適当なもの**はどれか。

(1) 上塗りに用いる塗料が少量だったため，同一製造所の同種塗料を用いて現場調色とした。

(2) 合成樹脂エマルションペイント塗りにおいて，天井面等の見上げ部分では研磨紙ずりを省略した。

(3) 木部のクリヤラッカー塗りの下塗りに，ウッドシーラーを用いた。

(4) 高粘度，高濃度の塗料による厚膜塗装は，エアレススプレーではなくエアスプレーにより吹き付けた。

《R2-後30》

**3** 塗装工事の素地ごしらえに関する記述として，**最も不適当なもの**はどれか。

(1) 透明塗料塗りをする木部面に著しい色むらがあったため，着色剤を用いて色むら直しを行った。

(2) けい酸カルシウム板面の吸込み止めは，穴埋めやパテかいの後に塗布した。

(3) ALCパネル面の吸込み止めは，下地調整前に全面に塗布した。

(4) 鉄鋼面の錆及び黒皮は，サンドブラストで除去した。

《R1-前30》

---

**4** 塗装工事に関する記述として，最も不適当なものはどれか。

(1) アクリル樹脂系非水分散形塗料塗りにおいて，下塗りには上塗りと同一材料を用いた。

(2) 木部のクリヤラッカー塗りにおける着色は，下塗りのウッドシーラー塗布後に行った。

(3) 高粘度，高濃度の塗料による厚膜塗装とするため，エアレススプレーを用いて吹き付けた。

(4) 合成樹脂エマルションペイント塗りにおいて，天井面等の見上げ部分では研磨紙ずりを省略した。

《R4-後27》

---

**5** 塗装工事における素地ごしらえに関する記述として，最も不適当なものはどれか。

(1) モルタル面の吸込み止めは，パテかいを行った後に，シーラーを全面に塗り付けた。

(2) せっこうボード面のパテかいは，合成樹脂エマルションパテを使用した。

(3) 木部面の不透明塗料塗りの節止めは，セラックニスを使用した。

(4) ALCパネル面の吸込み止めは，下地調整を行う前に，シーラーを全面に塗り付けた。

《R5-前26》

---

**6** 木質系素地面の塗装に関する記述として，最も不適当なものはどれか。

(1) オイルステイン塗りは，塗付け後，乾き切らないうちに余分な材料を拭き取った。

(2) 合成樹脂調合ペイント塗りの中塗りは，塗装回数を明らかにするため，上塗りと色を変えて塗装した。

(3) つや有合成樹脂エマルションペイント塗りは，塗料の粘度の調整を水で行った。

(4) クリヤラッカー塗りの下塗りは，ジンクリッチプライマーを用いた。

《R5-後27》

---

[解説]

1 (3) クリヤラッカー塗りの下塗りは，ラッカー系シーラー（ウッドシーラー）を塗布する。

2 (4) 高粘度・高濃度の塗料による厚膜塗装は，エアレススプレーが適している。

3 (2) 塗料の吸込止めを目的とするシーラーは，パテかいを行う前に塗り付ける。

4 (2) 下塗りのウッドシーラー塗布後に研磨紙ずりを行い，清掃後に上塗り，仕上げ塗りを行う。

5 (1) モルタル面の吸込み止めは，パテかいを行う前に，シーラーを全面に塗り付ける。

6 (4) 1(3)の解説参照。

【正解】　1：(3)，2：(4)，3：(2)，4：(2)，5：(1)，6：(4)

**必修基本問題** ◀ **3・16 塗装工事**

**1** 塗装工事に関する記述として，**最も不適当なもの**はどれか。

(1) 壁面をローラーブラシ塗りとする際，隅やちり回りなどは，小ばけを用いて先に塗布した。

(2) 木部のクリヤラッカー塗りの下塗りは，ジンクリッチプライマーを用いた。

(3) 合成樹脂調合ペイントの上塗りは，はけ塗りとし，材料を希釈せずに使用した。

(4) パテかいは，へらを用い，一度で埋まらないものは追いパテを繰り返し行った。

(H29-後60)

**2** 塗装工事における木部の素地ごしらえに関する記述として，**最も不適当なもの**はどれか。

(1) 付着したアスファルトや油類は，皮すきで取り除き，溶剤でふいて乾燥させた。

(2) 透明塗料塗りの素地面で，仕上げに支障のおそれがある甚だしい変色は，漂白剤を用いて修正した。

(3) 杉や松などの赤みのうち，やにが出ると思われる部分には，との粉を塗布した。

(4) 素地の割れ目や打ちきずなどは，ポリエステル樹脂パテで埋めて平らにした。

(H21-60)

**3** 塗装工事に関する記述として，**最も不適当なもの**はどれか。

(1) 強溶剤系の塗料をローラーブラシ塗りとするため，モヘアのローラーブラシを用いた。

(2) 木部のクリヤラッカー塗りの下塗りに，ウッドシーラーを用いた。

(3) スプレーガンは，塗面に平行に運行し，1行ごとに吹付け幅が$\frac{1}{3}$ずつ重なるようにした。

(4) 鉄鋼面の合成樹脂調合ペイントの上塗りの塗付け量は，$0.08\,\mathrm{kg/m^2}$ とした。

(H30-前30)

**4** 塗装工事の素地ごしらえに関する記述として，**最も不適当なもの**はどれか。

(1) 透明塗料塗りの木部面に著しい色むらがあったので，着色剤を用いて色むら直しを行った。

(2) 透明塗料塗りの木部面に付着したアスファルトや油類は，皮すきで取り除き，溶剤でふいて乾燥させた。

(3) 鉄鋼面は，さび落しを行った後に油類除去を行った。

(4) ALCパネル面は，合成樹脂エマルションシーラー等を用いて吸込止め処理を行った。

(H29-前60)

**5** 塗装工事における素地ごしらえに関する記述として，**最も不適当なもの**はどれか。

(1) 鉄鋼面の錆及び黒皮の除去に，サンドブラスト法を用いた。

(2) モルタル面に行うシーラー塗りは，パテかいを行う前に行った。

(3) 木部面の節止めにセラックニスを塗布し，気温が20℃であったため，工程間隔時間を1時間とした。

(4) せっこうボード面のパテかいには，合成樹脂エマルションパテを使用した。

(H28-90)

6 塗装工事における素地ごしらえに関する記述として，**最も不適当な**ものはどれか。

(1) モルタル面の吸込み止めは，パテかいを行った後に，シーラーを全面に塗り付けた。

(2) せっこうボード面のパテかいには，合成樹脂エマルションパテを使用した。

(3) 不透明塗料塗りの木部面は，節止めにセラックニスを塗り付けた。

(4) 鉄鋼面に付着した機械油の除去には，石油系溶剤を使用した。

(R3-前27)

7 塗装の素地ごしらえに関する記述として，**最も不適当な**ものはどれか。

(1) 透明塗料塗りの木部面で，仕上げに支障のおそれがある変色は，漂白剤を用いて修正した。

(2) 不透明塗料塗りの木部面は，節止めの後に穴埋め・パテかいを行った。

(3) 鉄鋼面に付着した機械油の除去は，アルカリ性溶液を用いて行った。

(4) セメントモルタル塗り面の素地ごしらえは，セメントモルタル塗り施工後2〜3週間経過した後に行った。

(H27-60)

**正解とワンポイント解説**

1 (2) 木部のクリアラッカー塗りの下塗りは，ラッカー系シーラー（ウッドシーラー）を塗布する。

2 (2) 素地面に，仕上げに支障のおそれがある甚だしい色むら・汚れ・変色等がある場合は，漂白剤等を用いて修正する。

(3) との粉は，木部のひびや導管を埋める目止め剤として使用されるものであり，やにが出ると思われる部分に使用するものではない。やには，削り取り，または，電気ごて焼きのうえ，溶剤等でふき取る。

3 (1) モヘアのローラーブラシは，アンゴラや山羊の毛を素材としたもので腰があり，ローラーマークも少ない。そのため，あらゆる塗料で使用できるが強溶剤系の塗料には向かない。

4 (3) 鉄鋼面は，油類除去を行った後にさび落しを行う。

5 (3) 工程間隔時間は，2時間以上とする。

6 (1) モルタル面の吸込み止めは，パテかいを行う前に，シーラーを全面に塗り付ける。

7 (3) アルカリ性は，動物系，植物系の油脂汚れに対応する。機械油（鉱物系）には効果を発揮しない。

【正解】　1:(2)，2:(3)，3:(1)，4:(3)，5:(3)，6:(1)，7:(3)

# 3·17 内外装工事

[最近出題された問題]

---

**1** ビニル床シート張りに関する記述として，最も不適当なものはどれか。

(1) シートを幅木部に張り上げるため，ニトリルゴム系接着剤を使用した。

(2) 熱溶接工法では，シート張付け後，張付け用接着剤が硬化する前に溶接接合を行った。

(3) シートを壁面に張り上げるため，床と壁が取り合う入隅部に面木を取り付けた。

(4) 湿気のおそれのある下地への張付けには，エポキシ樹脂系接着剤を使用した。

《R5-後28》

---

**2** 床のフローリングボード張りに関する記述として，最も不適当なものはどれか。

(1) 壁，幅木，框及び敷居とフローリングボードの取合いには，板の伸縮に備えた隙間を設けた。

(2) 張込み完了後の表面に生じた目違いは，養生期間を経過した後，サンディングした。

(3) 接着剤張り工法のため，接着剤は専用のくしべらを使用し，均等に伸ばして塗り付けた。

(4) 釘留め工法の根太張り工法のため，根太の上に下張りを行い，フローリングボードを接着剤を併用して張り込んだ。

《R5-前27》

---

**3** カーペット敷きに関する記述として，最も不適当なものはどれか。

(1) タイルカーペットは，粘着はく離形の接着剤を用いて張り付けた。

(2) タイルカーペットは，フリーアクセスフロアのパネル目地とずらして割り付けた。

(3) グリッパー工法に用いるグリッパーは，壁に密着させて取り付けた。

(4) グリッパー工法に用いる下敷き用フェルトは，グリッパーよりやや厚いものとした。

《R4-前27》

□□□ **4** 内装改修工事における既存床仕上材の除去に関する記述として，**最も不適当なものはどれか。**

ただし，除去する資材は，アスベストを含まないものとする。

(1) ビニル床シートの除去は，カッターで切断し，スクレーパーを用いて他の仕上材に損傷を与えないように行った。

(2) モルタル下地の合成樹脂塗床は，電動研り器具を用いてモルタル下地とも除去した。

(3) 根太張り工法の単層フローリングボードは，丸のこを用いて根太下地を損傷しないように切断し，除去した。

(4) モルタル下地の磁器質床タイルの張替え部は，斫りのみを用いて手作業で存置部分と縁切りをした。

《R4-前 28》

□□□ **5** 外部仕上げ改修工事に関する記述として，**最も不適当なものはどれか。**

(1) 既存防水層撤去後の下地コンクリート面の軽微なひび割れは，新規防水がアスファルト防水のため，アスファルト防水用シール材により補修した。

(2) コンクリート下地面の複層仕上塗材の既存塗膜の劣化部は，高圧水洗工法にて除去した。

(3) 既存露出アスファルト防水層の上に，アスファルト防水熱工法にて改修するため，下地調整材としてポリマーセメントモルタルを用いた。

(4) 外壁石張り目地のシーリング材の劣化した部分を再充填工法にて改修するため，既存シーリング材を除去し，同種のシーリング材を充填した。

《R3-後 28》

[解説]

1 (2) シート張り付け後，12時間以上放置してから，溶融接合を行う。

2 (4) 根太張り用のフローリングボードは，根太上に接着剤を塗布し，雄ざねの付け根から隠し釘留めとする。

3 (3) グリッパーは，壁際からすき間を取って取り付ける。

4 (4) 磁器質床タイルの張替え部は，その部分の周囲をダイヤモンドカッターなどで縁を切り，はつりのみを用いて手作業で除去する。

5 (3) 露出アスファルト防水層の上には，アスファルト系下地調整材を用いる。

【正解】 1：(2)，2：(4)，3：(3)，4：(4)，5：(3)

1　カーペット敷きに関する記述として，**最も不適当なもの**はどれか。
　(1)　タイルカーペットは，粘着はく離形の接着剤を用いて張り付けた。
　(2)　全面接着工法によるカーペットは，ニーキッカーを用いて，十分伸長させながら張り付けた。
　(3)　グリッパー工法のグリッパーは，壁際からのすき間を均等にとって打ち付けた。
　(4)　ウィルトンカーペットは，はぎ合わせを手縫いでつづり縫いとした。

(R1-後 31)

2　壁のせっこうボード張りに関する記述として，**最も不適当なもの**はどれか。
　(1)　ボードを突付けとせず隙間を開けて底目地を取る目透し工法で仕上げる壁は，スクェアエッジのボードを使用した。
　(2)　鋼製下地に張り付ける場合のドリリングタッピンねじの頭は，仕上げ面の精度確保のため，ボード面と同面となるように締め込んだ。
　(3)　鋼製下地に張り付ける場合のドリリングタッピンねじの留付け間隔は，ボードの中間部より周辺部を小さくした。
　(4)　ボードの重ね張りは，上張りと下張りのジョイント位置が同位置にならないように行った。

(R3-後 27)

3　ビニル床シート張りにおける熱溶接工法に関する記述として，**最も不適当なもの**はどれか。
　(1)　床シートの幅木部への巻上げは，シートをニトリルゴム系接着剤により張り付けた。
　(2)　継目の溝はV字形とし，シート厚さの$\frac{2}{3}$程度まで溝切りした。
　(3)　溶接部のシートの溝部分と溶接棒は，250〜300℃の熱風で加熱溶融した。
　(4)　溶接完了後，溶接部が完全に冷却したのち，余盛りを削り取り平滑にした。

(R2-後 31)

4　内部仕上げの改修工事に関する記述として，**最も不適当なもの**はどれか。
　(1)　コンクリート壁下地に塗られたモルタルは，一部軽微な浮きが認められたので，アンカーピンニング部分エポキシ樹脂注入工法で補修した。
　(2)　新たに張るタイルカーペット用の接着剤は，粘着はく離（ピールアップ）形をカーペット裏の全面に塗布した。
　(3)　軽量鉄骨天井下地において，新たに設ける吊りボルト用のアンカーとして，あと施工の金属拡張アンカーを用いた。
　(4)　軽量鉄骨壁下地において，新たに設ける下地材の高速カッターによる切断面には，亜鉛の犠牲防食作用が期待できるので，錆止め塗装を行わなかった。

(H30-前 32)

5 鉄筋コンクリート造の建物内部の断熱工事に関する記述として，**最も不適当なもの**はどれか。

(1) 硬質ウレタンフォーム吹付け工法では，下地コンクリート面を充分に乾燥させた状態で吹付けを行う。

(2) 硬質ウレタンフォーム吹付け工法では，ウレタンフォームが厚く付き過ぎて表面仕上げ上支障となる箇所は，カッターナイフ等で表層を除去する。

(3) 押出法ポリスチレンフォーム打込み工法では，断熱材と躯体が密着しにくいので，内部結露が生じやすい。

(4) 押出法ポリスチレンフォーム打込み工法では，コンクリートの漏れを防ぐため，断熱材の継目にテープ張りを行う。

(H27-63)

6 モルタル塗り仕上げ外壁の改修におけるアンカーピンニング部分エポキシ樹脂注入工法に関する記述として，**最も不適当なもの**はどれか。

(1) モルタルの浮き部分に使用するアンカーピンの本数は，一般部分を 16 本 /m² とした。

(2) アンカーピン固定部の穿孔の深さは，構造体コンクリート面から 30mm とした。

(3) 穿孔後は，孔内をブラシで清掃し，圧搾空気で接着の妨げとなる切粉を除去した。

(4) アンカーピン固定用エポキシ樹脂は，手動式注入器を用いて，孔の表面側から徐々に充填した。

(R1-後 32)

### 正解とワンポイント解説

1 (2) 全面接着工法によるカーペットは，仮敷きしたカーペットを折り返して，カーペット製造所の指定するくし目ごてを用いて，下地全面に接着剤を塗布する。接着剤の乾燥状態を見計い，しわ，ふくれ等を伸ばしながら切り込み，張り付ける。

2 (2) ドリリングタッピングネジの頭が，ボード面より沈むまで充分に締め込む。

3 (3) 溶接部のシートの溝部分と溶接棒は 160～200℃ の熱風で加熱溶融する。

4 (2) 粘着はく離（ピールアップ）形の接着剤は，床面に塗布する。

5 (3) 打込み工法は，ポリスチレンフォームをコンクリート打設時に取り付けているので，躯体との密着力は高い。

6 (4) アンカーピン固定用エポキシ樹脂は，手動式注入器を用いて，アンカーピン固定部の最深部から徐々に注入する。

【正解】 1：(2)，2：(2)，3：(3)，4：(2)，5：(3)，6：(4)

▶ **必修基本問題** ◀ ３・17 内外装工事

7 カーテン工事に関する記述として，**最も不適当なもの**はどれか。

(1) カーテン上端の折返し長さは，使用するフック（ひるかん）の長さにより定めた。

(2) 引分け式遮光用カーテンは，中央召合せを 300 mm とした。

(3) レースカーテンのカーテンボックスは，窓幅に対して片側各々 150 mm 長くした。

(4) レースカーテンの上端の縁加工は，カーテン心地を入れないで袋縫いとした。

(R3-前 28)

8 壁のせっこうボード張りに関する記述として，**最も不適当なもの**はどれか。

(1) せっこう系接着材直張り工法における張付けは，くさびをかってボードを床面から浮かし，床面からの水分の吸い上げを防いだ。

(2) せっこう系直張り用接着材の盛上げ高さは，接着するボードの仕上がり面までの高さとした。

(3) ボードの重ね張りは，上張りと下張りのジョイント位置が同位置にならないように行った。

(4) せっこう系接着材直張り工法における張付けは，調整定規でボードの表面をたたきながら不陸がないように行った。

(H30-後 31)

9 カーテン工事に関する記述として，**最も不適当なもの**はどれか。

(1) レースカーテンのカーテンボックスは，窓幅に対して片側各々 150 mm 長くした。

(2) カーテンレールがダブル付けのカーテンボックスの奥行き寸法は，100 mm とした。

(3) 中空に吊り下げるカーテンレールの吊り位置は，間隔を 1 m 程度とし，曲り箇所及び継目部分にも設けた。

(4) カーテンレールに取り付けるランナーの数は，1 m 当たり 8 個とした

(H30-後 32)

10 フリーアクセスフロアに関する記述として，**最も不適当なもの**はどれか。

(1) クリーンルームでは，床下に作業者が入れるように，根太，大引等の下地を設けてパネルを支持する根太方式とした。

(2) 電算機室では，パネルの四隅の交点に高さを調整できる共通の支持脚を設けてパネルを支持する共通独立脚方式とし，ほうづえを設けて耐震性を高めた。

(3) 事務室では，1 枚のパネルの四隅や中間に高さ調整のできる支持脚が付く，脚付きパネル方式とした。

(4) 会議室では，床下配線が少なかったため，コンクリート下地等の凹凸部でも，敷き並べるだけでそのまま高さ調整ができる置敷き方式とした。

(H29-後 64)

11 事務室用フリーアクセスフロアに関する記述として，**最も不適当なもの**はどれか。

(1) 下地となるコンクリートスラブ面の防塵塗装は，浸透性塗装としたので支持脚を接着する前に塗布した。

(2) 床パネルの各辺の長さが500 mmだったため，幅及び長さの寸法精度は，±0.5 mm以内とした。

(3) 床パネル取付け完了後に，取り外して再度取り付ける時の作業を容易にするため，床パネルには方位のマーキングを行った。

(4) 床パネル取付け後の水平精度は，隣接する床パネルどうしの高さの差を2 mm以下とした。

(H28-94)

12 フリーアクセスフロアに関する記述として，**最も不適当なもの**はどれか。

(1) 電算機室では，床パネルの四隅の交点に共通の支持脚を設けて支持する共通独立脚方式としたため，方杖を設けて耐震性を高めた。

(2) 事務室では，1枚のパネルの四隅や中間に高さ調整のできる支持脚が付く，脚付きパネル方式とした。

(3) 床パネルの各辺の長さが500 mmだったため，幅及び長さの寸法精度は，±0.5 mm以内とした。

(4) 床パネル取付け後の水平精度は，隣接する床パネルどうしの高さの差を2 mm以下とした。

(R4-後28)

## 正解とワンポイント解説

7 (4) レースカーテンの上端の縁加工は，カーテン心地を入れた2つ折縫いとする。

8 (2) 接着剤の盛り上げ高さは，仕上げ面までの寸法の約2倍とする。

9 (2) カーテンレールがダブル付けの場合，カーテンボックスの奥行き寸法は150 mm以上は必要となる。

10 (4) 置敷き方式では，下地の凹凸部が現れてしまう。

11 (4) 隣接する床パネルどうしの高さの差は，0.5 mm以下とする。

12 (4) 11(4)の解説参照。

【正解】　7：(4)，8：(2)，9：(2)，10：(4)，11：(4)，12：(4)

# 3·18　建設機械と改修・解体工事

[最近出題された問題]

---

**1**　揚重運搬機械に関する記述として，**最も不適当なもの**はどれか。

(1)　ラックピニオン式の建設用リフトは，荷及び人の揚重に用いられる。

(2)　ラフテレーンクレーンは，同じ運転席でクレーン及び走行の操作ができる。

(3)　クローラークレーンは，狭い場所での車体の方向転換が容易である。

(4)　クライミング式タワークレーンは，高層建築物の鉄骨建方などに用いられる。

《H26-50》

---

**2**　建設機械に関する記述として，**最も不適当なもの**はどれか。

(1)　ハンマーグラブは，オールケーシング工法における掘削に用いる。

(2)　ブルドーザーは，すき取りや盛土に用いる。

(3)　パワーショベルは，機体位置より下方の掘削に用いる。

(4)　バイブロハンマーは，鋼矢板の打込みや引抜きに用いる。

《H25-50》

---

**3**　建設機械と作業の組合せとして，**最も不適当なもの**はどれか。

(1)　クラムシェル —————— 機体より下方の比較的深い位置の掘削

(2)　フォークリフト —————— 重量物の積卸し及び運搬

(3)　トラックアジテータ ——— レディーミクストコンクリートの運搬

(4)　タイヤローラー ————— 含水比の高い粘性土の締固め

《H27-50》

---

**4**　木造建築物の解体工事に関する記述として，**最も不適当なもの**はどれか。

(1)　解体作業は，先ず建築設備の取外しを，次に内装材の取外しを手作業で行った。

(2)　壁及び天井のクロスは，せっこうボードを撤去する前にはがした。

(3)　屋根葺材は，下地材と共につかみ機で取り外した。

(4)　天井，床，外壁等に断熱材として使用されているグラスウールは，可能な限り原形のまま取り外した。

《H28-50》

**5** 木造2階建住宅の解体工事に関する記述として，**最も不適当な**ものはどれか。

(1) 作業の効率を高めるため，障子，襖，ドア等の建具は，1階部分から撤去した。

(2) 外壁の断熱材として使用されているグラスウールは，可能な限り原形のまま取り外した。

(3) 蛍光ランプは，窓ガラスと共に専用のコンテナ容器内で破砕して，ガラス類として処分した。

(4) 屋根葺き材は，内装材を撤去した後，手作業で取り外した。

《R3-前 22》

[解説]

1 (1) 建設用リフトとは，荷の運搬を目的とした昇降設備で，人の昇降は禁止されている。

(2) ラフテレーンクレーンは，大型タイヤを備えているクレーンで，不整地の走行や狭い場所での移動性がよい。

2 (3) ショベル系掘削機の特徴は，表1のとおりである。パワーショベルは，地面より上方の掘削に適している。

表1　ショベル系掘削機械のアタッチメントの特徴

|  | パワーショベル | バックホウ | ドラグライン | クラムシェル |
|---|---|---|---|---|
| 掘削力 | 大 | 大 | 中 | 小 |
| 掘削土 | 硬土可 | 硬土可 | 中程度の堅さ 水中掘削可 | 中程度の堅さ 水中掘削可 |
| 掘削場所 | 地面より高所 （正確） | 地面より低所 （正確） | 地面より低所 （広範囲） | 地面より低所 （正確） |

3 (4) タイヤローラーは，路面を締め固めるために用いるもので，数多くのゴムタイヤ状のローラーを並べた車両である。路面一面に圧力をかけながら走行し，軟らかい地面を固めるが，含水比の高い粘性土の締固めには不向きである。

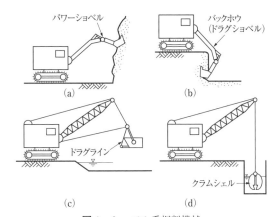

図1　ショベル系掘削機械

4 (3) 建設リサイクル法によって，一定規模以上の建築物の解体工事は，分別解体及び再資源化が義務付けられている。屋根葺材は，下地材と分別解体を行う。

5 (3) 蛍光ランプには，水銀が含まれているため，破砕せず，適正な方法によって処理する。

【正解】　1：(1)，2：(3)，3：(4)，4：(3)，5：(3)

建築施工

**6** 木造建築物の分別解体に係る施工方法に関する記述として，**最も不適当なも**のはどれか。

(1) 解体作業は，建築設備を取り外した後，建具と畳を撤去した。

(2) 壁及び天井のクロスは，せっこうボードを撤去する前にはがした。

(3) 外壁の断熱材として使用されているグラスウールは，細断しながら取り外した。

(4) 屋根葺き材は，内装材を撤去した後，手作業で取り外した。

《H30-後 24》

**7** 鉄筋コンクリート造建築物の解体工事に関する記述として，**最も不適当なも**のはどれか。

(1) 地上作業による解体は，地上から解体重機で行い，上階から下階へ床，梁，壁，柱の順に解体していく。

(2) 階上作業による解体は，屋上に揚重した解体重機で最上階から解体し，解体で発生したコンクリート塊を利用してスロープをつくり，解体重機を下階に移動させながら行う。

(3) 外周部の転倒解体工法では，外周部を転倒させる床に，事前にコンクリート塊や鉄筋ダンゴなどをクッション材として積んでおく。

(4) 外周部の転倒解体工法では，最初に柱脚部の柱主筋をすべて切断し，次に壁下部の水平方向，壁及び梁端部の垂直方向の縁切りを行った後に転倒させる。

《R1-前 24》

**8** 木造住宅の解体工事に関する記述として，**最も不適当なものはどれか。**

(1) 蛍光ランプは，窓ガラスと共に専用のコンテナ容器内で破砕して，ガラス類として処分した。

(2) 建具と畳は，建築設備を取り外した後，手作業で撤去した。

(3) せっこうボードは再資源化するため，水に濡れないように取り扱った。

(4) 屋根葺材は，内装材を撤去した後，手作業で取り外した。

《R5-前 22》

[解説]

6 (3) グラスウールは，飛散させないために，作業場所をシートで囲ったり，散水するなど，できるだけ粉じんが発生しないように取り外す。

7 (4) 柱脚部の柱主筋は，最後に切断する。

8 (1) 5 (3)の解説参照。

【正解】 6：(3)，7：(4)，8：(1)

第 **4** 章

# 施工管理法（知識）

施工管理法

## 令和 5 年度の出題傾向

出題数は 10 問（解答数 10 問）

　出題分野（施工計画，工程管理，品質管理，安全管理）の出題比率は，各分野からまんべんなく 2～3 出題されている。

　出題内容としては，過去問の選択肢からの出題が多く，比較的易しかった。**基本事項を的確に把握する**ことや，第 3 章建築施工の内容も学習しておくことで得点につながる。

# 4·1 施 工 計 画

[最近出題された問題]

## 4·1·1　施工計画・事前調査

□□□ **1** 事前調査に関する記述として，最も不適当なものはどれか。
(1) 鉄骨の建方計画に当たり，近隣の商店や工場の業種について調査を行うこととした。
(2) 敷地境界と敷地面積の確認のため，地積測量を行うこととした。
(3) 敷地内の建家，立木，工作物の配置を把握するため，平面測量を行うこととした。
(4) 根切り工事に当たり，埋蔵文化財の有無について調査を行うこととした。

《R5-後 29》

□□□ **2** 事前調査に関する記述として，最も不適当なものはどれか。
(1) 山留め工事の計画に当たって，周辺地盤の高低について調査することとした。
(2) 工事用資材の搬入計画に当たって，幼稚園や学校の場所を確認し，輸送経路の制限の有無を調査することとした。
(3) 土の掘削計画に当たって，振動が発生するため，近隣の商店や工場の業種を調査することとした。
(4) 解体工事の計画に当たって，発生する木くずを処分するため，一般廃棄物の処分場所を調査することとした。

《R4-後 29》

□□□ **3** 事前調査に関する記述として，最も不適当なものはどれか。
(1) 敷地内の排水工事に先立ち，排水管の勾配が公設桝まで確保できるか調査を行うこととした。
(2) 杭工事に先立ち，騒音規制及び振動規制と，近隣への影響の調査を行うこととした。
(3) 山留め工事に先立ち，設計時の地盤調査が不十分であったため，試掘調査を行うこととした。
(4) 鉄骨工事の建方に先立ち，日影による近隣への影響の調査を行うこととした。

《R4-前 29》

**4** 事前調査に関する記述として，最も不適当なものはどれか。

(1) 既存の地下埋設物を記載した図面があったが，位置や規模の確認のための試掘調査を行うこととした。

(2) 既製杭の打込みが予定されているため，近接する工作物や舗装の現況の調査を行うこととした。

(3) 根切り工事が予定されているため，前面道路や周辺地盤の高低の調査を行うこととした。

(4) 防護棚を設置するため，敷地地盤の高低や地中埋設配管の調査を行うこととした。

《R5-前 29》

[解説]

1 (3) 鉄骨の建方計画では，交通規制，埋設物，架空電線など大型車両通行の支障の有無，また電波障害の調査を行う。近隣の商店や工場の業種は関係が少ない。よって，最も不適当である。

2 (4) 解体工事で発生する木くずは産業廃棄物なので，産業廃棄物処理施設を調査する。よって，最も不適当である。

3 (4) 鉄骨工事の建方では，タワークレーン設置による電波への影響が考えられるため，電波障害の調査が必要であるが，日影については調査の必要はない。よって，最も不適当である。

4 (4) 防護棚とは，足場上部からの落下物が，通行人に危害を及ぼすことのないように設置す

表1　事前調査項目

| 項　目 | 内　容 |
|---|---|
| 地　形 | 工業用地・土捨場・民家・道路 |
| 地　質 | 土質・地層・地下水 |
| 水文・気象 | 降雨・雪・風・波・洪水・潮位 |
| 用地・権利 | 用地境界・未解決用地・水利権・漁業権 |
| 公　害 | 騒音防止・振動防止・作業時間制限・地盤沈下 |
| 輸　送 | 道路状況・トンネル・橋梁 |
| 電力・水 | 工事用電力引込地点・取水場所 |
| 建　物 | 事務所・宿舎・機械修理工場・病院 |
| 労　働　力 | 地元労働者・季節労働者・賃金 |
| 物　価 | 地元調達材料価格・取扱商店 |

る設備のことで，地盤の高低や地中埋設物とは関係がない。よって，最も不適当である。

【正解】　1：(3)，2：(4)，3：(4)，4：(4)

## 4・1・2　仮 設 計 画

**5** 仮設計画に関する記述として，最も不適当なものはどれか。
(1) 騒音，塵埃，飛沫等の近隣への影響を抑制するため，仮囲いを設けることとした。
(2) 施工者用事務所と監理者用事務所は，機能が異なるため，それぞれ分けて設けることとした。
(3) ハンガー式門扉は，扉を吊る梁が車両の積荷高さを制約する場合があるため，有効高さを検討することとした。
(4) 酸素やアセチレン等のボンベ類の貯蔵小屋は，ガスが外部に漏れないよう，密閉構造とすることとした。

《R1-前 30》

**6** 仮設計画に関する記述として，最も不適当なものはどれか。
(1) 塗料や溶剤等の保管場所は，管理をしやすくするため，資材倉庫の一画を不燃材料で間仕切り，設置することとした。
(2) 所定の高さを有し，かつ，危害を十分防止し得る既存の塀を，仮囲いとして使用することとした。
(3) 工事用ゲートや通用口は必要な場合を除き閉鎖することとし，開放する場合は誘導員を配置することとした。
(4) 工事現場の敷地周囲の仮囲いに設置する通用口には，内開き扉を設けることとした。

《R4-後 30》

**7** 仮設計画に関する記述として，最も不適当なものはどれか。
(1) 仮囲いには，合板パネルなどの木製材料を使用することとした。
(2) 仮囲いを設けなければならないため，その高さは周辺の地盤面から1.5 m とすることとした。
(3) ハンガー式門扉は，重量と風圧を軽減するため，上部を網状の構造とすることとした。
(4) 工事ゲートは，トラックアジテータが通行するため，有効高さを3.8 m とすることとした。

《R3-前 30》

**8** 仮設計画に関する記述として，最も不適当なものはどれか。
(1) 規模が小さい作業所のため，守衛所を設けず，警備員だけを出入口に配置することとした。
(2) 敷地内に仮設道路を設置するに当たり，地盤が軟弱であったため，浅層地盤改良を行うこととした。

(3) 鋼板製仮囲いの下端には，雨水が流れ出やすいように隙間を設けることとした。

(4) 仮囲いの出入口は，管理をしやすくするため，人や車両の入退場の位置を限定する

こととした。

《R5-前 30》

---

**□□□ 9 仮設計画に関する記述として，最も不適当なものはどれか。**

(1) 下小屋は，材料置場の近くに設置し，電力や水道等の設備を設けることとした。

(2) 工事用ゲートの有効高さは，鉄筋コンクリート造の工事のため，最大積載時のトラックアジテータの高さとすることとした。

(3) 工事現場の周辺状況により，危害防止上支障がないことから，仮囲いとしてガードフェンスを設置することとした。

(4) 工事用ゲートには，車両の入退場を知らせる標示灯を設置したが，周辺生活環境に配慮しブザーは設置しないこととした。

《R5-後 30》

---

[解説]

5 (4) 酸素，アセチレンなどのボンベ類の貯蔵小屋は，密閉すると内部にガスがたまり，爆発の危険性が高まるので，開放できる構造とする。小屋の壁の1面は開放とし，他の3面の壁は上部に開口部を設ける。よって，最も不適当である。

6 (1) 塗料や溶剤の保管場所は不燃構造とし，可燃性の蒸気が発生しない場所に設ける。よって，最も不適当である。

(4) 工事現場の通用口の扉は，通行の妨げにならないよう，引戸又は内開きとする。

7 (2) 仮囲いの高さは，周辺の地盤から 1.8 m 以上とする。よって，最も不適当である。

(3) ハンガー式門扉は，重量と風圧を軽減するため，上部を網状の構造とする。

8 (3) 仮囲いの下端は，雨水が流れ出ないように幅木をつけたり，土台コンクリートを打つなどして塞ぐ。よって，最も不適当である。

9 (2) トラックアジテータは最大積載時と空荷のときでは車高が変わる。ゲート高さは空荷（車高が高い）のときを基準にして決める。よって，最も不適当である。

【正解】　5：(4)，6：(1)，7：(2)，8：(3)，9：(2)

## 4・1・3　材料の保管

---

☐☐☐ **10** 工事現場における材料の保管に関する記述として，**最も不適当なもの**はどれか。

(1) 巻いた壁紙は，くせが付かないように立てて保管した。

(2) ビニル床タイルは，乾燥している床に箱詰め梱包のまま，積重ねを10段までとして保管した。

(3) 板ガラスは，クッション材を挟み，乾燥した場所に平積みで保管した。

(4) 防水用の袋入りアスファルトは，積重ねを10段までとして保管した。

《R5-後31》

---

☐☐☐ **11** 工事現場における材料の保管に関する記述として，**最も不適当なもの**はどれか。

(1) 型枠用合板は，直射日光が当たらないよう，シートを掛けて保管する。

(2) 木毛セメント板は，平滑な床の上に枕木を敷き，平積みで保管する。

(3) 砂は，周辺地盤より高い場所に，置場を設置して保管する。

(4) ロール状に巻いたカーペットは，屋内の乾燥した場所に，縦置きにして保管する。

《H30-前35》

---

☐☐☐ **12** 工事現場における材料の保管に関する記述として，**最も不適当なもの**はどれか。

(1) アスファルトルーフィングは，屋内の乾燥した場所に平積みで保管する。

(2) ALCパネルは，台木を水平に置いた上に平積みで保管する。

(3) 巻いた壁紙は，くせが付かないように屋内に立てて保管する。

(4) アルミニウム製建具は，平積みを避け，縦置きにして保管する。

《R3-後31》

---

☐☐☐ **13** 工事現場における材料の保管に関する記述として，**最も不適当なもの**はどれか。

(1) 袋詰めセメントは，風通しのよい倉庫に保管した。

(2) 型枠用合板は，直射日光が当たらないよう，シートを掛けて保管した。

(3) 長尺のビニル床シートは，屋内の乾燥した場所に縦置きにして保管した。

(4) 鉄筋は，直接地面に接しないように角材間に渡し置き，シートを掛けて保管した。

《R4-前31》

［解説］

10　(3)　ガラスは，屋内の乾燥した場所に立置きし，ロープなどで緊結する。

11　(2)　木毛セメント板は，平滑な床の上に枕木を3本置いて平積みで保管する。

　　(4)　ロール状カーペットは，屋内の乾燥した場所に横置きし，2～3段の俵積みで保管する。

12　(1)　アスファルトルーフィングは，屋内の乾燥した場所に縦積みで保管する。よって最も不適当である。

13　(1)　袋詰めセメントは，保管する部屋の防湿に注意して開口は出入口のみとし，通風により湿気を与えてはならない。よって，最も不適当である。

## 材料の保管

①　セメントは，保管する部屋の防湿に注意し，開口は出入口のみとし，床面から30cm以上高くし，積み重ねは10袋以下とする。古いものから使い，2ヶ月以上で風化して凝固が認められるものは使用してはならない。

②　鉄筋は，雨や雪にさらされないように，枕木等の上に地面から10cm以上離し，種類・長さ・径を別にして並べ，シートで保護して，油や泥で汚れないようにする。

③　火薬類や塗料などの**危険物の貯蔵場所**は，人の出入りする作業事務所や材料置き場などから離れた場所に設置する。塗料置き場については，不燃材料でつくった平屋で，周辺建物から1.5m以上離し，天井を設けず，屋根は軽量な不燃材料で葺く。

④　ALCパネルは，枕木の上に水平に平積みとし，積み上げた高さは1段を1m以下として2段まで（総高2m以下）とする。

⑤　空洞コンクリートブロックは，乾燥した場所にたて積みで，積み上げ高さ1.6m以下とする。床版上の1箇所に集中しないように置く。

⑥　コンクリート杭（RC杭，PC杭）は，所定の位置に枕木を設置し，その上に置く。2段積もある。

⑦　ボルトは，工場出荷時の包装で3～5段に積み上げて保管する。使用直前に開封して使用する。

⑧　骨材は，コンクリート練混ぜ時の水分吸収を防ぐために直射日光を避け，均一散水して保管する。

⑨　アスファルトルーフィングは，乾燥した場所で1巻ずつ立置きにして保管する。

⑩　ガラスは，屋内の乾燥した場所に，床面に対して85°の縦置きにし，ロープなどで緊結して保管する。

⑪　溶接棒は，湿気に弱いので密封・乾燥状態で保管する。

⑫　床シート類は，屋内の乾燥した場所に直射日光を避けて立置きに保管する。**俵積み**のような横積みでは，大きな癖ができてしまう。

⑬　型枠用合板は，屋内保管が望ましいが，屋外で保管するときは直射日光を避け，濡らさないようにシートなどで覆う。

【正解】　10：(3)，11：(4)，12：(1)，13：(1)

## 4・1・4　建築工事の届出

□□□ **14** 建築工事に係る申請や届出等に関する記述として，**最も不適当なもの**はどれ か。
(1) 振動規制法による特定建設作業を指定地域内で行うため，特定建設作業実施届出 書を市町村長に提出した。
(2) 常時10人の労働者が従事する事業で附属寄宿舎を設置するため，寄宿舎設置届 を市町村長に提出した。
(3) 積載荷重が1tの仮設の人荷用エレベーターを設置するため，エレベーター設置届 を労働基準監督署長に提出した。
(4) 歩道に工事用仮囲いを設置するため，道路占用許可申請書を道路管理者に提出した。

《R5-前31》

□□□ **15** 労働基準監督署長に届け出なければならないものとして，**不適当なもの**は どれか。
(1) 延べ面積が $10\,m^2$ を超える建築物の除却
(2) 現場で常時15人の労働者が従事するための特定元方事業者の事業開始報告
(3) 設置期間が60日以上のつり足場の設置
(4) つり上げ荷重が3tのクレーンの設置

《R4-後31》

□□□ **16** 建築工事に係る申請や届出等に関する記述として，**最も不適当なもの**はどれか。
(1) 道路上に高所作業車を駐車して作業するため，道路使用許可申請書を警察署長宛 てに届け出た。
(2) 振動規制法による特定建設作業を指定地域内で行うため，特定建設作業実施届出 書を市町村長宛てに届け出た。
(3) 延べ面積が $20\,m^2$ の建築物を建築するため，建築工事届を市町村長宛てに届け出た。
(4) 支柱の高さが3.5m以上の型枠支保工を設置するため，設置の届けを労働基準監督 署長宛てに届け出た。

《R3-前31》

[解説]
14 (2) 寄宿舎設置届は，労働基準監督署長に提出する。よって，不適当である。
15 (1) 建築物の除却届は，都道府県知事に届け出る。よって，不適当である。

16 (3) 延べ面積が 20 m² の建築物の建築工事届は，都道府県知事に届け出る。

【正解】 14：(2)，15：(1)，16：(3)

表2 労働安全衛生法関係

| 申請・届出の名称 | 提出者 | 届出・申請先 | 提出時期 | 備考 |
|---|---|---|---|---|
| ① 建築工事の計画届 | 事業者 | 厚生労働大臣 | 仕事開始の 30 日前まで | 注1) |
| | | 労働基準監督署長 | 仕事開始の 14 日前まで | 注2) |
| ② 機械の設置届（移転・変更含む） | | | 仕事開始の 30 日前まで | 注3) |
| ③ 機械の設置報告（移転・変更含む） | | | | 注4) |
| ④ 特定元方事業者の事業開始報告 | 特定元方事業者または施工者 | | 工事開始後，遅滞なく | 注5) |
| ⑤ 企業共同体代表者届 | 共同企業体代表者 | 労働基準監督署長を経て，同局長 | 仕事開始の 14 日前まで | 注6) |
| ⑥ 統括安全衛生責任者選任報告・元方安全衛生管理者報告 | 事業者 | 労働基準監督署長 | 選任後，遅滞なく | 注7) |
| ⑦ 総括安全衛生管理者選任報告 | | | | 注8) |
| ⑧ 安全管理者衛生管理者産業医 | | | | 注9) |

注 1) a. 高さ 300 m 以上の塔
b. 堤高 150 m 以上のダム
c. 最大支間 500 m 以上の橋梁（吊り橋 1000 m 以上）
d. 長さ 3000 m 以上のずい道（1000 m 以上で，立杭が 50 m 以上も含む）
e. ゲージ圧 0.3 MPa 以上の気圧工法
2) a. 高さ 31 m を超える建築物など
b. 最大支間 50 m 以上の橋梁
c. 掘削深さ，高さ 10 m 以上の掘削
d. ずい道・圧気工事
e. 坑内掘りによる土砂採取の掘削
3) a. 吊り足場，張出し足場，高さ 10 m 以上の足場（60日以上設置）
b. 架設通路の高さおよび長さが 10 m 以上
c. 高さ 3.5 m 以上の型枠支保工
d. 軌道装置
e. ガス集合溶接設置
f. 3 t 以上のクレーン
g. 2 t 以上のデリック
h. 1 t 以上のエレベータ
i. 積載荷重 0.25 t 以上，高さ 18 m 以上のリフト（ガイドレール）
j. ゴンドラ
4) a. 0.5 t から 3 t 未満のクレーン（スタッカ式 1 t 未満）
b. 移動式クレーン
c. 0.5 t 以上 2 t 未満のデリッククレーン
d. 0.5 t 以上 1 t 未満のエレベータ
e. 高さ 10 m から 18 m 未満の建設用リフト
f. 0.2 MPa 以上の第 2 種圧力容器
5) 下請負人を使用する場合で，労働者総計が 10 人以上の場合
6) 2 人以上の建設業の事業者が，一つの仕事を共同連帯で請負う場合，その代表 1 名を選定する。
7) 下請・元請が混在する事業所で，常時 50 人以上，トンネル，圧気工事は 30 人以上
8) 1 事業所 100 人以上，事由が生じて後 14 日以内
9) 1 事業所 50 人以上，事由が生じて 14 日以内

表3 建築基準法関係

| 申請・届出の名称 | 提出者 | 届出・申請先 | 提出時期 |
|---|---|---|---|
| ① 建築確認申請・工作物確認申請 | 建築主 | 建築主事または指定確認検査機関 | 着工前 |
| ② 建築工事届 | | 都道府県知事 | |
| ③ 建築物除却届 | 施工者 | | |
| ④ 中間検査申請 | 建築主 | 建築主事または指定確認検査機関 | 特定工程後，4 日以内 |
| ⑤ 完了検査申請（工事完了届） | | | 完了した日から 4 日以内 |

表4 道路交通法関係

| 申請・届出の名称 | 提出者 | 届出・申請先 | 提出時期 |
|---|---|---|---|
| ① 道路占用許可申請 | 道路占有者 | 道路管理者 | 工事開始 1 ヶ月前 |
| ② 道路使用許可申請 | 施工者 | 警察署長 | 着工前 |

施工管理法

1 事前調査に関する記述として，**最も不適当な**ものはどれか。
(1) 既製杭の打込みが予定されているため，近接する工作物や舗装の現況の調査を行うこととした。
(2) 掘削中に地下水を揚水するため，周辺の井戸の使用状況の調査を行うこととした。
(3) 工事予定の建物による電波障害に関する調査は済んでいたため，タワークレーン設置による影響の調査を省くこととした。
(4) 地中障害物を確認するため，過去の土地利用の履歴について調査を行うこととした。

(R3-後29)

2 施工計画と事前調査の組合せとして，**最も関係の少ない**ものはどれか。
(1) 場所打ちコンクリート杭工事の計画 ──── 敷地内の地中障害物の有無の調査
(2) 鉄骨の建方計画 ──────────── 近隣の商店や工場の業種の調査
(3) 地下水の排水計画 ─────────── 公共桝の有無と下水道の排水能力の調査
(4) 山留工事の計画 ──────────── 試験掘削による土質性状の追加調査

(R1-後33)

3 事前調査や準備作業に関する記述として，**最も不適当な**ものはどれか。
(1) 敷地境界標石があったが，関係者立会いの上，敷地境界の確認のための測量を行うこととした。
(2) 地業工事で振動が発生するおそれがあるため，近隣の商店や工場の業種の調査を行うこととした。
(3) 相互チェックできるように木杭ベンチマークを複数設けたため，周囲の養生柵を省略することとした。
(4) 既存の地下埋設物を記載した図面があったが，位置や規模の確認のための掘削調査を行うこととした。

(R1-前33)

4 仮設計画に関する記述として，**最も不適当な**ものはどれか。
(1) 施工者用事務所と監理者用事務所は，機能が異なるため，それぞれ分けて設ける。
(2) 仮囲いの出入り口は，管理をしやすくするため，人や車両の入退場の位置を限定する。
(3) ハンガー式門扉は，扉を吊る梁が車両の積荷高さを制約する場合があるため，有効高さを検討する必要がある。
(4) 仮囲いは，工事現場の周辺の状況が危害防止上支障がない場合であっても，設ける必要がある。

(R2-前34)

5 仮設計画に関する記述として，**最も不適当なもの**はどれか。

(1) 施工者用事務所と監理者用事務所は，同一施設内にそれぞれ分けて設けることとした。

(2) 仮囲いを設けなければならないので，その高さは周辺の地盤面から 1.5 m とすることとした。

(3) 仮囲いの出入り口は，施錠できる扉を設置することとした。

(4) 工事ゲートは，トラックアジテータが通行するので有効高さを 3.8 m とすることとした。

(H30-後 34)

6 工事現場における材料の保管に関する記述として，**最も不適当なもの**はどれか。

(1) 高力ボルトは，箱の積上げ高さを 5 段までとして保管する。

(2) 型枠用合板は，直射日光が当たらないよう，シートを掛けて保管する。

(3) 袋詰めセメントは，風通しのよい倉庫に保管する。

(4) 防水用の袋入りアスファルトは，積重ねを 10 段までとして保管する。

(R2-後 35)

7 建築工事に係る申請や届出等に関する記述として，**最も不適当なもの**はどれか。

(1) 延べ面積が 20 m² の建築物を建築するため，建築工事届を知事に届け出た。

(2) 耐火建築物に吹き付けられた石綿等の除去作業を行うため，建設工事計画届を労働基準監督署長に届け出た。

(3) 積載荷重が 1 t の仮設の人荷用エレベーターを設置するため，エレベーター設置届を労働基準監督署長に提出した。

(4) 歩道に工事用仮囲いを設置するため，道路占用の許可を警察署長に申請した。

(H30-後 35)

#### 正解とワンポイント解説

1 (3) タワークレーン設置による電波への影響は，建物による電波障害とは異なる可能性があるため，事前に影響があるかどうか確認する。

2 (2) 近隣の商店や工場の業種の調査は，鉄骨建方計画時には関係ない。

3 (3) 木杭ベンチマークは動くおそれがあるため，周囲に養生柵を設ける。

4 (4) 仮囲いは，工事現場の周辺の状況が危害防止上支障ない場合は，省略してもよい。

5 (2) 仮囲いは，高さ 1.8 m 以上としなければならない。

6 (3) 袋詰めセメントは，保管する部屋の防湿に注意して開口は出入口のみとし，通風により湿気を与えてはならない。

7 (4) 道路占用許可は，道路管理者に届出る。

【正解】　1：(3)，2：(2)，3：(3)，4：(4)，5：(2)，6：(3)，7：(4)

# 4・2　工 程 管 理

[最近出題された問題]

## 4・2・1　工 程 計 画

□□□　**1**　建築工事の工程計画及び工程管理に関する記述として，最も不適当なものは
どれか。
(1)　工事に必要な実働日数に作業休止日を考慮した日数を，暦日という。
(2)　工期を横軸に取り，出来高の累計を縦軸とした進捗度グラフは，直線となる。
(3)　ネットワーク工程表は，作業の順序関係，開始時期及び終了時期を明確にしたも
ので，工程の変化に対応しやすい。
(4)　工程管理においては，実施工程を分析検討し，その結果を計画工程の修正に合理的
に反映させる。

《R4-後 32》

□□□　**2**　工程計画の立案段階で考慮すべき事項として，最も不適当なものはどれか。
(1)　最初に全ての工種別の施工組織体系を把握する。
(2)　敷地周辺の上下水道やガス等の公共埋設物を把握する。
(3)　鉄骨工事の工程計画では，資材や労務の調達状況を調査して，手配を計画する。
(4)　型枠工事の工程計画では，型枠存置期間を考慮して，せき板や支保工の転用を検討す
る。

《R5-後 32》

□□□　**3**　総合工程表の立案に関する記述として，最も不適当なものはどれか。
(1)　上下階で輻輳する作業では，資材運搬，機器移動等の動線が錯綜しないように計画
する。
(2)　鉄骨工事の工程計画では，建方時期に合わせた材料調達，工場製作期間を検討する。
(3)　工区分割を行い，後続作業を並行して始めることにより，工期短縮が可能か検討する。
(4)　工程計画上のマイルストーン（管理日）は，工程上の重要な区切りを避けて計画する。

《R4-前 32》

□□□ **4** 工程計画及び工程管理に関する記述として，**最も不適当なもの**はどれか。

(1) 工期短縮に用いる手法として，山積工程表における山崩しがある。

(2) ネットワーク工程表は，工程における複雑な作業間の順序関係を視覚的に表現することができる。

(3) 工程管理の手法として，3次元CADやコンピューターグラフィックスを使用することで工事現場の進捗状況を視覚的に把握する方法がある。

(4) Sチャートは，工事の進捗に対応した出来高の累積値を縦軸に，時間を横軸に取って，出来高の進捗を数量的，かつ，視覚的に示すことができる。

《R5-前 32》

□□□ **5** 工程計画及び工程管理に関する記述として，**最も不適当なもの**はどれか。

(1) ネットワーク工程表は，工程における複雑な作業間の順序関係を視覚的に表現することができる工程表である。

(2) 基本工程表は，工事全体を一つの工程表としてまとめたもので，工事の主要な作業の進捗を表示する。

(3) 工程計画を立てるに当たり，その地域の雨天日や強風日等を推定して作業不能日を設定する。

(4) 各作業の所要期間は，作業の施工数量に投入数量と1日当たりの施工能力を乗じて求める。

《R3-前 32》

**施工管理法**

[解説]

1 (1) 工事に必要な実働日数に作業休止日を考慮した日数を，暦日という。

(2) 横軸に工期，縦軸を出来高累計とした進捗度グラフは，一般にS型のカーブ曲線となる。よって，最も不適当である。

2 (1) 工程計画の立案段階では，全ての工種別の施工組織体系を把握することは，考慮しなくてもよい。よって，最も不適当である。

3 (4) マイルストーン（管理日）は，工程上，重要な区切りとなる時点に設定する。よって，最も不適当である。

4 (1) 山崩しとは機械や労務の必要投入量が集中している部分を平準化しバランスのよい工程計画にするもので，工期短縮にはならない。

5 (4) 各作業の所要期間は，作業の施工数量を投入数量と1日当たりの施工能力で除して求める。よって，最も不適当である。　【正解】　1 : (2)，2 : (1)，3 : (4)，4 : (1)，5 : (4)

## 4・2・2 工　程　表

---

□□□ **6**　バーチャート工程表に関する記述として，最も不適当なものはどれか。

(1)　工事種目を縦軸に，月日を横軸に示し，各作業の開始から終了までを横線で表したものである。

(2)　工程表に示す作業を増やしたり，作業を細分化すると，作業間の関係が把握しやすくなる。

(3)　作業の流れ，各作業の所要日数や施工日程が把握しやすい。

(4)　工程の進捗をマイルストーンごとに確認すると，全体工程の遅れを防ぐことにつながる。

《R5-前33》

---

□□□ **7**　バーチャート工程表に関する記述として，最も不適当なものはどれか。

(1)　工事全体を掌握することが容易で，作成しやすい。

(2)　クリティカルパスが把握しやすい。

(3)　各作業の全体工期に与える影響度が把握しにくい。

(4)　各工事間の細かい作業工程の関連性が把握しにくい。

《R4-前33》

---

□□□ **8**　バーチャート工程表に関する記述として，最も不適当なものはどれか。

(1)　複雑な時間計算が不要であるため，作成しやすい。

(2)　工程上の重点管理しなければならない作業が判断しやすい。

(3)　各作業の開始時期，終了時期及び所要期間を把握しやすい。

(4)　出来高の累計を重ねて表現したものは，工事出来高の進捗状況が把握しやすい。

《R4-後33》

---

□□□ **9**　バーチャート工程表に関する記述として，**最も不適当なもの**はどれか。

(1)　各作業の全体工期への影響度が把握しにくい。

(2)　各作業の開始時期，終了時期及び所要期間を把握しやすい。

(3)　工程表に示す作業を増やしたり，作業を細分化すると，工程の内容が把握しやすくなる。

(4)　主要な工事の節目をマイルストーンとして工程表に付加すると，工程の進捗状況が把握しやすくなる。

《R1-前37》

---

**10** バーチャート工程表の特徴に関する記述として，ネットワーク工程表と比較した場合，**最も不適当な**ものはどれか。
(1) 手軽に作成することができ，視覚的に工程が把握しやすい。
(2) 作業間調整に伴う修正がしやすい。
(3) 前工程の遅れによる後工程への影響が把握しにくい。
(4) 全体工期の短縮を検討する場合，工程のどこを縮めればいいのかわかりにくい。

《R5-後 33》

---

**11** バーチャート工程表に関する記述として，**最も適当な**ものはどれか。
(1) 工事出来高の累積値を表現しているため，工事進捗度合が把握しやすい工程表である。
(2) 各作業に対する先行作業，並列作業，後続作業の相互関係が把握しやすい工程表である。
(3) 作業間調整に伴う修正が容易な工程表である。
(4) 各作業ごとの日程及び工事全体の工程計画が，比較的容易に作成できる工程表である。

《R3-前 33》

施工管理法

[解説]

6 (2) **バーチャート工程表**は，各工事の始まりと終わりを棒線で表したもので，各作業の順番が一目瞭然でわかる。ただし，多数の作業が複雑に入り組んだ工程を計画・管理しようとすると，作業相互の依存関係が分かりづらく，工程の内容が把握しにくくなる。よって，最も不適当である。

7 (2) バーチャート工程表は，クリティカルパスが不明確な表である。よって，最も不適当である。

8 (2) クリティカルパスが不明確で，部分的変更が全体に与える影響を発見しにくいため，重点管理すべき作業が判断しにくい。よって，最も不適当である。

9 (3) 工程表に示す作業を増やしたり，細分化すると，工程の内容が把握しにくい。よって，最も不適当である。

10 (2) 作業の前後関係が明確にできないため，作業間調整に伴う修正がしにくい。

11 (4) 各作業ごとの日程及び工事全体の工程計画が，比較的容易に作成できる。

【正解】 6：(2)，7：(2)，8：(2)，9：(3)，10：(2)，11：(4)

■▶　**必修基本問題**　◀　4・2 工 程 管 理

1　工程計画の立案段階で考慮すべき事項として，**最も不適当な**ものはどれか。
　(1)　敷地周辺の上下水道やガス等の公共埋設物を把握する。
　(2)　敷地内の既存埋設物の状況を把握する。
　(3)　全ての工種別の施工組織体系を把握する。
　(4)　敷地における騒音及び振動に関する法的規制を把握する。　　(R3-後 32)

2　工程計画及び工程管理に関する記述として，**最も不適当な**ものはどれか。
　(1)　ネットワーク工程表は，工程における複雑な作業間の順序関係を視覚的に表現することができる工程表である。
　(2)　山積工程表は，同種の作業を複数の工区や階で繰り返し実施する場合，作業の所要期間を一定にし，各作業班が工区を順々に移動しながら作業を行う手順を示した工程表である。
　(3)　工程計画を立てるに当たっては，その地域の雨天日や強風日等を推定して作業不能日を設定する。
　(4)　各作業の所要期間は，作業の施工数量を投入数量と1日当たりの施工能力で除して求める。　　(H30-後 36)

3　工程計画に関する記述として，**最も不適当な**ものはどれか。
　(1)　各工事の施工速度は，工期，品質，経済性，安全性等を考慮して設定する。
　(2)　工事を行う地域の労務や資材の調達状況，天候や行事，隣接建造物の状況などを考慮する。
　(3)　作業ごとに1日あたりの作業量が，それぞれ均等になるように調整する。
　(4)　山積工程表における山崩しは，工期短縮のために用いられる。　　(H27-29)

4　新築工事における全体工程管理上のマイルストーン（管理日）を設定する場合において，マイルストーン（管理日）として**最も重要度の低い**ものはどれか。
　ただし，鉄筋コンクリート造の一般的な事務所ビルとする。
　(1)　掘削床付け完了日
　(2)　最上階躯体コンクリート打設完了日
　(3)　内装断熱材吹付け工事開始日
　(4)　受電日　　(H29-前 29)

5 バーチャート工程表に関する記述として，**最も不適当なもの**はどれか。

(1) 各作業ごとの日程及び工事全体の工程計画が，比較的容易に作成できる。

(2) 出来高の累計を重ねて表現すれば，工事出来高の進ちょく状況を併せて把握しやすい。

(3) 多くの種類の関連工事間の工程調整に有利である。

(4) 縦軸に工事項目を，横軸に各工事日数を示し，各作業を横線で表したものである。

(H30-前 37)

6 バーチャート工程表の説明として，**最も適当なもの**はどれか。

(1) 作業の流れと各作業の所要日数が把握しやすい工程表である。

(2) 各作業に対する先行作業，並列作業，後続作業の相互関係が把握しやすい工程表である。

(3) 工事出来高の累積値を表現しているため，工事進捗度合が把握しやすい工程表である。

(4) 工程上のキーポイント，重点管理しなければならない作業，クリティカルパスが把握しやすい工程表である。

(H29-後 30)

正解とワンポイント解説

1 (3) 工程計画の立案段階で考慮すべき事項は，施工場所・近隣の施工条件の確認，設計図書・工事内容の確認，材料の調達等の市場の情報，各労働者および建設機械等の作業能率の把握などを行う。全ての工種別の施工組織体系は，工程計画の立案段階では最も必要性が少ない。

2 (2) 山積み工程表は，各作業に必要となる作業数を合計し，柱状に図示したものである。

3 (4) 各作業に必要となる作業数を合計し，柱状に図示したものが**山積み工程表**である。この山積み工程表の凹凸をならして平均化することを**山崩し**という。工期短縮とは直接関係はない。

4 (3) 内装断熱材吹付け工事開始日は，内装工事作業の流れの一部であり，重要度が最も低い。

5 (3) 作業の前後の関係が明確にできないため，関連性や作業における問題点を把握しにくい。

6 (1) 作業の流れと各作業の所要日数が把握しやすい。

【正解】 1：(3)，2：(2)，3：(4)，4：(3)，5：(3)，6：(1)

# 4·3　品　質　管　理

[最近出題された問題]

## 4·3·1　品質管理の計画

□□□ **1** 品質管理に関する記述として，**最も不適当なもの**はどれか。

(1) 品質管理とは，工事中に問題点や改善方法などを見出しながら，合理的，かつ，経済的に施工を行うことである。

(2) PDCA サイクルを繰り返すことにより，品質の向上が図れる。

(3) 作業そのものを適切に実施するプロセス管理に重点をおくより，試験や検査に重点をおく方が有効である。

(4) 施工の検査に伴う試験は，試験によらなければ品質及び性能を証明できない場合に行う。

《R1-後 38》

□□□ **2** 品質管理に関する記述として，**最も不適当なもの**はどれか。

(1) 試験とは，性質又は状態を調べ，判定基準と比較して良否の判断を下すことである。

(2) 施工品質管理表（QC 工程表）には，検査の時期，方法，頻度を明示する。

(3) 工程内検査は，工程の途中で次の工程に移してもよいかどうかを判定するために行う。

(4) 品質計画に基づく施工の試験又は検査の結果を，次の計画や設計に生かす。

《H30-前 38》

□□□ **3** 品質管理に関する記述として，**最も不適当なもの**はどれか。

(1) 品質計画に基づく施工の試験又は検査の結果は，次の計画や設計に活かす。

(2) 川上管理とは，品質に与える影響が大きい前段階や生産工程の上流で品質を管理することである。

(3) 施工品質管理表（QC 工程表）とは，管理項目について管理値，検査の時期，方法，頻度等を明示したものである。

(4) 試験とは，性質又は状態を調べ，判定基準と比較して良否の判断を下すことである。

《R5-後 34》

---

**4** 品質管理に関する記述として，**最も不適当なもの**はどれか。

(1) 工程間検査は，作業工程の途中で，ある工程から次の工程に移ってもよいかどうかを判定するために行う。

(2) 品質管理は，作業そのものを適切に実施するプロセス管理に重点を置くより，試験や検査に重点を置くほうが有効である。

(3) 品質管理とは，施工計画書に基づいて工事のあらゆる段階で問題点や改善方法等を見出しながら，合理的，かつ，経済的に施工を行うことである。

(4) 施工の検査に伴う試験は，試験によらなければ品質及び性能を証明できない場合に行う。

《R4-前 34》

---

**5** 施工品質管理表（QC 工程表）の作成に関する記述として，**最も不適当なもの**はどれか。

(1) 工種別又は部位別に作成する。

(2) 管理項目は，目指す品質に直接関係している要因から取りあげる。

(3) 管理項目は，品質に関する重要度の高い順に並べる。

(4) 管理項目ごとに，管理担当者の分担を明確にする。

《R3-後 34》

---

[解説]

1 (3) 品質管理は，工程（プロセス）管理に重点をおく方が効果的である。よって，最も不適当である。

2 (1) 試験とは，手順に従って特性を明確にすることであり，良否の判断は行わない。よって，最も不適当である。

(2) QC 工程表には，検査の時期，方法，頻度を明示する。

3 (4) 試験とは，評価対象の特性を確定させることをいう。よって，最も不適当である。

4 (2) 品質管理は，各工程（プロセス）を重視しその手順を改善していくことが有効である。よって，最も不適当である。

5 (3) 管理項目は，作業の重要度に関わらず，施工工程に沿って並べる。よって，最も不適当である。

【正解】　1 : (3)，2 : (1)，3 : (4)，4 : (2)，5 : (3)

## 4・3・2　試験および検査

□□□ **6** 品質管理のための試験及び検査に関する記述として，最も不適当なものはどれか。
(1) シーリング工事において，接着性の確認のため，簡易接着性試験を行った。
(2) タイル工事において，外壁タイルの接着力の確認のため，引張接着試験を行った。
(3) コンクリート工事において，フレッシュコンクリートの受入検査のため，空気量試験を行った。
(4) 既製コンクリート杭地業工事において，根固め液の強度の確認のため，針入度試験を行った。

《R5-前 35》

□□□ **7** 鉄骨工事の検査に関する記述として，最も不適当なものはどれか。
(1) トルシア形高力ボルトの本締め完了は，ピンテールの破断とマーキングのマークのずれによって確認した。
(2) スタッド溶接の合否は，打撃曲げ試験によって確認した。
(3) 溶接部の欠陥であるブローホールは，目視によって有無を確認した。
(4) 溶接後のビード外観は，目視によって表面の不整の有無を確認した。

《R4-後 36》

□□□ **8** レディーミクストコンクリートの受入れ時において，検査及び確認を行わない項目はどれか。
(1) 運搬時間
(2) 骨材の粒度
(3) 空気量
(4) コンクリートの温度

《R4-前 36》

□□□ **9** トルシア形高力ボルトのマーキングに関する記述として，最も不適当なものはどれか。
(1) マーキングは，高力ボルトの取付け後，直ちに行う。
(2) マーキングは，ボルト軸からナット，座金及び母材にかけて一直線に行う。
(3) マークのずれによって，軸回りの有無を確認できる。
(4) マークのずれによって，本締め完了の確認ができる。

《R5-後 35》

10 品質管理のための試験及び検査に関する記述として，**最も不適当なものはど**れか。

(1) 鉄骨工事において，高力ボルト接合部の締付けの検査のため，超音波探傷試験を行った。

(2) シーリング工事において，接着性の確認のため，簡易接着性試験を行った。

(3) コンクリート工事において，フレッシュコンクリートの受入れ検査のため，空気量試験を行った。

(4) 鉄筋工事において，ガス圧接継手の検査のため，抜き取った接合部の引張試験を行った。

《R3-前35》

11 品質管理のための試験及び検査に関する記述として，**最も不適当なものはど**れか。

(1) 木工事において，造作用木材の含水率の確認は，高周波水分計を用いて行った。

(2) 地業工事において，支持地盤の地耐力の確認は，平板載荷試験によって行った。

(3) 鉄筋工事において，鉄筋のガス圧接部の確認は，超音波探傷試験によって行った。

(4) 鉄骨工事において，隅肉溶接のサイズの確認は，マイクロメーターを用いて行った。

《R4-前35》

施工管理法

［解説］

6 (4) 既製コンクリート杭地業において，埋込み杭の根固め液の確認は，圧縮強度試験によって行う。よって，最も不適当である。

7 (3) ブローホールは，放射線透過試験により確認する。よって，最も不適当である。

8 (2) レディーミクストコンクリートの受け入れ時に，骨材の粒度の確認は行わない。

9 (1) マーキングは1次締めの後に行う。よって，最も不適当である。

10 (1) 高力ボルト接合部の締付けの検査は，すべり係数試験またはすべり耐力試験により行う。よって，最も不適当である。

11 (4) 隅肉溶接のサイズの測定は，溶接用ゲージを用いて行う。よって，最も不適当である。

【正解】 6：(4)，7：(3)，8：(2)，9：(1)，10：(1)，11：(4)

□□□ **12**　鉄筋のガス圧接継手部の試験方法として，**最も不適当なもの**はどれか。
(1)　圧縮試験
(2)　引張試験
(3)　外観試験
(4)　超音波探傷試験

《R2-後 40》

□□□ **13**　コンクリートの試験に関する記述として，**最も不適当なもの**はどれか。
(1)　フレッシュコンクリートの温度測定は，その結果を 1℃ 単位で表示する。
(2)　圧縮強度の試験は，コンクリート打込み日ごと，打込み工区ごと，かつ，150 m³ 以下にほぼ均等に分割した単位ごとに行う。
(3)　スランプ試験は，1 cm 単位で測定する。
(4)　スランプ試験時に使用するスランプコーンの高さは，300 mm とする。

《R3-後 36》

□□□ **14**　工事現場における試験に関する記述として，**最も不適当なもの**はどれか。
(1)　吹付けロックウールによる耐火被覆材の厚さの確認は，確認ピンを用いて行った。
(2)　外壁タイル張り後のタイル接着力試験は，油圧式簡易引張試験器を用いて行った。
(3)　鉄筋のガス圧接部のふくらみの直径の測定は，ダイヤルゲージを用いて行った。
(4)　コンクリートのスランプフロー試験は，スランプコーンを用いて行った。

《R2-後 39》

□□□ **15**　コンクリートの試験に関する記述として，**最も不適当なもの**はどれか。
(1)　1 回の圧縮強度試験の供試体の個数は，3 個とした。
(2)　1 回の圧縮強度試験は，コンクリート打込み日ごと，打込み工区ごと，かつ，150 m³ 以下にほぼ均等に分割した単位ごとに行った。
(3)　スランプの測定値は，スランプコーンを引き上げた後の，平板からコンクリート最頂部までの高さとした。
(4)　スランプ試験において，スランプコーンを引き上げた後，コンクリートが偏って形が不均衡になったため，別の試料によって新たに試験を行った。

《R5-後 36》

□□□ **16** トルシア形高力ボルトの本締め完了後に確認すべき事項として，最も不適当なものはどれか。

(1) ナット回転量は，各ボルト群のナットの平均回転角度の±30°以内であることを確認する。

(2) 一次締めの後につけたマークのずれにより，共回りが生じていないことを確認する。

(3) ボルト締付けの合否は，トルク値を測定して確認する。

(4) ナット面から突き出たボルトの余長が，ねじ1山から6山までの範囲であることを確認する。

《R5-前 36》

□□□ **17** 工事現場における試験に関する記述として，最も不適当なものはどれか。

(1) 鉄筋のガス圧接部のふくらみの直径の測定は，デジタルノギスを用いて行った。

(2) フレッシュコンクリートのスランプの測定は，スランプゲージを用いて行った。

(3) 外壁タイル張り後のタイル接着力試験は，油圧式簡易引張試験器を用いて行った。

(4) 硬質ウレタンフォーム断熱材の吹付け作業中の厚さの測定は，ダイヤルゲージを用いて行った。

《R4-後 35》

[解説]

12 (1) 鉄筋のガス圧接継手部の試験は，外観試験，引張試験，超音波探傷試験により行う。よって，最も不適当である。

13 (1) フレッシュコンクリートの温度測定は，その結果を1℃単位で表示する。

(3) スランプ試験は，0.5 cm 単位で測定する。よって，最も不適当である。

14 (3) 鉄筋のガス圧接部のふくらみの長さの測定は，デジタルノギス等で行う。よって，最も不適当である。

(4) スランプフロー試験は，スランプコーンを用いて行う。

15 (3) スランプの測定値は，スランプコーンを引き上げた後のコンクリート最頂部の下がり高さとする。よって，最も不適当である。

16 (3) ボルト締付けの合否は，ピンテールの破断，マーキングのずれ，ボルトの余長を目視で確認して判断する。トルク値の測定では合否は判断できない。よって，最も不適当である。

17 (4) 硬質ウレタンフォーム断熱材の吹付け作業中の厚さの測定は，ピンの目視等で行う。よって，最も不適当である。

【正解】 12：(1)，13：(3)，14：(3)，15：(3)，16：(3)，17：(4)

施工管理法

## 4・3・3　用語，その他

□□□ **18** 次のうち，品質管理に関する用語として，最も関係の少ないものはどれか。

(1) PDCA

(2) トレーサビリティ

(3) ALC

(4) サンプリング

《R5-前34》

□□□ **19** 品質管理に関する記述として，最も不適当なものはどれか。

(1) 検査とは，性質又は状態を調べた結果と判定基準を比較して，良否の判断を下すことである。

(2) 施工品質管理表（QC工程表）には，検査の時期，方法，頻度を明示する。

(3) 工程間検査は，作業工程の途中で，ある工程から次の工程に移ってもよいかどうかを判定するために行う。

(4) 品質管理とは，品質計画に従って試験又は検査を行うことをいう。

《R2-後38》

□□□ **20** 品質管理の用語に関する記述として，最も不適当なものはどれか。

(1) 特性要因図とは，結果の特性とそれに影響を及ぼしている要因との関係を，魚の骨のような図に体系的にまとめたものである。

(2) 見える化とは，問題，課題，対象等をいろいろな手段を使って明確にし，関係者全員が認識できる状態にすることである。

(3) 管理項目とは，目標の達成を管理するために，評価尺度として選定した項目のことである。

(4) QCDSとは，計画，実施，点検，処置のサイクルを確実，かつ，継続的に回して，プロセスのレベルアップを図る考え方である。

《R4-後34》

[解説]

18 (3) ALCとは軽量気泡コンクリートのこと。板状に成型したものをALCパネルという。よって，最も関係が少ない。

19 (4) 品質管理とは，施工計画において作業標準を定め，工程の段階でその作業標準が維持されるよう，検査，試験を行い，必要ならば改善を行う一連の管理のことをいう。試験，検査を行うことが主目的ではない。よって，最も不適当である。

20 (4) QCDSとは，品質，コスト，工期，安全を指し，施工管理の重要管理項目を表す。よって，最も不適当である。

【正解】　18：(3)，19：(4)，20：(4)

**表1** 品質マネジメントシステムに関する用語

| 用　語 | 説　明 |
|---|---|
| 管　理　図 | 工程が安定な状態にあるかどうかを調べるため，または工程を安定な状態に保持するために用いる図。<br>　管理限界を示す一対の線を引き，これに品質または工程の条件などを表す点を打っていき，点が管理限界線の中にあれば工程は安定な状態にあり，管理限界線の外に出れば見逃せない原因があったことを示す。<br>　見逃せない原因があったことがわかればその原因を調べ，工程に対して再び起こらないよう処置を講ずることにより，工程を安定な状態に保持することができる。 |
| 許　容　差 | (1)　規定された基準値と規定された限界との差。<br>(2)　化学分析などのデータのばらつきの許容される限界。例えば，範囲，残差などの許容される限界をいう。 |
| 公　　　差 | 規定された最大値と規定された最小値との差。<br>例えば，はめ合い方式の最大寸法との差。 |
| 管　理　線 | 中心線と管理限界線の総称。 |
| 中　央　値 | 測定値を大きさの順にならべたとき，ちょうどその中央にあたる1つの値（奇数個の場合），または中央の2つの算術平均（偶数個の場合）。 |
| 範　　　囲 | 測定値のうち，最大の値と最小の値との差。 |
| 偏　　　差 | 測定値とその期待値との差。 |
| 管　理　限　界 | 見逃せない原因と偶然原因を見分けるために管理図に設けた限界。 |
| 中　心　線 | 管理図において，平均値を示すために引いた直線。 |
| 品　質　水　準 | 品質の良さの程度。<br>　工程や供給される多数の製品については不良率，単位当たりの欠点数，平均，ばらつきなどで表す。 |
| 設　計　品　質 | 製造の目標としてねらった品質。ねらいの品質ともいう。<br>　これに対して使用者が要求する品質，または品質に対する使用者の要求度合いを使用品質（fitness for use）という。<br>　設計品質を企画するときは使用品質を十分に考察する必要がある。 |
| 製　造　品　質 | 設計品質をねらって製造した製品の実際の品質。<br>できばえの品質，適合の品質ともいう。 |
| 規　　　格 | 標準のうちで，品物またはサービスに直接，間接に関係する技術的事項について定めた取り決め。<br>　標準とは，関係する人々の間で利益または利便が公正に得られるように統一，単純化を図る目的で，物体，性能，能力，配置，状態，動作，手順，方法，手続き，責任，義務，権限，考え方，概念などについて定めた取り決め。 |
| 仮　規　格 | 正式の規格の制定に先立って，試験的，準備的に適用することを目的として定めた仮の規格。 |
| 暫　定　規　格 | 従来の規格によることが不具合なとき，ある特定の期間を限って適用することを目的として定めた正式の規格。 |
| 規　格　限　界 | 品質特性について許容できる限界値を規定するため，規格の中に与えてある限界。 |
| 計　数　値 | 不良品の数，欠点数などのように個数を数えて得られる品質特性の値。 |
| 欠　点　数 | 欠点の数。個々の品数に対して用いる場合と，サンプル，ロットなどに対して用いる場合とがある。 |
| 不　良　個　数 | 不良品の個数。サンプルに対して用いる場合と，ロットに対して用いる場合とがある。 |
| 不　良　率 | 品物の全数に対する不良品の数の比率。<br>百分率で表した不良率を不良百分率（percent defedive）という。 |
| 是　正　処　置 | 検出された不適合またはその他の検出された望ましくない状況の原因を除去するための処置。 |
| 予　防　処　置 | 起こりうる不適合またはその他の望ましくない起こりうる状況の原因を除去するための処置。 |
| レ　ビ　ュ　ー | 設定された目標を達成するための検討対象の適切性，妥当性および有効性を判定するために行われる活動。 |
| プ　ロ　セ　ス | インプットをアウトプットに変換する，相互に関連するまたは相互に作用する一連の活動。 |
| トレーサビリティ | あるものについて，その履歴，使用または所在を，記録された識別によってたどる能力。 |
| ロ　ッ　ト | 等しい条件下で生産され，または生産されたと思われる品物の集まり。 |

施工管理法

■▶ **必修基本問題** ◀ 4・3 品 質 管 理

1 品質管理のための試験・検査に関する記述として，**最も不適当なもの**はどれか。

(1) 鉄骨工事において，隅肉溶接のサイズの測定は，マイクロメーターを用いて行った。

(2) 地業工事において，支持地盤の地耐力の確認は，平板載荷試験によって行った。

(3) 内装工事において，木材の含水率の測定は，電気抵抗式水分計を用いて行った。

(4) 塗装工事において，下地モルタル面のアルカリ度検査は，pH コンパレーターを用いて行った。

(H29-後 32)

2 品質管理のための試験に関する記述として，**最も不適当なもの**はどれか。

(1) コンクリート工事において，打設するフレッシュコンクリートの管理のため，空気量試験を行った。

(2) 鉄骨工事において，高力ボルト接合の摩擦面の処理状況を確認するため，すべり係数試験を行った。

(3) 既製コンクリート杭地業工事において，埋込み杭の根固め液の管理のため，針入度試験を行った。

(4) シーリング工事において，接着性を確認するため，簡易接着性試験を行った。

(H28-33)

3 抜取検査を行う場合の条件として，**最も不適当なもの**はどれか。

(1) 検査対象がロットとして処理できること

(2) 合格したロットの中に，少しの不良品の混入も許されないこと

(3) 試料がロットの代表として公平なチャンスで抜き取れること

(4) 品質判定基準，抜取検査方式が明確に決まっていること

(H29-前 32)

4 工事現場における試験に関する記述として，**最も不適当なもの**はどれか。

(1) フレッシュコンクリートのスランプの測定は，スランプゲージを用いて行った。

(2) 鉄筋のガス圧接部のふくらみの長さの測定は，ダイヤルゲージを用いて行った。

(3) 吹付けロックウールによる耐火被覆材の厚さの確認は，確認ピンを用いて行った。

(4) 外壁タイル張り後のタイル接着力試験は，油圧式簡易引張試験器を用いて行った。

(H30-前 39)

5 鉄骨工事における溶接部の欠陥を表す用語として，**最も不適当なもの**はどれか。

(1) アンダーカット

(2) ピット

(3) パス

(4)　ブローホール

(H29-後 33)

6　品質管理のための試験又は検査に関する記述として，**最も不適当なもの**はどれか。

(1)　鉄骨工事の現場隅肉溶接は，浸透探傷試験により確認した。

(2)　造作用の木材は，含水率を高周波水分計により確認した。

(3)　鉄筋のガス圧接部は，全数を外観試験により確認した。

(4)　摩擦杭の周面摩擦力は，すべり係数試験により確認した。

(R1-後 40)

7　施工管理に関する活動用語とその説明の組合せとして，**最も不適当なもの**はどれか。

(1)　OJT（オンザジョブトレーニング）──────── 日常の業務に就きながら行われる職場内訓練

(2)　QC（クォリティコントロール）サークル ── 品質管理活動を自主的に行う小グループ

(3)　TBM（ツールボックスミーティング）──── 作業着手前に安全作業を確認する会議

(4)　ZD（ゼロディフェクト）運動 ────────── 従業員の努力と工夫により，現場の廃棄物をゼロに近づける運動

(H29-前 34)

### 正解とワンポイント解説

1　(1)　隅肉溶接のサイズの測定は，溶接用ゲージを用いて行う。

2　(3)　既製コンクリート杭地業工事において，埋込み杭の根固め液の管理のために，圧縮強度試験を行う。

3　(2)　抜取検査では，合格ロットの中に不良品が混入することもあり得る。少しの不良品の混入も許さない場合は，全数検査を行う。

4　(2)　鉄筋のガス圧接部のふくらみの長さの測定は，デジタルノギス等で行う。

5　(3)　パスとは，溶接継手に沿って行う，1回の溶接操作のこと。

6　(4)　摩擦杭の周辺摩擦力は，コーン貫入試験により確認する。

7　(4)　ZD 運動とは，無欠点運動のこと。従業員の努力と工夫により，仕事の欠陥をゼロにしようという運動。

【正解】　1：(1)，2：(3)，3：(2)，4：(2)，5：(3)，6：(4)，7：(4)

施工管理法

8 建築施工の品質に関する記述として，**最も不適当なもの**はどれか。

(1) 品質管理は，工程（プロセス）を重視し，目標とした品質を確保することである。

(2) 品質管理では，前工程より後工程に管理の重点をおく方が効果的である。

(3) 施工の検査等に伴う試験は，試験によらなければ品質及び性能を証明できない場合に行う。

(4) 品質計画には，目標とする品質，品質管理の実施方法，管理の体制等を具体的に記載する。

(H28-31)

9 トルシア形高力ボルトの1次締め後に行うマーキングに関する記述として，**最も不適当な**ものはどれか。

(1) マークのずれによって，軸回りの有無を確認できる。

(2) マークのずれによって，トルク値を確認できる。

(3) マークのずれによって，ナットの回転量を確認できる。

(4) マークのずれによって，共回りの有無を確認できる。

(R3-後 35)

10 レディーミクストコンクリートの受入時の試験に関する記述として，**最も不適当なもの**はどれか。

(1) 圧縮強度の試験は，コンクリート打込み日ごと，打込み工区ごと，かつ，150 m³ 以下の単位ごとに行った。

(2) スランプ試験は，1 cm 単位で測定した。

(3) 粗骨材の最大寸法が20 mm の高流動コンクリートは，スランプフロー試験を行った。

(4) 普通コンクリートの空気量の許容差は，±1.5% とした。

(R1-前 40)

11 品質管理の用語に関する記述として，**最も不適当なもの**はどれか。

(1) 見える化は，問題，課題，対象等を，いろいろな手段を使って明確にし，関係者全員が認識できる状態にすることである。

(2) QCDS は，計画，実施，点検，処置のサイクルを確実，かつ，継続的に回してプロセスのレベルアップをはかる考え方である。

(3) 特性要因図は，結果の特性と，それに影響を及ぼしている要因との関係を魚の骨のような図に体系的にまとめたものである。

(4) 5S は，職場の管理の前提となる整理，整頓，清掃，清潔，しつけ（躾）について，日本語ローマ字表記で頭文字をとったものである。

(R1-前 38)

12 次の用語のうち，品質管理に**最も関係の少ないもの**はどれか。

(1) ばらつき

(2) ロット

(3) マニフェスト

(4) サンプリング

(H30-後 38)

13 次の用語のうち，品質管理に**最も関係の少ないもの**はどれか。

(1) ISO9000 ファミリー

(2) PDCA

(3) QA 表

(4) SMW

(H30-後 38)

## 正解とワンポイント解説

8 (2) 品質管理では，各工程で要求される品質目標に対して重みづけを行い，より重点的な管理を行う。工程の順序は関係ない。

9 (2) マーキングのずれによって，トルク値の確認はできない。

10 (2) スランプ試験の測定単位は 0.5 cm 単位とする。

11 (2) 建築における QCDS とは，Q（クオリティ：品質），C（コスト：費用），D（デリバリー：工期），S（セーフティ：安全）を指し，施工管理上の重点管理項目を表している。設問の説明は PDCA のこと。

12 (3) マニフェストとは，産業廃棄物の処理を委託する際に，産業廃棄物の流れを自ら把握・管理するとともに，委託契約内容に基づき適正に処理されていることを確認するための仕組みである。

13 (4) SMW とは，土とセメントスラリーを混合撹拌し，地中に壁体を造成する連続壁工法のことである。

【正解】  8：(2)，  9：(2)，  10：(2)，  11：(2)，  12：(3)，  13：(4)

# 4・4　安　全　管　理

**[最近出題された問題]**

## 4・4・1　安全管理の計画・用語

□□□　**1**　建築工事における危害又は迷惑と，それを防止するための対策に関する記述として，**最も不適当なもの**はどれか。

(1)　掘削による周辺地盤の崩壊を防ぐために，防護棚を設置した。

(2)　落下物による危害を防ぐために，足場の外側面に工事用シートを設置した。

(3)　工事用車両による道路面の汚れを防ぐために，洗車場を設置した。

(4)　解体工事による粉塵の飛散を防ぐために，散水設備を設置した。

《R1-後 41》

□□□　**2**　工事現場の安全管理に関する記述として，**最も不適当なもの**はどれか。

(1)　安全施工サイクルとは，安全衛生管理を進めるため，毎日，毎週，毎月と一定のパターンで取り組む活動である。

(2)　新規入場者教育では，作業手順のほかに安全施工サイクルの具体的な内容，作業所の方針などの教育を行う。

(3)　安全朝礼では，作業が始まる前に作業者を集め作業手順や心構え，注意点を周知する。

(4)　ゼロエミッションとは，作業に伴う危険性又は有害性に対し，作業グループが正しい行動を互いに確認し合う活動である。

《H30-前 41》

□□□　**3**　工事現場の安全管理に関する記述として，**最も不適当なもの**はどれか。

(1)　安全施工サイクルとは，施工の安全を図るため，毎日，毎週，毎月の基本的な実施事項を定型化し，継続的に実施する活動である。

(2)　新規入場者教育とは，新しく現場に入場した者に対して，作業所の方針，安全施工サイクルの具体的な内容，作業手順等を教育することである。

(3)　ゼロエミッションとは，作業に伴う危険性又は有害性に対し，作業グループが正しい行動を互いに確認し合う活動である。

(4)　リスクアセスメントとは，労働災害の要因となる危険性又は有害性を洗い出してリスクを見積もり，優先順位を定め，リスクの低減措置を検討することである。

《R4-前 37》

□□□ **4** 工事現場の安全管理に関する記述として，**最も不適当な**ものはどれか。
(1) 安全施工サイクル活動とは，施工の安全を図るため，毎日，毎週，毎月に行うことをパターン化し，継続的に取り組む活動である。
(2) 新規入場者教育とは，作業所の方針，安全施工サイクルの具体的な内容，作業手順などを教育する活動である。
(3) TBM（ツールボックスミーティング）とは，職長を中心に，作業開始前の短時間で，当日の安全作業について話し合う活動である。
(4) ZE（ゼロエミッション）とは，作業に伴う危険性又は有害性に対し，作業グループが正しい行動を互いに確認し合う活動である。

《R2-後 41》

□□□ **5** 建築工事における危害又は迷惑と，それを防止するための対策に関する記述として，**最も不適当な**ものはどれか。
(1) 高所作業による工具等の落下を防ぐため，水平安全ネットを設置した。
(2) 工事用車両による道路面の汚れを防ぐため，洗浄装置を設置した。
(3) 掘削による周辺地盤の崩壊を防ぐため，防護棚を設置した。
(4) 解体工事による粉塵の飛散を防ぐため，散水設備を設置した。

《R5-後 37》

施工管理法

[解説]
1 (1) 防護棚は，工具等の落下から通行人等を守る目的で設置するもので，掘削による周辺地盤の崩壊を防ぐことはできない。よって，最も不適当である。
2 (3) 安全朝礼とは，毎朝，作業開始前に行う朝礼で，作業員全員が参加する。作業手順や心構え，注意点などを周知する。
(4) ゼロエミッションとは，廃棄物を再資源化することにより，廃棄物を一切出さずに最終処分物をゼロにすることを目指す活動のことである。安全管理の用語ではない。よって，最も不適当である。
3 (3) 2(4)参照
4 (4) ゼロエミッションとは，あらゆる廃棄物を原材料などとして有効活用することに廃棄物を一切出さない資源循環型の社会システムをいう。よって，最も不適当である。
5 (3) 1(1)参照

**【正解】** 1：(1)，2：(4)，3：(3)，4：(4)，5：(3)

## 4・4・2　安全管理の体制

□□□ **6** 高さが 2m 以上の構造の足場の組立て等に関する事業者の講ずべき措置として，「労働安全衛生規則」上，**定められていないもの**はどれか。

(1) 組立て，解体又は変更の時期，範囲及び順序を当該作業に従事する労働者に周知させること。

(2) 組立て，解体又は変更の作業を行う区域内には，関係労働者以外の労働者の立入りを禁止すること。

(3) 作業の方法及び労働者の配置を決定し，作業の進行状況を監視すること。

(4) 材料，器具，工具等を上げ，又は下ろすときは，つり綱，つり袋等を労働者に使用させること。

《R4-前 38》

□□□ **7** 建設業の現場における特定元方事業者が講ずべき措置として，「労働安全衛生法」上，**定められていないもの**はどれか。

(1) 機械等が転倒するおそれがある場所において関係請負人の労働者が作業を行うとき，その関係請負人に対する技術上の指導を行うこと。

(2) 関係請負人が行う安全教育に対して，安全教育に使用する資料を提供すること。

(3) 特定元方事業者の労働者及び関係請負人の労働者の作業が同一の場所において行われるとき，作業間の連絡及び調整を行うこと。

(4) 足場の組立て作業において，材料の欠点の有無を点検し，不良品を取り除くこと。

《R5-後 38》

□□□ **8** 高所作業車を用いて作業を行う場合，事業者の講ずべき措置として，「労働安全衛生法」上，**定められていないもの**はどれか。

(1) 高所作業車は，原則として，主たる用途以外の用途に使用してはならない。

(2) 高所作業車の乗車席及び作業床以外の箇所に労働者を乗せてはならない。

(3) その日の作業を開始する前に，高所作業車の作業開始前点検を行わなければならない。

(4) 高所作業等作業主任者を選任しなければならない。

《R1-後 42》

[解説]

6 (3) 作業の方法及び労働者の配置を決定し，作業の進行状況を監視することは，足場の組立て等に関する事業者の講ずべき措置として定められていない。

7 (4) 足場の組立て作業において，材料の欠点の有無を点検し，不良品を取り除くことは，特

定元方事業者が講ずべき措置として規定されていない。したがって，⑷が定められていない。

8 ⑷ 高所作業等作業主任者の選任は，事業者の講ずべき措置として定められていない。したがって，⑷が定められていない。

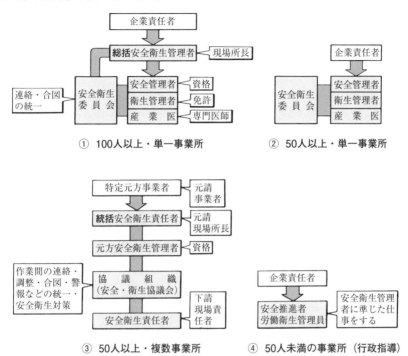

図1　安全衛生管理組織

**特定元方事業者の講ずべき措置**

① 協議組織の設置及び運営

② 作業間の連絡及び調整

③ 作業場所を巡視

④ 労働者の安全又は衛生のための教育に対する指導及び援助

⑤ 仕事の工程及び機械・設備等の配置に関する計画の作成と，関係請負人が講ずべき措置についての指導

⑥ クレーン等の運転についての合図の統一

⑦ 事故現場等の標識の統一

⑧ 有機溶剤等の容器の集積箇所の統一

⑨ 警報の統一

⑩ 避難等の訓練の実施方法の統一

【正解】　6：⑶，7：⑷，8：⑷

施工管理法

## 4・4・3　足場・支保工の安全管理

**9** 足場に関する記述として，**最も不適当な**ものはどれか。
(1) 枠組足場に使用する作業床の幅は，30 cm とした。
(2) 枠組足場の墜落防止設備として，交さ筋かい及び高さ 15 cm 以上の幅木を設置した。
(3) 移動式足場（ローリングタワー）の作業台上では，脚立の使用を禁止とした。
(4) 移動式足場（ローリングタワー）の脚輪のブレーキは，移動中を除き，常に作動させた。

《R3-前38》

**10** 建築工事の足場に関する記述として，**最も不適当な**ものはどれか。
(1) くさび緊結式足場において，壁つなぎの間隔は，法令で定められた単管足場の間隔を適用した。
(2) 高さ 5 m 以上の枠組足場において，壁つなぎの水平方向の間隔は，10 m 以下とした。
(3) 単管足場において，単管と単管の交点の緊結金具は，直交型クランプ又は自在型クランプを使用した。
(4) 枠組足場において，階段の手すりの高さは，踏板より 90 cm とした。

《R5-前38》

**11** 足場に関する記述として，**最も不適当な**ものはどれか。
(1) 折りたたみ式の脚立は，脚と水平面との角度を 75° 以下とし，開き止め具が装備されたものを使用した。
(2) 移動式足場（ローリングタワー）の作業床の周囲には，高さ 10 cm の幅木と高さ 90 cm の中桟付きの手すりを設けた。
(3) 単管足場の建地間隔は，桁行方向，梁間方向ともに，2 m とした。
(4) つり足場の作業床は，幅を 40 cm とし，隙間がないように敷きつめた。

《R4-後38》

［解説］

9 (1) 枠組足場に使用する作業床の幅は，40 cm 以上とし，すき間は 3 cm 以下とする。

10 (2) 高さ 5 m 以上の枠組足場において，壁つなぎの水平方向の間隔は，8 m 以下とする。よって，(2)が最も不適当である。

11 (3) 単管足場の建地間隔は，桁行方向 1.85 m 以下，梁間方向 1.5 m 以下とする。よって，最も不適当である。

表2 足場の安全基準

| 要 点 | 単管足場 | 枠組足場 | 丸太足場 |
|---|---|---|---|
| 建地の間隔 | ・けた方向：1.85 m 以下<br>・梁間方向：1.50 m 以下<br>・建地の最高部から31 mを超える部分は，2本組とする[*1] | 高さ20 m を超える場合や重量物の積載を伴う作業をする場合は，<br>・主枠の高さ：2 m 以下<br>・主枠の間隔：1.85 m 以下 | 2.5 m 以下 |
| 地上第1の布の高さ | 2.0 m 以下 | | 3.0 m 以下 |
| 建地脚部の滑動・沈下防止措置 | ベース金具，敷板，敷角，脚輪付きは，ブレーキまたは歯止め | （同左） | 根元の埋込み，根がらみ，さら板 |
| 継手部 | 付属金具で緊結 | （同左） | ・重合せ：1 m 以上重ねて2箇所以上結束する。<br>・突合せ：2本組とするか，1.8 m 以上の添木を用いて4箇所以上結束する。 |
| 接続部，交差部 | 付属金具で緊結 | （同左） | 鉄線など，丈夫な材料で結束する。 |
| 補強 | 筋かいを入れる | （同左） | （同左） |
| 壁つなぎ，控え | ・垂直方向：5 m 以下<br>・水平方向：5.5 m 以下 | ・垂直方向：9 m 以下<br>・水平方向：8 m 以下（高さ5 m 未満は除く） | ・垂直方向：5.5 m 以下<br>・水平方向：7.5 m 以下 |
| 壁つなぎの引張り材と圧縮材との間隔 | 1.0 m 以下 | （同左） | （同左） |
| 建物間の積載荷重（表示する） | 400 kg 以下 | ── | |
| 水平材 | ── | 最上層および5層以内ごと | ── |
| 作業床[*2] | ・幅：400 mm 以上，すき間：30 mm 以下，床材と建地とのすき間は12 cm 未満<br>・転位脱落防止のため，2箇所以上を緊結する。<br>・標準荷重は250〜350 kg/m² とする。 | | |
| 墜落防止 | 高さ850 mm 以上の手すり及び，中さん等を設ける。 | | |

*1 建地の下端に作用する設計荷重が最大使用荷重を越えないときは，鋼管を2本組とすることを要しない。
*2 作業床は，支持点および重ね部分を釘や番線類で取り付け，移動しないようにする。

**登り桟橋**：足場の昇降のために設ける傾斜した通路。

① 勾配は30度以下，幅は90 cm 以上。

② 勾配が15度を超える場合は，歩み板にすべり止め（1.5 cm×3 cm）を約30 cm 間隔に打つ。

③ 墜落の危険防止のために，高さ85 cm 以上の手すりを設ける。

④ 踊り場，折り返しは高さ7 m 以内ごとに設ける。

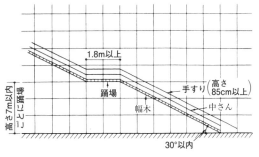

図2 登り桟橋の例

【正解】 9 ：(1)，10 ：(2)，11 ：(3)

施工管理法

## 4・4・4　作 業 主 任 者

□□□ **12** 型枠支保工の組立て等作業主任者の職務として,「労働安全衛生規則」上,定められていないものはどれか。
(1) 作業中,保護帽の使用状況を監視すること。
(2) 作業を直接指揮すること。
(3) 器具及び工具を点検し,不良品を取り除くこと。
(4) 型枠支保工の組立図を作成すること。

《R4-後37》

□□□ **13** 作業主任者を選任すべき作業として,「労働安全衛生法」上,定められていないものはどれか。
(1) 高さ5mの足場の変更の作業
(2) 土止め支保工の切りばりの取り外しの作業
(3) 軒高5mの木造建築物の構造部材の組立て作業
(4) ALCパネルの建込み作業

《R3-前37》

□□□ **14** 足場の組立て等作業主任者の職務として,「労働安全衛生規則」上,定められていないものはどれか。
(1) その日の作業を開始する前に,作業を行う箇所に設けた足場用墜落防止設備の取り外しの有無を点検すること。
(2) 器具,工具,要求性能墜落制止用器具及び保護帽の機能を点検し,不良品を取り除くこと。
(3) 要求性能墜落制止用器具及び保護帽の使用状況を監視すること。
(4) 作業の方法及び労働者の配置を決定し,作業の進行状況を監視すること。

《R5-前37》

[解説]

12 (4) 型枠支保工の組立図を作成することは,型枠支保工の作業主任者の職務として定められていない。

13 (4) ALCパネルの建込み作業は,作業主任者を選任すべき作業として定められていない。

14 (1) その日の作業を開始する前に,作業を行う箇所に設けた足場用墜落防止設備の取り外しの有無を点検することは,足場の組立て等作業主任者の職務として定められていない。

表 3　作業主任者一覧

| 名　　　称 | 選任すべき作業 |
|---|---|
| 高圧室内作業主任者（免） | 高圧室内作業 |
| ガス溶接作業主任者（免） | アセチレン溶接装置，または，ガス集合溶接装置を用いて行う金属の溶接，溶断または加熱の作業 |
| ボイラー取扱い作業主任者（免） | ボイラー（小型ボイラーを除く）の取扱い作業 |
| 木材加工用作業主任者（技） | 木材加工用機械を5台以上有する事業場において行う，当該機械による作業 |
| コンクリート破砕機作業主任者（技） | コンクリート破砕機を用いて行う，破砕の作業 |
| 地山の掘削作業主任者（技） | 掘削面の高さが2m以上となる，地山の掘削作業 |
| 土止め支保工作業主任者（技） | 土止め支保工の切り張り，または，腹おこしの取り付け，または，取り外しの作業 |
| 随道等の掘削作業主任者（技） | 随道等の掘削の作業，または，これに伴うずり積み，随道支保工の組立て，ロックボルトの取り付け，もしくは，コンクリート等の吹付け作業 |
| 随道等の履工作業主任者（技） | 随道等の覆工作業 |
| 型枠支保工作業主任者（技） | 型枠支保工の組立て，または，解体の作業 |
| 足場の組立て等作業主任者（技） | つり足場，張出し足場，または，高さが5m以上の構造の足場の組立て，解体，または，変更の作業 |
| 建築物等の鉄骨の組立て等作業主任者（技） | 建築物の骨組み，または，塔であって，金属製の部材により構成されるもの（その高さが，5m以上のものに限る）の組立て，解体，または，変更の作業 |
| 鋼橋架設等作業主任者（技） | 橋梁の上部構造であって，金属製の部材により構成されるもの（その高さが5m以上であるもの，または，当該上部構造のうち，橋梁の支間が30m以上である部分に限る）の架設，解体，または，変更の作業 |
| 木造建築物の組立て等作業主任者（技） | 軒の高さが5m以上の木造建築物の構造部材の組立て，または，これに伴う屋根下地，もしくは，外壁下地の取付け作業 |
| コンクリート造工作物の解体等作業主任者（技） | コンクリート造の工作物の解体，または，破壊の作業 |
| コンクリート橋架設等作業主任者（技） | 橋梁の上部構造であって，コンクリート造のもの（その高さが5m以上であるもの，または，当該上部構造のうち，橋梁の支間が30m以上である部分に限る）の架設，または，変更の作業 |
| 酸素欠乏危険作業主任者（第1種・第2種）（技） | 酸素欠乏危険場所における作業 |
| 有機溶剤作業主任者（技） | 屋内作業場等において，一定の有機溶剤を製造し，または，取り扱う業務のうち，一定のものに係わる作業 |
| 石綿作業主任者（技） | 石綿，もしくは，石綿を，その重量の0.1%を超えて含有する製材，その他の物を取り扱う作業，または，石綿等を試験研究のために製造する作業 |

（免）免許を受けた者　（技）技能講習を修了した者

【正解】　12：(4)，13：(4)，14：(1)

▶ **必修基本問題** ◀　**4・4 安 全 管 理**

[1] 建築工事における危害又は迷惑と，それを防止するための対策の組合せとして，**最も不適当**なものはどれか。

- (1) 投下によるくずやごみの飛散 ———————— ダストシュートの設置
- (2) 工事用車両による道路の汚れ ———————— 沈砂槽の設置
- (3) 高所作業による工具等の落下 ———————— 水平安全ネットの設置
- (4) 解体工事による粉塵の飛散 ———————— 散水設備の設置

(R3-後37)

[2] 特定元方事業者が行うべき安全管理に関する記述として，「労働安全衛生法」上，**誤って**いるものはどれか。

- (1) 毎作業日に，作業場所を巡視すること。
- (2) 足場の組立て作業において，材料の欠点の有無を点検し，不良品を取り除くこと。
- (3) 関係請負人が行う安全教育に対して，安全教育に使用する資料を提供すること。
- (4) クレーン等の運転についての合図を統一的に定めること。

(R3-後38)

[3] 労働災害の強度率に関する次の文章中，□□□に当てはまる数値として，**適当なものは**どれか。

「強度率は，□□□延べ実労働時間当たりの労働損失日数で，災害の重さの程度を表す。」

- (1) 　1千
- (2) 　1万
- (3) 　10万
- (4) 　100万

(H29-後34)

[4] 建築工事の足場に関する記述として，**最も不適当なもの**はどれか。

- (1) 単管足場の脚部は，敷角の上に単管パイプを直接乗せて，根がらみを設けた。
- (2) 単管足場の建地の間隔は，けた行方向1.8m以下，はり間方向1.5m以下とした。
- (3) 単管足場の建地の継手は，千鳥となるように配置した。
- (4) 単管足場の地上第一の布は，高さを1.85mとした。

(R1-前42)

5　通路及び足場に関する記述として，**最も不適当なもの**はどれか。

(1)　枠組足場の墜落防止設備として，交さ筋かい及び高さ 15 cm 以上の幅木を設置した。

(2)　枠組足場に使用する作業床の幅は，30 cm 以上とした。

(3)　屋内に設ける作業場内の通路は，通路面からの高さ 1.8 m 以内に障害物がないようにした。

(4)　折りたたみ式の脚立は，脚と水平面との角度を75度以下とし，開き止めの金具で止めた。

(H30-後 42)

6　事業者が選任すべき作業主任者として，「労働安全衛生法」上，**定められていないもの**はどれか。

(1)　型枠支保工の組立て等作業主任者

(2)　ガス溶接作業主任者

(3)　足場の組立て等作業主任者

(4)　ALC パネル等建込み作業主任者

(H30-後 41)

正解とワンポイント解説

1　(2)　工事車両による道路の汚れ対策には，洗車場を設置する。

2　(2)　足場の組立て作業における，材料の欠点の有無を点検し，不良品を取り除くことは，特定元方事業者が行うべき安全管理として定められていない。

3　(1)　強度率は，災害の重さの程度を示す指標で，1,000 延べ実労働時間当たりの労働損失日数で表す。

4　(1)　単管足場の脚部にはベース金具を使用し，敷板，敷角，根がらみ等を設ける。

5　(2)　枠組足場に使用する作業床の幅は，40 cm 以上とし，すき間は 3 cm 以下とする。

6　(4)　ALC パネル等建込み作業主任者は，事業者が選任すべき作業主任者として定められていない。

【正解】　1：(2)，2：(2)，3：(1)，4：(1)，5：(2)，6：(4)

7 統括安全衛生責任者を選任すべき特定元方事業者が，労働災害を防止するために行わなければならない事項として，「労働安全衛生法」上，誤っているものはどれか。

- (1)　作業場所を巡視すること。
- (2)　協議組織の設置及び運営を行うこと。
- (3)　安全衛生責任者を選任すること。
- (4)　作業間の連絡及び調整を行うこと。

(H29-後 35)

8 型わく支保工の組立て等に関し，事業者の講ずべき措置として，「労働安全衛生法」上，定められていないものはどれか。

- (1)　型わく支保工の材料，器具又は工具を上げ，又はおろすときは，つり綱，つり袋等を労働者に使用させること。
- (2)　型わく支保工の組立て等作業主任者を選任すること。
- (3)　型わく支保工の組立て等の作業を行う区域内には，関係労働者以外の労働者の立入りを禁止すること。
- (4)　型わく支保工の組立て等の作業の方法を決定し，作業を直接指揮すること。

(R2-後 42)

9 作業主任者を選任すべき作業として，「労働安全衛生法」上，定められていないものはどれか。

- (1)　支柱高さが 3 m の型枠支保工の解体の作業
- (2)　鉄筋の組立ての作業
- (3)　高さが 5 m のコンクリート造の工作物の解体の作業
- (4)　解体工事における石綿の除去作業

(R1-前 41)

10 高さが 5 m 以上の構造の足場の組立て等に関し，事業者の講ずべき措置として，「労働安全衛生法」上，定められていないものはどれか。

- (1)　足場の組立て等作業主任者を選任すること。
- (2)　組立て，解体又は変更の作業を行う区域内には，関係労働者以外の労働者の立入りを禁止すること。
- (3)　作業の方法及び労働者の配置を決定し，作業の進行状況を監視すること。
- (4)　材料，器具，工具等を上げ，又は下ろすときは，つり綱，つり袋等を労働者に使用させること。

(H29-前 35)

11 建築工事に伴い施工者が行うべき公衆災害の防止対策に関する記述として，**最も不適当なも**のはどれか。

(1) 敷地境界線からの水平距離が5m以内で，地盤面からの高さが3m以上の場所からごみを投下するので，飛散を防止するためダストシュートを設けた。

(2) 敷地境界線からの水平距離が5m以内で，地盤面からの高さが7m以上のところで工事をするので，工事現場の周囲をシートで覆うなどの措置を行った。

(3) 外壁のはつり工事をするので，工事現場の周囲を防音シートで覆うなどの措置を行った。

(4) メッシュシートを鋼管足場の外側に取り付けるので，水平支持材を垂直方向7mごとに設けた。

(H24-34)

正解とワンポイント解説

7 (3) 安全衛生責任者を選任することは，特定元方事業者が行わなければならない事項と定められていない。

8 (4) 型わく支保工の組立て等の作業の方法を決定し，作業を直接指揮するのは，作業主任者の職務である。

9 (2) 鉄筋の組立ての作業は，作業主任者を選任すべき作業に含まれない。

10 (3) 作業の方法及び労働者の配置を決定し，作業の進行状況を監視することは，事業者の講ずべき措置として定められていない。

11 (4) メッシュシートを取り付けるための水平支持材は，原則として，垂直方向5.5m以下ごとに設ける。

**【正解】** 7：(3)，8：(4)，9：(2)，10：(3)，11：(4)

施工管理法

# 第 **5** 章

# 施工管理法
# （応用能力）

施工管理法

　本章は，令和 3 年度より始まった新試験制度の「施工管理法（応用能力）」についてまとめている。

　新試験が令和 3 年度から令和 5 年度の 3 回のみの実施で，出題傾向等が明確でないため，本章では令和 3 年度〜令和 5 年度の出題問題を年度別に掲載し，解答・解説を付けている。

# 5·1　応用能力問題

[令和 5 年度出題問題]

□□□ **1** 鉄筋のかぶり厚さに関する記述として，不適当なものを 2 つ選べ。
(1) 設計かぶり厚さは，最小かぶり厚さに施工誤差を考慮した割増を加えたものである。
(2) かぶり厚さは，ひび割れ補強筋についても確保する。
(3) かぶり厚さとは，鉄筋の中心からコンクリートの表面までの距離である。
(4) 土に接するスラブのかぶり厚さには，捨コンクリートの厚さを含む。

《R5-前 39》

□□□ **2** 鉄骨の錆止め塗装に関する記述として，不適当なものを 2 つ選べ。
(1) 工事現場溶接を行う箇所は，開先面のみ塗装を行わなかった。
(2) 塗膜にふくれや割れが生じた部分は，塗膜を剥がしてから再塗装を行った。
(3) 素地調整を行った面は，素地が落ち着くまで数日あけて塗装を行った。
(4) コンクリートに埋め込まれる部分は，塗装を行わなかった。

《R5-前 40》

□□□ **3** セルフレベリング材塗りに関する記述として，不適当なものを 2 つ選べ。
ただし，塗り厚は 10 mm 程度とする。
(1) 流し込みは，吸水調整材塗布後，直ちに行った。
(2) 流し込み作業中は，通風のため窓や開口部を開放した。
(3) 流し込み後は，表面全体をトンボ等を用いて均した。
(4) 硬化後，打継ぎ部等の突起は，サンダーで削り取った。

《R5-前 41》

□□□ **4** 鋼製建具に関する記述として，不適当なものを 2 つ選べ。
ただし，1 枚の戸の有効開口は，幅 950 mm，高さ 2,400 mm とする。
(1) 建具枠の取付け用のアンカーは，枠の両端を固定して，中間部を 900 mm 内外の間隔とした。
(2) 建具枠の取付け精度は，対角寸法差を 3 mm 以内とした。
(3) くつずりは，ステンレス製とし，表面の仕上げをヘアラインとした。
(4) くつずり裏面のモルタル詰めは，建具枠の取付け後に行った。

《R5-前 42》

□□□ **5** 型枠の支保工に関する記述として，不適当なものを2つ選べ。
(1) 上下階の支柱は，できるだけ平面上の同一位置になるように設置した。
(2) 地盤上に直接支柱を立てるため，支柱の下に剛性のある敷板を敷いた。
(3) 支柱は，パイプサポートを3本継ぎとした。
(4) パイプサポートに設ける水平つなぎは，番線を用いて緊結した。

《R5-後39》

□□□ **6** 型枠の存置期間に関する一般的な記述として，不適当なものを2つ選べ。
ただし，計画供用期間の級は標準とする。
(1) コンクリートの材齢によるせき板の最小存置期間は，普通ポルトランドセメントと高炉セメントB種では同じである。
(2) コンクリートの材齢によるせき板の最小存置期間は，同じセメントの種類の場合，存置期間中の平均気温の高低に係わらず同じである。
(3) せき板の最小存置期間を定めるコンクリートの圧縮強度は，柱と壁は同じである。
(4) 梁下のせき板の最小存置期間を定めるコンクリートの圧縮強度は，コンクリートの設計基準強度が同じ場合，セメントの種類に係わらず同じである。

《R5-後40》

□□□ **7** 合成高分子系ルーフィングシート防水の接着工法に関する記述として，不適当なものを2つ選べ。
(1) 加硫ゴム系シート防水において，プライマーを塗布する範囲は，その日にシートを張り付ける範囲とした。
(2) 加硫ゴム系シート防水において，接着剤を塗布後，オープンタイムを置かずにシートを張り付けた。
(3) 塩化ビニル樹脂系シート防水において，シートを張り付けるエポキシ樹脂系接着剤は，シート裏面に塗布した。
(4) 塩化ビニル樹脂系シート防水において，防水層の立上り末端部は，押え金物で固定し，不定形シール材を用いて処理した。

《R5-後41》

□□□ **8** 外壁仕上げの劣化とその改修工法に関する記述として，不適当なものを2つ選べ。
(1) コンクリート打放し面のひび割れは，ポリマーセメントモルタル充填工法で改修した。
(2) 劣化した既存複層仕上塗材は，高圧水洗で除去した。
(3) タイル張り仕上げの浮きは，Uカットシール材充填工法で改修した。
(4) モルタル塗り仕上げの浮きは，アンカーピンニング部分エポキシ樹脂注入工法で改修した。

《R5-後42》

1 (3)　かぶり厚さとは，鉄筋外側からコンクリートの表面までの距離である。

(4)　捨てコンクリートは，躯体ではなく掘削面の水平化や安定化が目的であるため，かぶり厚さは含まない。

2 (1)　現場溶接を行う箇所およびそれに隣接する両側それぞれ100 mm以内，かつ，超音波探傷試験に支障を及ぼす範囲は塗装しない。

(3)　素地調整を行った面は，すぐに錆びるので直ちに錆止め塗装を行う。

3 (1)　吸水調整材塗布後，ブラシ等ですり込んだ後，乾かしてから施工する。

(2)　材料の持つ流動性を利用して重力で自然流動させるため，できる限り通風を避けるよう，窓や開口部をふさぐ。

4 (1)　アンカーは，開口の隅より150 mm程度を端とし，中間部は500 mm以下とする。

(4)　くつずり裏面のモルタル詰めは，建具枠の取付け前に行う。

5 (3)　パイプサポートは，3本以上継いではならない。

(4)　水平つなぎに用いる鋼材と鋼材の交差部は，クランプ等の金具を用いて緊結する。

6 (1)　コンクリートの材齢によるせき板の最小存置期間は，普通ポルトランドセメントの方が，高炉セメントB種より短い。

(2)　コンクリートの材齢によるせき板の最小存置期間は，存置期間中の平均気温が20℃以上になると，20℃未満10℃以上よりも短くなる。

7 (2)　接着剤塗布後，所定のオープンタイムをおく。

(3)　塩化ビニル樹脂系シート防水は，下地とシート裏面に接着剤を塗布してオープンタイムをとってから，下地にシートを張り付け，ローラーで転圧して張り付ける。

8 (1)　ポリマーセメントモルタル充填工法とはコンクリート打放し仕上げ面の断面欠損を修復する工法である。

(3)　Uカットシール材充填工法は，外壁のクラック（ひび割れ）に沿って，ディスクグラインダーなどで外壁にU字形の溝を入れて，そこにシール材を充填する補修工法である。

【正解】　1：(3)(4)，2：(1)(3)，3：(1)(2)，4：(1)(4)，
5：(3)(4)，6：(1)(2)，7：(2)(3)，8：(1)(3)

[令和4年度出題問題]

**1** 鉄筋の継手に関する記述として，不適当なものを2つ選べ。
(1) 鉄筋の継手には，重ね継手，圧接継手，機械式継手，溶接継手等がある。
(2) 重ね継手の長さは，コンクリートの設計基準強度にかかわらず同じである。
(3) フック付き重ね継手の長さには，フック部分の長さを含める。
(4) 鉄筋の継手の位置は，原則として，構造部材における引張力の小さいところに設ける。

《R4-前 39》

**2** 鉄骨の建方に関する記述として，不適当なものを2つ選べ。
(1) 玉掛け用ワイヤロープでキンクしたものは，キンクを直してから使用した。
(2) 仮ボルトの本数は，強風や地震等の想定される外力に対して，接合部の安全性の検討を行って決定した。
(3) 油が付着している仮ボルトは，油を除去して使用した。
(4) 建方時に用いた仮ボルトを，本締めに用いるボルトとして使用した。

《R4-前 40》

**3** ウレタンゴム系塗膜防水に関する記述として，不適当なものを2つ選べ。
(1) 下地コンクリートの入隅を丸面，出隅を直角に仕上げた。
(2) 防水層の施工は，立上り部，平場部の順に施工した。
(3) 補強布の張付けは，突付け張りとした。
(4) 仕上塗料は，刷毛とローラー刷毛を用いてむらなく塗布した。

《R4-前 41》

施工管理法

**4** 塗装における素地ごしらえに関する記述として，不適当なものを2つ選べ。
(1) 木部面に付着した油汚れは，溶剤で拭き取った。
(2) 木部の節止めに，ジンクリッチプライマーを用いた。
(3) 鉄鋼面の錆及び黒皮の除去は，ブラスト処理により行った。
(4) 鉄鋼面の油類の除去は，錆を除去した後に行った。

《R4-前 42》

**5** 鉄骨の加工に関する記述として，**不適当なもの**を2つ選べ。

(1) 鋼材の加熱曲げ加工は，青熱脆性域で行った。

(2) 鋼材のガス切断は，自動ガス切断機を用いた。

(3) 板厚が13mm以下の鋼材のアンカーボルト孔は，せん断孔あけで加工した。

(4) 高力ボルトの孔径は，高力ボルトの公称軸径に5mmを加えた値とした。

《R4-後39》

**6** 鉄筋コンクリート造建築物の解体工事に関する記述として，**不適当なもの**を2つ選べ。

(1) 解体作業に先立ち，各種設備機器の停止並びに給水，ガス，電力及び通信の供給が停止していることを確認した。

(2) 壁及び天井のクロスは，せっこうボードと一緒に撤去した。

(3) 騒音防止やコンクリート片の飛散防止のため，全面をメッシュシートで養生した。

(4) 各階の解体は，中央部分を先行して解体し，外周部を最後に解体した。

《R4-後40》

**7** 屋上アスファルト防水工事に関する記述として，**不適当なもの**を2つ選べ。

(1) ルーフィング類は，水上部分から張り付け，継目の位置が上下層で同一箇所にならないようにした。

(2) ルーフドレン回りの増張りに用いるストレッチルーフィングは，ドレンのつばに100mm程度張り掛けた。

(3) 保護コンクリートの動きによる立上り防水層の損傷を防止するため，成形緩衝材を立上り入隅部に取り付けた。

(4) 保護コンクリートの伸縮調整目地の深さは，保護コンクリートの厚さの$\frac{1}{2}$とした。

《R4-前41》

**8** ビニル床シート張りの熱溶接工法に関する記述として，**不適当なもの**を2つ選べ。

(1) 張付け用の接着剤は，所定のくし目ごてを用いて均一に塗布した。

(2) シートの張付けは，空気を押し出すように行い，その後ローラーで圧着した。

(3) 継目の溝切りは，シート張付け後，接着剤が硬化する前に行った。

(4) 溶接継目の余盛りは，溶接直後に削り取った。

《R4-後42》

施工管理法

［解説］

1 (2) 重ね継ぎ手の長さは，コンクリートの設計基準強度が増えるに従って短くなる。

　(3) フック付き重ね継手の長さは鉄筋の折曲げ起点間の距離として，末端のフックは継手の長さに含まない。

2 (1) キンクした玉掛け用ワイヤーロープは使用してはならない。

　(4) 建方時に用いた仮ボルトは，本締めに用いてはならない。

3 (1) ウレタンゴム系塗膜防水の下地コンクリートは，入隅は直角，出隅は面取りに仕上げる。

　(3) ウレタンゴム系塗膜防水の補強布は 50 mm 程度の重ね張りとする。

4 (2) 木部の節止めには，セラニックニス等を用いる。

　(4) 鉄鋼面は油類の除去をした後に錆の除去を行う。

5 (1) 鋼材の加熱曲げ加工は，赤ねつ状態（800℃〜900℃）とする。（青熱脆性域は 200℃〜400℃）

　(4) 高力ボルトの孔径は，高力ボルトの公称軸径に 2 mm を加えた値とする。

6 (2) 廃せっこうボードは，再資源化促進のためにクロスとは分別解体を行う。

　(3) メッシュシートでは解体音が大きく漏れ，コンクリート片も飛散したりするため，パネルなどを足場に設置する。

7 (1) ルーフィング類は水下側のルーフィングが下側になるように張り付ける。

　(4) 保護コンクリートの伸縮目地の深さは，保護コンクリートの厚さの下端までとする。

8 (3) 継目の溝切りは，シート張付け後，接着剤が完全硬化してから行う。

　(4) 溶接継目の余盛りは，溶接が完全に冷却したのちに削り取る。

【正解】　1 : (2) (3)，2 : (1) (4)，3 : (1) (3)，4 : (2) (4)，
5 : (1) (4)，6 : (2) (3)，7 : (1) (4)，6 : (3) (4)

[令和3年度出題問題]

□□□ **1** 型枠の締付け金物等に関する記述として，**不適当なものを2つ選べ。**
(1) セパレータは，せき板に対して垂直となるよう配置した。
(2) 打放し仕上げとなる外壁コンクリートの型枠に使用するセパレータは，コーンを取り付けないものを用いた。
(3) 塗り仕上げとなる壁コンクリートの型枠に使用するフォームタイと座金は，くさび式を用いた。
(4) 柱の型枠に用いるコラムクランプは，セパレータと組み合わせて使用した。

《R3-前39》

□□□ **2** レディーミクストコンクリートに関する記述として，**不適当なものを2つ選べ。**
(1) コンクリート荷卸し時のスランプの許容差は，スランプの値に関係なく一定である。
(2) コンクリートに含まれる塩化物は，原則として塩化物イオン量で 0.30 kg/m³ 以下とする。
(3) 空気量の許容差は，普通コンクリートよりも高強度コンクリートの方が大きい。
(4) 単位水量は，最大値を 185 kg/m³ とし，所定の品質が確保できる範囲内で，できるだけ少なくする。

《R3-前40》

□□□ **3** 仕上塗材仕上げに関する記述として，**不適当なものを2つ選べ。**
(1) 各工程ごとに用いる下塗材，主材及び上塗材は，同一製造所のものとした。
(2) 仕上塗材の所要量は，被仕上塗材仕上面の単位面積に対する希釈前の仕上塗材の使用質量から算出した。
(3) 屋外や室内の湿潤になる場所の下地調整に用いるパテは，合成樹脂エマルションパテを使用した。
(4) シーリング面への仕上塗材仕上げは，シーリング材の硬化前に行った。

《R3-前41》

□□□ **4** 床のフローリングボード張りに関する記述として，**不適当なものを2つ選べ。**
(1) フローリングボードに生じた目違いは，パテかいにより平滑にした。
(2) フローリングボード張込み後，床塗装仕上げを行うまで，ポリエチレンシートを用いて養生をした。
(3) フローリングボードの下張り用合板は，長手方向が根太と直交するように割り付けた。
(4) 隣り合うフローリングボードの木口の継手位置は，すべて揃えて割り付けた。

《R3-前42》

☐☐☐ **5** 鉄筋の加工及び組立てに関する記述として，**不適当なもの**を 2 つ選べ。

(1) 鉄筋の折曲げ加工は，常温で行う。

(2) 壁筋は，鉄筋相互の交点の半数以上を結束する。

(3) 鉄筋相互のあきの最小寸法は，鉄筋の強度によって決まる。

(4) 鉄筋末端部のフックの余長の最小寸法は，折曲げ角度が大きいほど長くなる。

《R3-後 39》

☐☐☐ **6** 在来軸組構法における木工事に関する記述として，**不適当なもの**を 2 つ選べ。

(1) 土台を固定するアンカーボルトは，土台の両端部や継手の位置，耐力壁の両端の柱に近接した位置に設置した。

(2) 根太の継手は，大引の心を避けて突付け継ぎとし，釘打ちとした。

(3) 火打梁は，柱と梁との鉛直構面の隅角部に斜めに入れた。

(4) 内装下地や造作部材の取付けは，屋根葺き工事が終わった後に行った。

《R3-後 40》

☐☐☐ **7** セメントモルタルによるタイル後張り工法に関する記述として，**不適当なもの**を 2 つ選べ。

(1) 密着張りにおいて，タイルの張付けは，下部から上部にタイルを張った。

(2) 改良積上げ張りにおいて，小口タイルの張付けは，1 日の張付け高さを 1.5 m とした。

(3) モザイクタイル張りのたたき押えは，紙張りの目地部分がモルタルの水分で濡れてくるまで行った。

(4) 改良圧着張りにおいて，張付けモルタルの 1 回に塗り付ける面積は，タイル工 1 人当たり 3 m$^2$ とした。

《R3-後 41》

☐☐☐ **8** 塗装工事に関する記述として，**不適当なもの**を 2 つ選べ。

(1) 強溶剤系塗料のローラーブラシ塗りに，モヘアのローラーブラシを用いた。

(2) オイルステイン塗りの色濃度の調整は，シンナーによって行った。

(3) モルタル面の塗装に，合成樹脂調合ペイントを用いた。

(4) 壁面をローラーブラシ塗りとする際，隅やちり回りなどは，小刷毛を用いて先に塗布した。

《R3-後 42》

施工管理法

[解説]

1 (2) セパレーターの断面が外壁コンクリート面に出ると錆の原因となるため，コーンを取り付けて面落しとし，後にコーン部に防水モルタルなどを詰める。

(4) コラムクランプは柱型枠を四方から締め付ける金物であり，セパレーターとは併用しない。

2 (1) スランプの許容差は，スランプにより ±1 cm から ±2.5 cm と異なる。

(3) 普通コンクリートおよび高強度コンクリートともに空気量の許容差は ±1.5% である。

3 (3) 合成樹脂エマルションパテは耐水形でも，外部および結露しやすい箇所に使用すると，はく離の原因となるため使用を避ける。

(4) シーリング面に塗装仕上げを行う場合は，シーリング材が硬化したのちに行うものとし，塗重ねの適合性を確認し，必要な処理を行う。

4 (1) フローリングボードに生じた目違いは，養生期間を経過した後，サンディングして削り取る。

(4) フローリングボードの木口の継手位置は，乱になるように割り付ける。

5 (3) 鉄筋相互のあき寸法は，強度に関係なく粗骨材の最大寸法の 1.25 倍かつ 25 mm 以上とする。

(4) フックの余長の最小寸法は，折曲げ角度が大きいほど短くなる。90° で 20 d，135° で 6 d，180° で 4 d 以上とする。

6 (2) 根太の継手は，大引の心で突付け継ぎとし，釘打ちとする。

(3) 火打ち梁は，梁と梁が直交する位置に水平に入れる。

7 (1) 密着張りによる壁のタイルの張付けは，上部から下部へと行い，水平に張った水糸を基準に一段置きに数段張り付ける。その後，それらの間のタイルを張り付ける。

(4) 張付けモルタルの1回に塗り付ける面積は，タイル工1人当たり 2 m² までである。

8 (1) モヘア素材は，強溶剤系塗料には使用しない。

(3) 合成樹脂調合ペイントは，アルカリに弱いためモルタル面には使用しない。主に鉄部・木部に使用する。

【正解】　1 : (2) (4)，　2 : (1) (3)，　3 : (3) (4)，　4 : (1) (4)，
5 : (3) (4)，　6 : (2) (3)，　7 : (1) (4)，　8 : (1) (3)

# 第6章

# 法　規

**令和5年度の出題傾向**

出題数は8問（解答数6問）
　出題数8問のうち最初の6問は，建築基準法2問，建設業法2問，労働基準法1問，労働安全衛生法1問が出題された。残りの2問は，前期では建設リサイクル法1問，騒音規制法1問，後期では廃棄物処理法1問，消防法1問出題された。
いずれも過去問からの選択肢がほとんどであり，過去問を学習することで得点につながる。

法
規

# 6・1　建築基準法

[最近出題された問題]

## 6・1・1　総括的規定

---

**1** 用語の定義に関する記述として，「建築基準法」上，誤っているものはどれか。
(1) 建築物を移転することは，建築である。
(2) 住宅の浴室は，居室ではない。
(3) 危険物の貯蔵場の用途に供する建築物は，特殊建築物である。
(4) 建築設備は，建築物に含まれない。

《R4-前 43》

---

**2** 用語の定義に関する記述として，「建築基準法」上，誤っているものはどれか。

(1) 地下の工作物内に設ける倉庫は，建築物である。

(2) 自動車車庫の用途に供する建築物は，特殊建築物である。

(3) 主要構造部を準耐火構造とした建築物は，すべて準耐火建築物である。

(4) 作業の目的のために継続的に使用する室は，居室である。

《H29-後 18》

---

**3** 用語の定義に関する記述として，「建築基準法」上，誤っているものはどれか。
(1) 基礎は，構造耐力上主要な部分であるが，主要構造部ではない。
(2) 電波塔に設けた展望室は，建築物である。
(3) コンビニエンスストアは，特殊建築物ではない。
(4) コンクリートや石は，耐水材料である。

《R5-後 43》

---

**4** 次の記述のうち，「建築基準法」上，誤っているものはどれか。
(1) 建築主は，建築士でなければ設計できない建築物の工事をする場合，建築士である工事監理者を定めなければならない。
(2) 建築基準法令の規定に違反した建築物については，その工事の請負人は特定行政庁から工事の施工の停止の命令を受けることがある。
(3) 建築基準法の規定は，文化財保護法により国宝や重要文化財などに指定された建築物

には適用されない。

(4) 建築物の工事が完了した場合には，工事施工者はその旨を建築主事に届け出なければならない。

《H18-18》

[解説]

**1** (1) 建築とは，建築物を新築し，増築し，改築し，または移転することをいう。

(2) **居室**とは，居住・執務・作業・集会・娯楽，その他これらに類する目的のために継続的に使用する室をいう。

(3) **特殊建築物**とは，建築物のうち，以下に該当するものをいう。

① 学校，② 体育館，③ 病院，④ 劇場，⑤ 観覧場，⑥ 集会場，⑦ 展示場，⑧ 百貨店，⑨ 市場，⑩ ダンスホール，⑪ 遊技場，⑫ 公衆浴場，⑬ 旅館，⑭ 共同住宅，⑮ 寄宿舎，⑯ 下宿，⑰ 工場，⑱ 倉庫，⑲ 自動車車庫，⑳ 危険物の貯蔵場，㉑ と畜場，㉒ 火葬場，㉓ 汚物処理場，㉔ その他，これらに類する用途に供する建築物

(4) **建築物**とは，土地に定着する工作物のうち，以下に該当するものをいう。

① 屋根を持ち，かつ，柱もしくは壁があるもの。

② ①に付属する建築物の門もしくは塀。

③ 観覧のための工作物。

④ 地下もしくは高架の工作物内に設けられる事務所・店舗・興行場・倉庫，その他，これらに類する施設。

⑤ 建築設備は，建築物の一部であり，建築物に含まれる。

建築物と定義されないものは，鉄道および軌道の線路敷地内の運転保安施設・こ線橋，プラットホームの上家，貯蔵槽その他これらに類する施設。よって，(4)は誤っている。

**2** (3) 準耐火建築物とするためには，主要構造部を準耐火構造とし，かつ，外壁の開口部で延焼のおそれのある部分に防火設備を有するものとする。よって，誤っている。

**3** (3) 特殊建築物は，前述の用途に加え「～その他これらに類する用途に供する建築物」と規定されている。コンビニエンスストアは，法別表第1 (四) 項の百貨店等の用途に類するものである「飲食店又は物品販売業を営む店舗」に該当し，特殊建築物である。よって，誤っている。

**4** (4) 建築物の工事が完了した場合，<u>建築主</u>がその旨を建築主事または指定確認検査機関に届け出なければならない。よって，誤っている。

【正解】 **1**：(4)，**2**：(3)，**3**：(3)，**4**：(4)

法規

---

**5** 建築確認手続き等に関する記述として，「建築基準法」上，誤っているものはどれか。

(1) 建築主は，原則として，工事完了から4日以内に，建築主事に到達するように完了検査を申請しなければならない。

(2) 建築主は，工事現場の見やすい場所に，国土交通省令で定める様式によって，建築確認があった旨の表示をしなければならない。

(3) 施工者は，建築確認申請が必要な工事の場合，設計図書を工事現場に備えておかなければならない。

(4) 建築主事は，工事の完了検査の申請を受理した場合，その受理した日から7日以内に検査をしなければならない。

《R4-後43》

---

**6** 建築確認等の手続きに関する記述として，「建築基準法」上，誤っているものはどれか。

(1) 特定工程後の工程に係る工事は，当該特定工程に係る中間検査合格証の交付を受けた後でなければ，これを施工してはならない。

(2) 特定行政庁は，工事施工者に対して工事の計画又は施工の状況に関する報告を求めることができる。

(3) 建築主事は，建築主に対して，建築物の敷地に関する報告を求めることができる。

(4) 工事施工者は，建築物の工事を完了したときは，建築主事又は指定確認検査機関の完了検査を申請しなければならない。

《R5-前43》

---

**7** 建築確認を受けた工事に関する次の記述のうち，「建築基準法」上，誤っているものはどれか。

(1) 施工者は，工事現場の見やすい場所に，確認があった旨の表示をしなければならない。

(2) 建築主は工事を完了した場合においては，建築主事または指定確認検査機関の検査を申請しなければならない。

(3) 建築主事または指定確認検査機関が工事の完了の検査申請書を受理した場合においては，申請に係わる建築物及びその敷地について検査を行わなければならない。

(4) 特定行政庁は，工事の施工者に対して施工の状況に関する報告を求めなければならない。

《基本》

［解説］

5 (2) 工事施工者は，工事現場の見やすい場所に国土交通省の定める様式によって，建築確認があった旨の表示をしなければならない。よって，誤っている。

(4) 建築主事または指定確認検査機関は，工事の完了検査の申請を受理した場合，申請を受理した日から7日以内に検査をしなければならない。

建築基準法上，**検査済証**の交付を受けた後でなければ使用できない建築物は，次のとおりである。

① 建基法別表第一い欄に掲げられている特殊建築物で，床面積の合計が $200\,\mathrm{m}^2$ を超えるもの

② 木造の建築物で3階以上，または延べ面積が $500\,\mathrm{m}^2$，高さが $13\,\mathrm{m}$ もしくは軒の高さが $9\,\mathrm{m}$ を超えるもの

③ 木造以外の建築物で2階以上，または延べ面積が $200\,\mathrm{m}^2$ を超えるもの

6 (4) 完了検査の申請は，建築主が建築主事または指定確認検査機関に行う。よって，誤っている。

7 (1) 施工者は，当該工事現場の見やすい場所に，省令で定める様式によって，建築主，設計者，工事施工者および工事の現場管理者の氏名または名称並びに当該工事に係わる確認があった旨の表示をしなければならない。

(4) 特定行政庁，建築主事または建築監視員は，建築物もしくは建築物の敷地の所有者，管理者もしくは占有者，建築主，建築物の設計者，工事監理者または建築物に関する工事の施工者に対して，建築物の敷地，構造，建築設備もしくは用途または建築物に関する工事の計画もしくは施工の状況に関する報告を求めることができる。ただし，これは義務ではない。必ずしも報告を求めなくともよいので，誤っている。

**【正解】** 5 : (2), 6 : (4), 7 : (4)

表1 書類の提出義務者と提出先

| 書 類 名 | 提出義務者 | 提 出 先 |
|---|---|---|
| 確認申請 | 建築主 | 建築主事または指定確認検査機関 |
| 建築工事届 | 建築主 | 都道府県知事 |
| 建築物除却届 | 工事施工者 | 都道府県知事 |
| 完了検査申請書 | 建築主 | 建築主事または指定確認検査機関 |

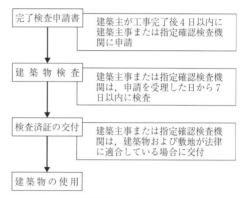

図1 工事完了から使用までの流れ

法規

## 6・1・2　実 態 的 規 定

□□□ **8** 居室の採光及び換気に関する記述として，「建築基準法」上，誤っているものはどれか。

(1) 地階に設ける居室には，必ず，採光のための窓その他の開口部を設けなければならない。

(2) 幼稚園の教室には，原則として，床面積の $\frac{1}{5}$ 以上の面積の採光に有効な開口部を設けなければならない。

(3) 換気設備を設けるべき調理室等に設ける給気口は，原則として，天井の高さの $\frac{1}{2}$ 以下の高さに設けなければならない。

(4) 居室には，政令で定める技術的基準に従って換気設備を設けた場合，換気のための窓その他の開口部を設けなくてもよい。

《R4-前44》

□□□ **9** 地上階における居室の採光及び換気に関する記述として，「建築基準法」上，誤っているものはどれか。

(1) 採光に有効な部分の面積を計算する際，天窓は実際の面積よりも大きな面積を有する開口部として扱う。

(2) 換気設備のない居室には，原則として，換気に有効な部分の面積がその居室の床面積の $\frac{1}{20}$ 以上の換気のための窓その他の開口部を設けなければならない。

(3) 病院の診察室には，採光のための窓その他の開口部を設けなければならない。

(4) ふすま，障子その他随時開放することができるもので仕切られた2室は，居室の採光及び換気の規定の適用に当たっては，1室とみなす。

《R5-後44》

□□□ **10** 次の記述のうち，「建築基準法」上，誤っているものはどれか。

(1) 階段に代わる傾斜路の勾配は，$\frac{1}{8}$ を超えないものとする。

(2) 下水道法に規定する処理区域内においては，汚水管が公共下水道に連結された水洗便所としなければならない。

(3) 集会場の客用の屋内階段の幅は，120 cm 以上とする。

(4) 建築物に設ける昇降機の昇降路の周壁及び開口部は，防火上支障がない構造でなければならない。

《R4-後44》

□□□ **11** 次の記述のうち，「建築基準法施行令」上，誤っているものはどれか。

(1) 階段に代わる傾斜路には，原則として，手すり等を設けなければならない。

(2) 階段の幅が3mを超える場合，原則として，中間に手すりを設けなければならない。
(3) 居室の天井の高さは，室の床面から測り，1室で天井の高さの異なる部分がある場合は，最も低いところの高さによる。
(4) 水洗便所に必要な照明設備及び換気設備を設けた場合，当該便所には採光及び換気のため直接外気に接する窓を設けなくともよい。

《R5-前44》

[解説]

8 (1) 居室には，採光のための窓その他の開口部を設ける必要があるが，地階若しくは地下工作物内に設ける居室等については除かれる。よって，(1)は誤っている。

(2) 居室の採光の基準を表2に示す。幼稚園の教室には，床面積の $\frac{1}{5}$ 以上の面積の採光に有効な開口部を設けなければならない。

表2 居室の採光

| | 採光に有効な開口部の必要な居室の種類 | 割 合 |
|---|---|---|
| (1) | 幼稚園，小学校，中学校，高等学校，中等教育学校の教室 | $\frac{1}{5}$ 以上 |
| (2) | 保育所の保育室 | |
| (3) | 病院・診療所の病室 | $\frac{1}{7}$ 以上 |
| (4) | 寄宿舎の寝室，下宿の宿泊室，住宅の居室（法第28条） | |
| (5) | 児童福祉施設等(注1) の寝室及び訓練等の用途に供する居室 | |
| (6) | (1)以外の学校の教室 | $\frac{1}{10}$ 以上 |
| (7) | 病院・診療所・児童福祉施設等の入院患者等の談話・娯楽のための居室 | |

(注1) 児童福祉施設等：令第19条第1項で規定される，児童福祉施設，助産所，身体障害者社会参加支援施設，保護施設，婦人保護施設，老人福祉施設，有料老人ホーム等をいう。
(注2) 上表(1)～(5)までの居室では，照明設備の設置等の基準（昭和55年告示1800号）に適合している場合には，1/10までの範囲で緩和される。

9 (3) 表2より，病院の診察室は原則として採光のための窓その他の開口部を設けなくてもよい。よって，誤っている。

(4) 居室の採光および換気の規定の適用にあっては，ふすま・障子等の随時開放できるもので仕切られた2室は，1室とみなすことができる。

10 (1) 階段に代わる傾斜路の勾配は，$\frac{1}{8}$ を超えないものとする。

(3) 集会場等の客用の階段および踊場の幅は，140cm以上とする。よって，誤っている。

11 (3) 居室の天井の高さは2.1m以上でなければならず，この高さは床面から測り，一つの部屋で天井の高さが部分的に異なる場合には，その平均の高さによるものと規定されている。よって，誤っている。

(4) 便所には，採光及び換気のため直接外気に接する窓を設けなければならない。ただし，水洗便所で，これに代わる設備をした場合においては，この限りでない。

【正解】 8：(1)，9：(3)，10：(3)，11：(3)

法
規

■■ ▶ 必修基本問題 ◀ 6・1 建築基準法

1 用語の定義に関する記述として,「建築基準法」上, **誤っているもの**はどれか。
(1) 建築物を移転することは, 建築である。
(2) 公衆浴場の浴室は, 居室ではない。
(3) コンクリートや石は, 耐水材料である。
(4) 基礎は, 構造耐力上主要な部分であるが, 主要構造部ではない。

(R2-後 43)

2 「建築基準法」上, 用途地域と関係なく**定められているもの**はどれか。

(1) 建築物の高さ（絶対高さ）の限度

(2) 建築物の敷地面積の最低限度

(3) 延べ面積の敷地面積に対する割合（容積率）の限度

(4) 構造計算によって安全性を確かめなくてもよい建築物の規模の限度

(H21-19)

3 次の記述のうち,「建築基準法」上, **誤っているもの**はどれか。

(1) ふすま, 障子その他随時開放することができるもので仕切られた2室は, 居室の採光及び換気の規定の適用に当たっては, 1室とみなす。

(2) 4階以上の階を共同住宅とする建築物は, 準耐火建築物としなければならない。

(3) 住宅の地階に設ける居室は, 防湿の措置その他の事項について衛生上必要な政令で定める技術的基準に適合するものとしなければならない。

(4) 共同住宅の各戸の界壁は, 小屋裏又は天井裏に達するものとするほか, 遮音性能に関して政令で定める技術的基準に適合するものとしなければならない

(H22-19)

4 「建築基準法」上, 木造建築物で規模に関係なく**内装制限を受けるもの**は, 次のうちどれか。

(1) 飲食店の調理室

(2) 養老院の寝室

(3) 旅館の宿泊室

(4) 保育所の保育室

(基　本)

5 工事現場の危害の防止に関する次の記述のうち，「建築基準法」上，**誤っているもの**はどれか。

(1) 建築のための工事をする部分が工事現場の境界線から3m以内で，かつ，地盤面から高さが5m以上にあるときは，工事現場の周囲に落下物による危害を防止するための措置を講じなければならない。

(2) 鉄筋コンクリート造2階建の建築物の建築工事を行う場合においては，原則として，工事期間中工事現場の周囲にその地盤面からの高さが1.8m以上の板塀等の仮囲いを設けなければならない。

(3) 鉄骨造の建築物の建て方の仮締めは，荷重及び外力に対して安全なものとしなければならない。

(4) 建築工事等において火気を使用する場合は，その場所に不燃材料の囲いを設ける等，防火上必要な措置を講じなければならない。

(基　本)

---

### 正解とワンポイント解説

1 (2) **居室**とは，居住・執務・作業・集会，その他，これらに類する目的のために継続的に使用する室をいう。公衆浴場の浴室は，居室である。

2 (4) 構造計算に係る規定は，用途地域と関係なく定められている。

3 (2) 4階以上の階を共同住宅とする建築物は，耐火建築物等としなければならず，準耐火建築物とすることはできない。

4 (1) 木造建築物において，火気使用室は，規模に関わらず内装制限を受ける。

5 (1) 境界線から5m以内で，高さが3m以上の場合は，周囲に落下物に対する防護を講ずる。

【正解】　1：(2)，2：(4)，3：(2)，4：(1)，5：(1)

法

規

# 6・2　建　設　業　法

[最近出題された問題]

## 6・2・1　建設業の許可

☐☐☐ **1** 建設業の許可に関する記述として,「建設業法」上, **誤**っているものはどれか。

(1) 解体工事業で一般建設業の許可を受けている者は, 発注者から直接請け負う1件の建設工事の下請代金の総額が4,000万円の下請契約をすることができない。

(2) 建築工事業で一般建設業の許可を受けている者は, 発注者から直接請け負う1件の建設工事の下請代金の総額が6,000万円の下請契約をすることができない。

(3) 建設業を営もうとする者は, すべて, 建設業の許可を受けなければならない。

(4) 建設業の許可を受けようとする者は, 営業所の名称及び所在地を記載した許可申請書を国土交通大臣又は都道府県知事に提出しなければならない。

《R3-後 45》

☐☐☐ **2** 建設業の許可に関する記述として,「建設業法」上, **誤**っているものはどれか。

(1) 一の都道府県の区域内にのみ営業所を設けて営業をしようとする場合は, 原則として, 当該営業所の所在地を管轄する都道府県知事の許可を受けなければならない。

(2) 建設業の許可は, 5年ごとに更新を受けなければ, その期間の経過によって, その効力が失われる。

(3) 指定建設業と定められている建設業は, 7業種である。

(4) 一般建設業の許可を受けた業者と特定建設業の許可を受けた業者では, 発注者から直接請け負うことができる工事の請負代金の額が異なる。

《R4-後 45》

☐☐☐ **3** 建設業の許可に関する記述として,「建設業法」上, **誤**っているものはどれか。

(1) 許可を受けた建設業者は, 営業所に置く専任の技術者を欠くこととなった場合, これに代わるべき者について, 書面を提出しなければならない。

(2) 許可を受けた建設業者は, 毎事業年度終了の時における工事経歴書を, 提出しなければならない。

(3) 許可を受けた建設業者は，業種の区分について変更があったときは，その旨の変更届出書を提出しなければならない。
(4) 許可を受けた建設業者は，商号又は名称について変更があったときは，その旨の変更届出書を提出しなければならない。

《R5-前 45》

[解説]

1 (1)，(2)　一般建設業の許可を受けている者は，建設工事の最初の注文者（発注者）から直接請け負った1件の建設工事について，下請代金の額が4,000万円以上（建築一式工事は6,000万円以上）となる下請契約を締結して下請負人に施工させることはできない。

(3)　軽微な建設工事のみを請け負って営業する者は，必ずしも許可を受けなくてよい。軽微な工事とは，建築一式工事以外の建設工事の場合は，その1件の工事の請負代金が500万円に達しない工事。建築一式工事の場合は，1件の工事の請負代金が1,500万円に満たない工事，または延べ面積が150 m$^2$ に満たない木造住宅工事である。よって，(3)は誤っている。

2 (4)　一般建設業と特定建設業の許可の違いは，発注者から直接請け負った工事の請負代金額の違いでなく，そのうち下請工事に出す工事の金額の違いによる（表1参照）。よって，誤っている。

3　建設業許可の変更の届が必要な主な事項は以下のとおりである。

商号又は名称，営業所の名称，所在地，電話番号，営業所の新設，資本金・出資総額，法人役員，個人事業主，支配人，営業所の業種，経営業務の管理責任者，選任技術者，建築業法施行令第3条に規定をする使用人

(3)の業種の区分の変更は，許可区分が異なるため新規申請となる。したがって，(3)は誤っている。

表1　特定建設業と一般建設業の比較

| 項　　目 | 特 定 建 設 業 | 一 般 建 設 業 |
|---|---|---|
| 下 請 契 約 | 4,000万円以上，建築工事業6,000万円以上 | 4,000万円未満，建築工事業6,000万円未満 |
| 財 産 的 基 礎 | 8,000万円以上 | 契約を履行する財産的基礎 |
| 常勤役員(法人)個 人 経 営 者 | 許可を受けようとする建設業に関しては5年以上，それ以外の建設業に関しては7年以上 | |
| 専 任 技 術 者 | ①高校卒業後5年以上，大学・高専卒業後3年以上の実務経験 ②10年以上の実務経験 ③上記の者と同等以上の能力を有する（1級建築施工管理技士など） ④4,500万円以上の工事で2年以上の指導監督的な実務経験 | ①，②は同左 ③上記の者と同等以上の能力を有する（2級建築施工管理技士など） |

【正解】　1：(3)，2：(4)，3：(3)

法

規

## 6・2・2　建設工事の請負契約

**4** 建設工事の請負契約書に記載しなければならない事項として,「建設業法」上, 定められていないものはどれか。

(1) 工事の履行に必要となる建設業の許可の種類及び許可番号

(2) 当事者の一方から設計変更の申出があった場合における工期の変更, 請負代金の額の変更又は損害の負担及びそれらの額の算定方法に関する定め

(3) 天災その他不可抗力による工期の変更又は損害の負担及びその額の算定方法に関する定め

(4) 注文者が工事の全部又は一部の完成を確認するための検査の時期及び方法並びに引渡しの時期

《R5-後46》

**5** 建設工事の請負契約に関する記述として,「建設業法」上, 誤っているものはどれか。

(1) 元請負人は, 自己の取引上の地位を不当に利用して, その注文した建設工事を施工するために通常必要と認められる原価に満たない金額を請負代金の額とする下請契約を締結してはならない。

(2) 建設業者は, 建設工事の注文者から請求があったときは, 請負契約が成立するまでの間に, 建設工事の見積書を提示しなければならない。

(3) 請負契約においては, 注文者が工事の全部又は一部の完成を確認するための検査の時期及び方法並びに引渡しの時期に関する事項を書面に記載しなければならない。

(4) 共同住宅の新築工事を請け負った建設業者は, あらかじめ発注者の書面による承諾を得れば, その工事を一括して他人に請け負わせることができる。

《H28-21》

**6** 元請負人の義務に関する記述として,「建設業法」上, 誤っているものはどれか。

(1) 元請負人は, 下請負人からその請け負った建設工事が完成した旨の通知を受けたときは, 当該通知を受けた日から20日以内で, かつ, できる限り短い期間内に, その完成を確認するための検査を完了しなければならない。

(2) 元請負人は, 工程の細目, 作業方法その他元請負人において定めるべき事項を定めようとするときは, あらかじめ, 発注者の意見をきかなければならない。

(3) 元請負人は, 前払金の支払を受けたときは, 下請負人に対して, 資材の購入, 労働者の募集その他建設工事の着手に必要な費用を前払金として支払うよう適切な配慮をしなければならない。

(4) 発注者から直接建設工事を請け負った特定建設業者は, 当該建設工事の下請負人が,

　　その下議負に係る建設工事の施工に関し，建設業法及び関係法令に違反しないよう下請
　　負人の指導に努めるものとする。

《H24-21》

［解説］

4　工事請負契約書に記載すべき事項は，表2に示すものである。よって，(1)の工事の履行に
　必要となる建設業の許可の種類及び許可番号は，記載すべき事項として定められていない。

表2　建設工事の請負契約の内容（建設業法第19条抜粋）

① 工事内容
② 請負代金の額
③ 工事着手の時期及び工事完成の時期
④ 請負代金の全部又は一部の前金払又は出来形部分に対する支払の定めをするときは，その支
　払の時期及び方法
⑤ 当事者の一方から設計変更又は工事着手の延期若しくは工事の全部若しくは一部の中止の申
　出があった場合における工期の変更，請負代金の額の変更又は損害の負担及びそれらの額の算
　定方法に関する定め
⑥ 天災その他不可抗力による工期の変更又は損害の負担及びその額の算定方法に関する定め
⑦ 価格等の変動若しくは変更に基づく請負代金の額又は工事内容の変更，第三者が損害を受け
　た場合における賠償金の負担に関する定め，その他，注文者が資材，機械を提供するときは，
　その内容及び方法に関する定め
⑧ 注文者が工事の全部又は一部の完成を確認するための検査の時期及び方法並びに引渡しの時
　期
⑨ 工事完成後における請負代金の支払の時期及び方法
⑩ 各当事者の履行の遅滞その他債務の不履行の場合における遅延利息，違約金その他の損害金
⑪ 契約に関する紛争の解決方法

5　(4)　建設業を営む者は，建設業者（元請）から当該建設業者の請け負った建設工事を一括し
　　て請け負ってはならない。一括下請負の禁止の規定は，下請負人にも適用される。また，
　　民間工事については，元請負人があらかじめ発注者から一括下請負に付することについて
　　書面による承諾を得ている場合は，例外とされているが，民間工事についても，多数の者
　　が利用する共同住宅の新築工事については禁止である。よって，誤っている。

6　(1)　元請負人は，下請負人から請け負った建設工事の完成の通知を受けたときは，通知を受
　　けた日から20日以内で，できる限り短い期間内に，その完成の確認のための検査を完了
　　しなければならない。

　(2)　元請負人が，工程の細目，作業方法その他元請負人において定めるべき事項を定めるに
　　あたっては，特に発注者の意見を開く必要はない。よって，誤っている。

　(3)　元請負人が，前払金の支払を受けたときには，下請負人に，資材の購入，労働者の募集
　　などの建設工事の着手に必要な費用を前払金として支払うよう配慮する。

　(4)　発注者から直接建設工事を請け負った特定建設業者は，建設業法及び関係法令に違反し
　　ないよう下請負人の指導に努める。

【正解】　4：(1)，5：(4)，6：(2)

## 6・2・3　技術者の職務

**7** 工事現場における技術者に関する記述として,「建設業法」上, **誤っている**ものはどれか。

(1) 主任技術者は, 工事現場における建設工事を適正に実施するため, 当該建設工事の施工計画の作成, 工程管理, 品質管理の職務を誠実に行わなければならない。

(2) 学校教育法による大学を卒業後, 1 年以上実務の経験を有する者で在学中に国土交通省令で定める学科を修めたものは, 建築一式工事における主任技術者になることができる。

(3) 主任技術者を設置する工事で専任が必要とされるものでも, 密接な関係のある 2 以上の建設工事を同一の建設業者が同一の場所において施工するものについては, これらの工事を同じ主任技術者が管理することができる。

(4) 元請負人の特定建設業者から請け負った建設工事で, 元請負人に監理技術者が置かれている場合であっても, 施工する建設業の許可を受けた下請負人は主任技術者を置かなければならない。

《R5-前 46》

**8** 建設工事現場に置く技術者に関する記述として,「建設業法」上, **誤っている**ものはどれか。

(1) 国又は地方公共団体が発注する建築一式工事以外の建設工事で, 請負代金の額が 3,000 万円の工事現場に置く主任技術者は, 専任の者でなければならない。

(2) 共同住宅の建築一式工事で, 請負代金の額が 8,000 万円の工事現場に置く主任技術者は, 専任の者でなければならない。

(3) 主任技術者は, 工事現場における建設工事を適正に実施するため, 当該建設工事の施工に従事する者の技術上の指導監督の職務を誠実に行わなければならない。

(4) 下請負人として建設工事を請け負った建設業者は, 下請代金の額にかかわらず主任技術者を置かなければならない。

《R4-後 46》

**9** 主任技術者及び監理技術者の職務に関する記述として,「建設業法」上, **定められていない**ものはどれか。

(1) 予算管理

(2) 工程管理

(3) 品質管理

(4) 施工計画の作成

《H17-55》

[解説]

7 (1) 主任技術者は，工事現場における建設工事を適正に実施するため，施工計画の作成，工程管理，品質管理の職務を誠実に行わなければならない。

(2) 主任技術者になるための実務経験の年数は以下による。

高校の指定学科の卒業者：5年以上

高等専門学校の指定学科の卒業者：3年以上

大学の指定学科の卒業者：3年以上

それ以外の学歴の者：10年以上

よって，(2)は誤っている。

(3) 建設業法施行令第27条で，密接な関係のある2以上の建設工事を同一の建設業者が同一の場所または近接した場所において施工するものについては，同一の専任の主任技術者が管理することができるとされている。

8 (1) 公共性のある施設若しくは工作物，又は多数の者が利用する施設若しくは工作物に関する重要な建設工事で，請負代金の額が3,500万円以上（建築一式工事では7,000万円以上）の工事現場に置く主任技術者又は監理技術者は，選任の者でなければならない。請負代金の額が3,000万円の工事現場の主任技術者は，選任でなくてもよい。よって，(1)は誤っている。

(3) 建設業法第26条第1項に，建設業者は，請け負った建設工事を施工するとき，一定の経験，資格等を持つ者で，施工の技術上の管理を行う者として，主任技術者を置かなければならないと定められている。

(4) 下請負人は，発注者から直接請け負っていないので，監理技術者を置く必要はなく，主任技術者を置くことになる。

9 建設業法第26条の3第1項に，工事現場における建設工事を適正に実施するため，主任技術者および監理技術者は，建設工事の施工計画の作成，工程管理，品質管理その他技術上の管理および指導監督等を行わなければならないと定められているが，予算管理は，建設業者にとっては重要な業務であるが，主任技術者および監理技術者の業務ではない。よって，(1)が定められていない。

【正解】 7：(2)，8：(1)，9：(1)

法

規

(メモ)

▶ **必修基本問題** ◀　6・2 建 設 業 法

1　建設業の許可に関する記述として，「建設業法」上，**誤っているもの**はどれか。

(1)　建設業を営もうとする者は，すべて，建設業の許可を受けなければならない。

(2)　建設業の許可は，5年ごとに更新を受けなければ，その期間の経過によって，その効力が失われる。

(3)　建設業の許可は，国土交通大臣又は都道府県知事によって与えられる。

(4)　一の営業所で，建築工事業と電気工事業の許可を受けることができる。

(H24-20)

2　建設業の許可に関する記述として，「建設業法」上，**誤っているもの**はどれか。

(1)　特定建設業の許可とは，2以上の都道府県の区域内に営業所を設けて営業をしようとする建設業者に対して行う国土交通大臣の許可をいう。

(2)　工事1件の請負代金の額が1,500万円に満たない建築一式工事のみを請け負う場合は，建設業の許可を必要としない。

(3)　一の営業所で，建築工事業と管工事業の許可を受けることができる。

(4)　建設業の許可は，建設工事の種類ごとに，29業種に分けて与えられる。

(H28-20)

3　建設工事現場に設置する技術者に関する記述として，「建設業法」上，**誤っているもの**はどれか。

(1)　発注者から直接建築一式工事を請け負った特定建設業者は，6,500万円の下請契約を締結して工事を施工する場合，工事現場に主任技術者を置かなければならない。

(2)　下請負人として建設工事を請け負った建設業者は，下請代金の額にかかわらず主任技術者を置かなければならない。

(3)　請負代金の額が7,000万円の共同住宅の建築一式工事を請け負った建設業者が，工事現場に置く主任技術者は，専任の者でなければならない。

(4)　主任技術者を設置する工事で専任が必要とされるものでも，同一の建設業者が同じ場所で行う密接な関係のある2以上の工事については，これらの工事を同じ主任技術者が管理できる。

(H22-21 ＊法改正により，問題を一部修正)

法
規

4 主任技術者又は監理技術者に関する記述として，「建設業法」上，**誤っているもの**はどれか。

(1) 国，地方公共団体等が発注者である建設工事の現場に専任で置かなければならない監理技術者は，監理技術者資格者証の交付を受けた者で，所定の講習を受講したもののうちから選任しなければならない。

(2) 下請負人として建設工事を請け負った建設業者は，下請代金の額にかかわらず主任技術者を置かなければならない。

(3) 建築一式工事に関し10年以上実務の経験を有する者は，建築一式工事における主任技術者になることができる。

(4) 主任技術者の職務には，施工計画の作成，工程管理，品質管理等の他，下請代金の支払いに関することが定められている。

(H19-21)

### 正解とワンポイント解説

1 (1) 建築一般で1,500万円以下，その他の工事で500万円以下など，一定規模以下の工事のみを実施する建設業を営む場合であれば許可は不要である。

2 (1) 特定建設業の許可は，発注者から直接請け負った1件の工事代金が，4,000万円以上（建築一式工事では6,000万円以上）となる下請契約を締結する場合に必要となる。

3 (1) 6,000万円以上の下請契約を締結して工事を施工する場合，工事現場に監理技術者を置かなければならない。

4 (4) 主任技術者の職務には，下請代金の支払いに関することは定められていない。

【正解】　1：(1)，2：(1)，3：(1)，4：(4)

# 6·3 労働基準法・労働安全衛生法

[最近出題された問題]

## 6·3·1 労 働 基 準 法

□□□ **1** 次の記述のうち，「労働基準法」上，**誤っているもの**はどれか。

(1) 未成年者の親権者又は後見人は，未成年者の賃金を代って受け取ってはならない。

(2) 使用者は，満18才に満たない者について，その年齢を証明する戸籍証明書を事業場に備え付けなければならない。

(3) 使用者は，原則として，満18才に満たない者が解雇の日から14日以内に帰郷する場合においては，必要な旅費を負担しなければならない。

(4) 使用者は，満17才の者を，屋外の建設現場で労働者として使用することはできない。

《H29-前22》

□□□ **2** 使用者が労働契約の締結に際し，「労働基準法」上，原則として，労働者に書面で交付しなければならない労働条件はどれか。

(1) 安全及び衛生に関する事項

(2) 職業訓練に関する事項

(3) 休職に関する事項

(4) 退職に関する事項

《R4-前47》

□□□ **3** 次の記述のうち，「労働基準法」上，**誤っているもの**はどれか。

(1) 使用者は，原則として，労働者に対して，毎週少くとも1回の休日を与えなければならない。

(2) 使用者は，原則として，労働者に対して，労働時間が6時間を超える場合，休憩時間を労働時間の途中に与えなければならない。

(3) 使用者は，原則として，労働者に対して，休憩時間を除き，1週間について44時間，1日について8時間を超えて労働させてはならない。

(4) 使用者は，原則として，労働者に対して，労働者の請求する時季に有給休暇を与えなければならない。

《H24-22》

［解説］

1 (1)　労働基準法第 59 条により，未成年者は，独立して賃金を請求することができる。親権者又は後見人は，未成年者の賃金を代って受け取ってはならないとされている。

(2)　労働基準法第 57 条により，使用者は，満 18 才に満たない者について，その年齢を証明する戸籍証明書を事業場に備え付けなければならないとされている。

(3)　労働基準法第 64 条により，使用者は，原期として，満 18 才に満たない者が解雇の日から 14 日以内に帰郷する場合においては，必要な旅費を負担しなければならないとされている。

(4)　年少者（18 才未満）には，労働時間の制限や就業制限業務があるが，屋外の建設現場での労働について制限はない。よって，誤っている。

2 労働契約の締結に際し，書面により明示が義務づけられている事項は，以下のものがある。

1.　労働契約の期間に関する事項

2.　期間の定めのある労働契約を更新する場合の基準に関する事項（期間の定めのある労働契約であって当該労働契約の期間の満了後に当該労働契約を更新する場合があるものの締結の場合に限る。）

3.　就業の場所及び従事すべき業務に関する事項

4.　始業及び終業の時刻，所定労働時間を超える労働の有無，休憩時間，休日，休暇並びに労働者を 2 組以上に分けて就業させる場合における就業時転換に関する事項

5.　賃金（退職手当と臨時に支払われる賃金を除く。）の決定，計算及び支払の方法，賃金の締切り及び支払の時期に関する事項

6.　退職に関する事項（解雇の事由を含む。）

(4)の，退職に関する事項が該当する。

3 (1)　労働基準法第 35 条に，使用者は，原則として，労働者に対して，毎週少なくとも 1 回の休日を与えなければならないと定められている。

(2)　労働基準法第 34 条に，使用者は，原則として，労働時間が 6 時間を超える場合は，少なくとも 45 分，8 時間を超える場合は，少なくとも 1 時間の休憩時間を，労働時間の途中に与えなければならないと定められている。

(3)　労働基準法第 32 条に，原則として，労働者に 1 週 40 時間，1 日 8 時間を超えて労働させてはならないと定められている。よって，誤っている。

(4)　労働基準法第 39 条に，使用者は，原則として，労働者の請求する時季に年次有給休暇を与えなければならないと定められている。

【正解】　1：(4)，2：(4)，3：(3)

法規

**4** 労働契約に関する記述として，「労働基準法」上，誤っているものはどれか。

(1) 使用者は，労働することを条件とする前貸の債権と賃金を相殺することができる。

(2) 労働者は，使用者より明示された労働条件が事実と相違する場合においては，即時に労働契約を解除することができる。

(3) 使用者は，労働者が業務上の傷病の療養のために休業する期間及びその後30日間は，原則として解雇してはならない。

(4) 労働条件は，労働者と使用者が，対等の立場において決定すべきものである。

《R3-後47》

**5** 労働契約に関する記述として，「労働基準法」上，誤っているものはどれか。

(1) 使用者は，労働契約の不履行について，違約金とその支払の方法を定めて契約しなければならない。

(2) 使用者は，労働契約に附随して貯蓄の契約をさせてはならない。

(3) 使用者は，労働することを条件とする前貸の債権と賃金を相殺してはならない。

(4) 使用者は，労働契約の締結に際し，労働者に対して就業の場所及び従事すべき業務に関する事項を明示しなければならない。

《R5-後47》

**6** 次の業務のうち，「労働基準法」上，満17才の者を就かせてはならない業務はどれか。

(1) 20kgの重量物を断続的に取り扱う業務

(2) 電気ホイストの運転の業務

(3) 最大積載荷重1tの荷物用エレベーターの運転の業務

(4) 動力により駆動される土木建築用機械の運転の業務

《R5-前47》

**7** 次の記述のうち，「労働基準法」上，誤っているものはどれか。

(1) 使用者は，妊娠中の女性を，地上又は床上における補助作業の業務を除く足場の組立ての作業に就かせてはならない。

(2) 使用者は，満18歳に満たない者について，その年齢を証明する戸籍証明書を事業場に備え付けなければならない。

(3) 未成年者は，独立して賃金を請求することができる。

(4) 親権者又は後見人は，未成年者に代って労働契約を締結することができる。

《R4-後47》

[解説]

4 (1) 労働基準法第17条で「使用者は，前借金その他労働することを条件とする前貸の債権と賃金を相殺してはならない。」と規定されている。よって，誤っている。

(2) 労働基準法第15条第2項に，使用者より明示された労働条件が事実と相違する場合においては，労働者は，即時に労働契約を解除することができると定められている。

(3) 労働基準法第19条で「労働者が業務上負傷し，又は疾病にかかり療養のために休業する期間及びその後30日間並びに産前産後の女性が第65条の規定によって休業する期間及びその後30日間は，解雇してはならない」と規定されている。

(4) 労働基準法第2条第1項に，「労働条件は，労働者と使用者が，対等の立場において決定すべきものである。」と規定されている。

5 (1) 労働基準法第16条で「使用者は，労働契約の不履行について<u>違約金を定め，又は損害賠償額を予定する契約をしてはならない</u>。」と規定されている。よって，誤っている。

6 満18歳に満たない者に就業させることができない業務には，表1のものがある。

表1 年少者の就業制限業務

| 就 業 禁 止 の 業 務 | |
|---|---|
| 1．起重機の運転の業務 | 10．土砂崩壊のおそれのある場所，または深さ5m以上の地穴における業務 |
| 2．積載能力2t以上の人荷共用または荷物用のエレベーターおよび高さ15m以上のコンクリート用エレベーターの運転の業務 | 11．高さ5m以上で墜落のおそれのある場所の業務 |
| 3．動力による軌条運輸機関，乗合自動車，積載能力2t以上の貨物自動車の運転業務 | 12．足場の組立て，解体，変更の業務（地上または床上の補助作業は除く） |
| 4．巻上げ機，運搬機，索道の運転業務 | 13．火薬，爆薬，火工品を取り扱う業務 |
| 5．起重機の玉掛けの業務（補助業務は除く） | 14．土石などのじんあいまたは粉末が著しく飛散する場所での業務 |
| 6．動力による土木建築用機械の運転業務 | |
| 7．直径25cm以上の丸のこ盤，直径75cm以上の帯のこ盤に木材を送給する業務 | 15．異常気圧下における業務 |
| 8．手押しかんな盤または単軸面取り盤の取扱い業務 | 16．さく岩機，びょう打ち機などの使用によって身体に著しい振動を受ける業務 |
| | 17．強烈な騒音を発する場所の業務 |
| 9．直径35cm以上の立木の伐採の業務 | 18．軌道車両の入換え，連結，解放の業務 |

表1より，(4)の動力により駆動される土木建築用機械の運転業務は，満18歳に満たない者を就かせてはならない業務である。

7 (4) 労働基準法第58条により，親権者や後見人が未成年者に代って労働契約を締結することは，未成年者本人の同意を得ていてもできない。よって，誤っている。

【正解】 4：(1)，5：(1)，6：(4)，7：(4)

法規

## 6・3・2　労働安全衛生法

**8**　建設現場における次の業務のうち,「労働安全衛生法」上, 都道府県労働局長の登録を受けた者が行う技能講習を修了した者でなければ**就かせてはならない業務**はどれか。

ただし, 道路上を走行させる運転を除くものとする。

(1)　最大荷重が 1 t の建設用リフトの運転の業務

(2)　つり上げ荷重が 1 t 未満の移動式クレーンの玉掛けの業務

(3)　作業床の高さが 10 m の高所作業車の運転の業務

(4)　ゴンドラの操作の業務

《H27-23》

**9**　建設業において,「労働安全衛生法」上, 事業者が安全衛生教育を行わなくてもよい者はどれか。

(1)　新たに選任した作業主任者

(2)　新たに雇い入れた短時間 (パートタイム) 労働者

(3)　作業内容を変更した労働者

(4)　新たに職務につくこととなった職長

《R4-前48》

**10**　労働者の就業に当たっての措置に関する記述として,「労働安全衛生法」上, **誤っているもの**はどれか。

(1)　事業者は, 通常の労働者の 1 週間の所定労働時間に比して短い労働者 (パートタイム労働者) を雇い入れたときは, 原則として, その従事する業務に関する安全又は衛生のための教育を行わなければならない。

(2)　就業制限に係る業務に就くことができる者が当該業務に従事するときは, これに係る免許証その他その資格を証する書面の写しを携帯していなければならない。

(3)　事業者は, 省令で定める危険又は有害な業務に労働者を就かせるときは, 原則として, 当該業務に関する安全又は衛生のための特別の教育を行わなければならない。

(4)　事業者は, つり上げ荷重が 1t 以上の移動式クレーンの玉掛けの業務については, 一定の資格を有する者以外の者を就かせてはならない。

《H30-前48》

(メモ)

［解説］

8 (1) 最大荷重が1tの建設用リフトの運転の業務は，特別教育で可能である。

　(2) 移動式クレーンは1t以上5t未満のものが技能講習の対象である。

　(3) 作業床の高さが10m以上の高所作業車の運転の業務が技能講習を修了した者の対象である。

　(4) ゴンドラの操作の業務は特別教育で可能である。

　　事業者が安全又は衛生のための特別の教育を行ったり，資格や免許を持っていない者を就業させてはならない主な業務には，表2のものがある。

表2　就業制限に係る業務一覧表

| 業　　務 | 資格・免許 |
|---|---|
| 発破時におけるせん孔，装てん，結線，点火不発の装薬，残薬の点検，処理の業務 | 発破士取扱保安責任者 |
| 制限荷重が5t以上のクレーンの運転業務 | 揚貨装置運転士 |
| ボイラ（小型ボイラを除く）の取扱い業務 | ボイラ技士 |
| 吊り上げ荷重が5t以上のクレーンの運転業務 | クレーン運転士 |
| 吊り上げ荷重が5t以上の移動式クレーンの運転業務 | 移動式クレーン運転士 |
| 吊り上げ荷重が1t以上5t未満の移動式クレーンの運転業務 | 小型移動式クレーン運転士技能講習修了者 |
| 吊り上げ荷重が1t以上のデリックの運転業務 | デリック運転士 |
| 潜水器を用い，かつ空気圧縮機等による送気を受けて水中において行う業務 | 潜水士 |
| 金属の溶接・溶断・加熱の業務 | 技能講習修了者 |
| 最大荷重が1t以上のフォークリフトの運転業務* | 技能講習修了者 |
| 最大荷重が1t以上のショベルローダまたはフォークローダの運転業務* | 技能講習修了者 |
| 機体重量が3t以上の整地，積込み，掘削用機械の運転業務* | 技能講習修了者 |
| 吊り上げ荷重が1t以上のクレーン，移動式クレーン，デリックの玉掛け業務* | 技能講習修了者 |

　＊この運転業務は，作業場内に限られ，道路上を走行させる場合には，道路交通法によるので注意すること。

9 (1) 新たに作業主任者を選任したときに，<u>安全または衛生のための教育を行うという規定はない</u>。

　(2)～(4) 労働安全衛生法第59条第1項に，事業者は，労働者を雇い入れたときは，安全または衛生のための教育を行わなければならないと定められている。また，第2項に，労働者の作業内容を変更したときは，労働者に対して，安全または衛生のための教育を行わなければならないと定められている。

10 (2) 就業制限に係る業務（免許所有者でなければつくことができない業務等）においては，これに係る免許証その他その資格を証する書面を携帯していなければならない。写し（コピー）は不可であるので，誤っている。

【正解】　8：(3)，9：(1)，10：(2)

法

規

□□□ **11** 建設業における安全衛生管理体制に関する記述として，「労働安全衛生法」上，**誤っているもの**はどれか。

(1) 元方安全衛生管理者は，統括安全衛生責任者の指揮を受けて，統括安全衛生責任者の職務のうち技術的事項を管理しなければならない。

(2) 元方安全衛生管理者は，その工事現場に専属の者でなければならない。

(3) 統括安全衛生責任者は，工事現場においてその工事の実施を統括管理する者でなければならない。

(4) 統括安全衛生責任者は，安全衛生責任者を選任し，その者に工事の工程計画を作成させなければならない。

《H20-23》

□□□ **12** 「労働安全衛生法」上，事業者が，所轄労働基準監督署長へ所定の様式で報告書を提出しなければならないものはどれか。

(1) 産業医を選任したとき

(2) 労働衛生指導医を選任したとき

(3) 安全衛生推進者を選任したとき

(4) 安全衛生責任者を選任したとき

《R5-前48》

□□□ **13** 事業者が，新たに職務に就くことになった職長に対して行う安全衛生教育に関する事項として，「労働安全衛生法」上，**定められていないもの**はどれか。

　　ただし，作業主任者を除くものとする。

(1) 労働者の配置に関すること

(2) 作業方法の決定に関すること

(3) 労働者に対する指導又は監督の方法に関すること

(4) 作業環境測定の実施に関すること

《R5-後48》

□□□ **14** 建設工事の現場において，元方安全衛生管理者を選任しなければならない就労する労働者の最少人員として，「労働安全衛生法」上，**正しいもの**はどれか。

　　ただし，ずい道等の建設の仕事，橋梁の建設の仕事又は圧気工法による作業を行う仕事を除くものとする。

(1) 　20人

(2) 　30人

(3) 　50人

(4) 100人

《R4-後48》

［解説］

11 (1)　労働安全衛生法第 15 条の 2 により，元方安全衛生管理者は，統括安全衛生責任者を選任しなければならない事業場で選任され，その職務は，統括安全衛生責任者の指揮を受け，統括安全衛生責任者の統括管理すべき事項のうちの技術的事項を管理する。

(2)　労働安全衛生規則第 18 条の 3 に，「元方安全衛生管理者の選任は，その事業場に専属の者を選任して行わなければならない。」と定められている。

(3)　労働安全衛生法第 15 条第 2 項に，「統括安全衛生責任者は，当該場所においてその事業の実施を統括管理する者をもって充てなければならない。」と定められている。

(4)　労働安全衛生法第 16 条第 1 項に，統括安全衛生責任者を選任すべき事業者以外の請負人で当該仕事を自ら行うもの（下請負人）は，安全衛生責任者を選任し，その者に統括安全衛生責任者との連絡その他の厚生労働省で定める事項を行わせなければならないと定められているが，工程計画は，特定元方事業者等が講ずべき措置である。よって，誤っている。

12　事業者は，常時 50 人以上の労働者を使用する事業場ごとに，厚生労働省令で定める資格を有する者のうちから，厚生労働省令で定めるところにより，安全管理者を選任しなければならない。

総括安全衛生管理者，安全管理者，衛生管理者及び産業医の選任は，その選任すべき事由が発生した日から 14 日以内に選任し，遅滞なく所轄の労働基準監督署へ報告する必要がある。よって，(1)の産業医を選任したときは報告書を提出しなければならない。

13　労働者の健康と安全を確保する上で重要な立場にある職長に対して，事業者は安全衛生教育（職長教育）を行うよう規定されているが，作業環境測定の実施に関する教育は定められていない。よって，(4)が定められていないものである。

14　元請・下請合わせて常時 50 人以上（ずい道や一定の橋梁の建設工事，圧気工法による工事では 30 人以上）の労働者が混在する事業所では，元請（特定元方事業者）が統括安全衛生責任者と元方安全衛生管理者を選任し，下請が安全衛生責任者を選任する。よって，(3)が正しい。

【正解】　11 : (4)，12 : (1)，13 : (4)，14 : (3)

法規

**1** 「労働基準法」に規定する「使用者」の義務に関する記述として，**誤っているもの**はどれか。

(1) 常時使用する労働者が 10 人に満たない事業所については，賃金台帳を作成する必要はない。

(2) 常時使用する労働者が 10 人に満たない事業所については，就業規則を届け出る必要はない。

(3) 労働者名簿を各事業所ごとに作成しなければならない。

(4) 災害補償に関する書類は，3 年間保存しなければならない。

(H20-22)

**2** 建設現場における次の業務のうち，「労働安全衛生法」上，当該業務に関する安全又は衛生のための特別教育のみを受けた者が**従事できる業務**はどれか。

ただし，道路上を走行させる運転を除くものとする。

(1) つり上げ荷重が 3 t のタワークレーンの運転の業務

(2) つり上げ荷重が 3 t の移動式クレーンの玉掛けの業務

(3) 機体重量が 3 t のブルドーザーの運転の業務

(4) 最大荷重が 3 t のフォークリフトの運転の業務

(H26-23)

**3** 安全衛生教育に関する記述として，「労働安全衛生法」上，**定められていないもの**はどれか。

(1) 事業者は，労働者を雇い入れたときは，当該労働者に対し，その従事する業務に関する安全又は衛生のための教育を行わなければならない。

(2) 事業者は，労働者の作業内容を変更したときは，当該労働者に対し，新たに従事する業務に関する安全又は衛生のための教育を行わなければならない。

(3) 事業者は，省令で定める危険又は有害な業務に労働者をつかせるときは，当該業務に関する安全又は衛生のための特別の教育を行わなければならない。

(4) 事業者は，作業主任者を選任したときは，当該作業主任者に対し，その従事する業務に関する安全又は衛生のための教育を行わなければならない。

(H21-23)

$\boxed{4}$　「労働安全衛生法」上，事業者が，所轄労働基準監督署長へ報告書を**提出する必要がないも**のはどれか。

(1)　総括安全衛生管理者を選任したとき。

(2)　安全管理者を選任したとき。

(3)　衛生管理者を選任したとき。

(4)　安全衛生推進者を選任したとき。

(H21-24)

$\boxed{5}$　「労働安全衛生法」上，事業者が，所轄労働基準監督署長へ報告書を**提出する必要がないも**のはどれか。

(1)　事業場で爆発の事故が発生し，労働者が負傷したが，休業しなかったとき。

(2)　事業場で建設物の倒壊の事故が発生し，労働者が負傷したが，休業しなかったとき。

(3)　事業場で感電の事故が発生し，労働者が負傷したが，休業しなかったとき。

(4)　事業場で火災の事故が発生し，労働者が負傷したが，休業しなかったとき。

(H19-24)

### 正解とワンポイント解説

$\boxed{1}$　(1)　賃金台帳は，労働人数に関係なく，事業所ごとに作成しなければならない。

$\boxed{2}$　(1)　つり上げ荷重が5t未満のタワークレーンの運転業務は，特別教育で可能である。

$\boxed{3}$　(4)　労働安全衛生教育として，雇い入れ時，作業内容変更時の教育，危険または有害な業務に労働者をつかせるときの特別教育，職長教育が定められているが，作業主任者に対する安全または衛生のための教育は定められていない。

$\boxed{4}$　(4)　総括安全衛生管理者，安全管理者，衛生管理者および産業医の選任は，その選任すべき事由が発生した日から14日以内に選任し，遅滞なく所轄の労働基準監督署へ報告する必要がある。安全衛生推進者は，労働基準監督署へ報告する必要がない。

$\boxed{5}$　(3)　労働者の休業を伴わない事故についての報告は，①火災・爆発，②建設物・クレーンの倒壊，③クレーンのワイヤロープの切断等であり，感電の事故は含まれない。

【正解】　$\boxed{1}$：(1)，$\boxed{2}$：(1)，$\boxed{3}$：(4)，$\boxed{4}$：(4)，$\boxed{5}$：(3)

## 6・4 環境保全関係法・その他の法律

[最近出題された問題]

### 6・4・1　廃棄物の処理及び清掃に関する法律

□□□ **1** 産業廃棄物の運搬又は処分の委託契約書に記載しなければならない事項として，「廃棄物の処理及び清掃に関する法律」上，定められていないものはどれか。
　ただし，特別管理産業廃棄物を除くものとする。
(1) 運搬を委託するときは，運搬の方法
(2) 運搬を委託するときは，運搬の最終目的地の所在地
(3) 処分を委託するときは，種類及び数量
(4) 処分を委託するときは，処分の方法

《R4-前49》

□□□ **2** 工作物の建設工事に伴う次の副産物のうち，「廃棄物の処理及び清掃に関する法律」上，産業廃棄物に該当しないものはどれか。
(1) 除去に伴って生じたコンクリートの破片
(2) 新築に伴って生じたゴムくず
(3) 除去に伴って生じた陶磁器くず
(4) 地下掘削に伴って生じた土砂

《R5-後49》

□□□ **3** 次の記述のうち，「廃棄物の処理及び清掃に関する法律」上，誤っているものはどれか。
(1) 工作物の新築に伴って生じた紙くずは，一般廃棄物である。
(2) 建設工事の現場事務所から排出された新聞，雑誌等は，一般廃棄物である。
(3) 工作物の除去に伴って生じたコンクリートの破片は，産業廃棄物である。
(4) 工作物の新築に伴って生じたゴムくずは，産業廃棄物である。

《R3-後49》

□□□ **4** 次の記述のうち，「廃棄物の処理及び清掃に関する法律」上，誤っているものはどれか。
　ただし，特別管理産業廃棄物を除くものとする。

(1)　事業者は，工事に伴って生じた産業廃棄物を自ら処理することはできない。

(2)　事業者は，工事に伴って生じた産業廃棄物が運搬されるまでの間，産業廃棄物保管基準に従い，生活環境の保全上支障のないようにこれを保管しなければならない。

(3)　事業者は，工事に伴って生じた産業廃棄物の運搬を他人に委託する場合には，委託する産業廃棄物の種類及び数量に関する条項が含まれた委託契約書としなければならない。

(4)　事業者は，工事に伴って生じた産業廃棄物の処分を他人に委託する場合には，その産業廃棄物の処分が事業の範囲に含まれている産業廃棄物処分業者に委託しなければならない。

《H29-後 24》

［解説］

1 (1)　産業廃棄物の運搬委託契約書の記載事項には，運搬の最終目的地や，積替保管をする場合の積替えまたは保管の場所等が定められているが，運搬の方法は定められていない。よって，(1)が定められていない。

2 (4)　廃棄物の処理及び清掃に関する法律第2条に，事業活動に伴って生じた廃棄物のうち，燃え殻，汚泥，廃油，廃酸，廃アルカリ，廃プラスチック類その他政令で定める廃棄物は，産業廃棄物と定義されているが，建設発生土は，産業廃棄物に該当しない。よって，誤っている。

3 (1)　廃棄物の処理及び清掃に関する法律第2条第2項に，一般廃棄物とは，産業廃棄物以外の廃棄物をいうと定義されている。また，同法施行令第2条では，建設業における工作物の新築，改築又は除去に伴って生じた紙くず，木くず，繊維くずは産業廃棄物と規定されている。よって，(1)は誤っている。

(2)　建設工事の現場事務所や作業員詰所等から排出された図面，書類，新聞，雑誌等は，**一般廃棄物**である。

(3)，(4)　その他，主な産業廃棄物には，ゴムくず，金属くず，ガラスくず，工作物の新築，改築又は除去に伴って生じたコンクリートの破片その他これに類する不要物などが規定されている。

4 (1)　廃棄物の処理及び清掃に関する法律第11条に，事業者は，その産業廃棄物を自ら処理しなければならないと定められている。ただし，自ら処理することができない場合は，都道府県知事の許可を持った産業廃棄物処理業者に委託して処理する方法がある。よって，誤っている。

【正解】　1：(1)，2：(4)，3：(1)，4：(1)

## 6・4・2　建設リサイクル法

□□□ **5** 解体工事に係る次の資材のうち，「建設工事に係る資材の再資源化等に関する法律（建設リサイクル法）」上，特定建設資材に**該当しないもの**はどれか。
(1) 木造住宅の解体工事に伴なって生じた木材
(2) 公民館の解体工事に伴なって生じたせっこうボード
(3) 事務所ビルの解体工事に伴なって生じたコンクリート塊及び鉄くず
(4) 倉庫の解体工事に伴なって生じたコンクリートブロック

《R4-後 49》

□□□ **6** 建設工事に伴う次の副産物のうち，「建設工事に係る資材の再資源化等に関する法律（建設リサイクル法）」上，**特定建設資材廃棄物に該当するもの**はどれか。
(1) 場所打ちコンクリート杭工事の杭頭処理に伴って生じたコンクリート塊
(2) 左官工事に伴って生じたモルタル屑
(3) 鋼製建具の取替えに伴って撤去した金属
(4) 内装改修工事に伴って撤去したタイルカーペット

《R5-前 49》

□□□ **7** 建設工事に係る次の資材のうち，「建設工事に係る資材の再資源化等に関する法律（建設リサイクル法）」上，特定建設資材に**該当しないもの**はどれか。
(1) 木造住宅の新築工事に伴って生じた木材の端材
(2) 住宅の屋根の葺替え工事に伴って生じた粘土瓦
(3) 事務所ビルの解体工事に伴って生じたコンクリート塊及び鉄くず
(4) 駐車場の解体撤去工事に伴って生じたアスファルト・コンクリート塊

《H29-前 24》

□□□ **8** 建設工事に使用する資材のうち，「建設工事に係る資材の再資源化等に関する法律（建設リサイクル法）」上，特定建設資材に**該当するもの**はどれか。
(1) 内装工事に使用するパーティクルボード
(2) 外壁工事に使用するモルタル
(3) 防水工事に使用するアスファルトルーフィング
(4) 屋根工事に使用するセメント瓦

《H30-後 49》

---

**9** 建設工事に伴う次の副産物のうち，「建設工事に係る資材の再資源化等に関する法律（建設リサイクル法）」上，**特定建設資材廃棄物に該当するもの**はどれか。

(1) 場所打ちコンクリート杭工事の杭頭処理に伴って生じたコンクリート塊

(2) 住宅の屋根の葺替え工事に伴って生じた粘土瓦

(3) 基礎工事の掘削に伴って生じた土砂

(4) 鋼製建具の取替えに伴って生じた金属くず

《R3-前 49》

**［解説］**

5　建設工事に係る資材の再資源化等に関する法律において，特定建設資材として，定められているものは，

① コンクリート

② コンクリートおよび鉄から成る建設資材

③ 木材

④ アスファルト・コンクリート

である。よって，⑵の，公民館の解体工事に伴って生じたせっこうボードが該当しないものである。

6　5のとおり，⑴の場所打ちコンクリート杭工事の杭頭処理に伴って生じたコンクリート塊が該当する。

7　5のとおり，⑵の粘土瓦が特定建設資材として定められていない。

8　⑴の内装工事に使用するパーティクルボードは，木材に該当する。よって，特定建設資材に該当する。

9　⑴場所打ちコンクリート杭工事の杭頭処理に伴って生じたコンクリート塊が該当する。

【正解】　5：⑵，6：⑴，7：⑵，8：⑴，9：⑴

**特定建設資材分別廃棄の対象建設工事の規模**

表1　対象建設工事の規模

| 工事の種類 | 規模の基準 | |
|---|---|---|
| 建築物の解体 | 床面積の合計 | $80 \, \mathrm{m}^2$ 以上 |
| 建築物の新築・増築 | 床面積の合計 | $500 \, \mathrm{m}^2$ 以上 |
| 建築物の修繕・模様替え（リフォーム等） | 請負金額 | 1億円以上 |
| その他の工作物に関する工事（土木工事等） | 請負金額 | 500万円以上 |

法
規

## 6・4・3　その他の法律

**10** 次の建設作業のうち,「騒音規制法」上,特定建設作業に該当しないものはどれか。

ただし,作業は開始したその日に終わらないものとする。

(1)　モルタルを製造するために行う作業を除く,混練機の混練容量が 0.45 m³ のコンクリートプラントを設けて行う作業

(2)　さく岩機を使用し作業地点が連続して移動する作業で,1日における作業に係る2地点間の最大距離が 60 m の作業

(3)　環境大臣が指定するものを除く,原動機の定格出力が 40 kW のブルドーザーを使用する作業

(4)　環境大臣が指定するものを除く,原動機の定格出力が 70 kW のトラクターショベルを使用する作業

《R5-前50》

**11** 「振動規制法」上,指定地域内における特定建設作業に関する記述として,**誤っているもの**はどれか。

(1)　特定建設作業に伴って発生する振動は,原則として,日曜日その他の休日には発生させてはならない。

(2)　圧入式くい打機を使用する作業は,特定建設作業である。

(3)　特定建設作業の実施の届出は,原則として,当該特定建設作業の開始の日の7日前までに,届け出なければならない。

(4)　特定建設作業の実施の届出には,当該特定建設作業の場所の付近の見取図を添付しなければならない。

《H22-25》

**12** 次の記述のうち,「道路法」上,道路の占用の許可を受ける**必要のないもの**はどれか。

(1)　歩道の上部に防護構台を組んで,構台上に現場事務所を設置する。

(2)　道路の上部にはみ出して,防護棚(養生朝顔)を設置する。

(3)　コンクリート打込み作業のために,ポンプ車を道路上に駐車させる。

(4)　道路の一部を掘削して,下水道本管へ下水道管の接続を行う。

《R4-後50》

［解説］

騒音規制法・振動規制法に係る特定建設作業を下表に示す。

**表2　騒音に係る特定建設作業**

| 番号 | 作業の種類 |
|---|---|
| 1 | くい打機（もんけんを除く。），くい抜機又はくい打くい抜機（圧入式くいうち抜機を除く。）を使用する作業 |
| 2 | 鋲打機を使用する作業 |
| 3 | 削岩機を使用する作業（作業地点が連続的に移動する作業にあっては，1日における当該作業に係る2地点間の最大距離が50メートルを超えない作業に限る。） |
| 4 | 空気圧縮機（電動機以外の原動機を用いるものであって，その原動機の定格出力が15キロワット以上のものに限る。）を使用する作業（削岩機の動力として使用する作業を除く。） |
| 5 | コンクリートプラント（混練機の混練容量が0.45立方メートル以上のものに限る。）又はアスファルトプラント（混練機の混練容量が200キログラム以上のものに限る。）を設けて行う作業（モルタルを製造するためにコンクリートプラントを設けて行う作業を除く。） |
| 6 | バックホー（一定の限度を超える大きさの騒音を発生しないものとして環境大臣が指定するものを除き，原動機の定格出力が80キロワット以上のものに限る。）を使用する作業 |
| 7 | トラクターショベル（一定の限度を超える大きさの騒音を発生しないものとして環境大臣が指定するものを除き，原動機の定格出力が70キロワット以上のものに限る。）を使用する作業 |
| 8 | ブルドーザー（一定の限度を超える大きさの騒音を発生しないものとして環境大臣が指定するものを除き，原動機の定格出力が40キロワット以上のものに限る。）を使用する作業 |

**表3　振動に係る特定建設作業**

| 番号 | 作業の種類 |
|---|---|
| 1 | くい打機（もんけん及び圧入式くい打機を除く。），くい抜機（油圧式くい打くい抜機を除く。）又はくい打くい抜機（圧入式くい打くい抜機を除く。）を使用する作業 |
| 2 | 鋼球を使用して建築物その他の工作物を破壊する作業 |
| 3 | 舗装版破砕機を使用する作業（作業地点が連続的に移動する作業にあっては，1日における当該作業に係る2地点間の最大距離が50メートルを超えない作業に限る。） |
| 4 | ブレーカー（手持式のものを除く。）を使用する作業（作業地点が連続的に移動する作業にあっては，1日における当該作業に係る2地点間の最大距離が50メートルを超えない作業に限る。） |

10　(2)　表2より，(2)が特定建設作業に該当しない。

11　(2)　**特定建設作業**に該当するものは，くい打機（もんけんおよび圧入式くい打機を除く。），くい抜機（油圧式くい抜機を除く。）またはくい打くい抜機（圧入式くい打くい抜機を除く。）を使用する作業等であり，圧入式くい打機は，含まれない。よって，誤っている。

(3)　指定地域内において特定建設作業を伴う建設工事を施工しようとする者は，当該特定建設作業の開始の日の7日前までに，環境省令で定めるところにより，市町村長に届け出なければならない。

(4)　特定建設作業の実施の届出には，当該特定建設作業の場所の付近の見取図その他環境省令で定める書類を添付しなければならない。

12　道路占用許可は，継続して道路を使用する場合に必要となり，上空にあっても必要となる。(3)のコンクリート打込み作業のために，ポンプ車を道路上に駐車させる場合は，道路占用許可でなく，道路使用許可を受ける。

【正解】　10：(2)，11：(2)，12：(3)

法
規

□□□ **13**　消防用設備等の種類と機械器具又は設備の組合せとして，「消防法」上，誤っているものはどれか。

(1)　警報設備————————漏電火災警報器

(2)　消火設備————————連結送水管

(3)　消火活動上必要な施設——排煙設備

(4)　避難設備————————救助袋

《R5-後50》

□□□ **14**　次の資格者のうち，「消防法」上，**定められていないもの**はどれか。

(1)　消防設備点検資格者

(2)　建築設備等検査員

(3)　消防設備士

(4)　防火対象物点検資格者

《R1-後50》

□□□ **15**　次の資格者のうち，「消防法」上，**定められていないもの**はどれか。

(1)　消防設備士

(2)　特定高圧ガス取扱主任者

(3)　防火管理者

(4)　危険物取扱者

《R4-前50》

□□□ **16**　自動車（自動二輪車を除く）を用いて建設用機材の運搬を行う場合，「道路交通法」上，出発地警察署長の制限外許可または公安委員会の**許可を必要としないもの**は，次のうちどれか。

(1)　トレーラー等を牽引する場合，牽引車の前端から被牽引車の後端までの長さが25 mを超える場合

(2)　分割できない積載物の幅が，自動車の幅を超えるものを積載する場合

(3)　分割できない積載物の重量が，自動車の最大積載重量を超えるものを積載する場合

(4)　分割できない積載物の長さが，自動車の長さにその長さの$\frac{1}{20}$を加えた長さのものを積載する場合

《H15-58》

[解説]

13　消防用設備等の種類を表4に示す。

(2)　消火設備は直接火を消す消火器やスプリンクラーなどである。連結送水管は，消火活動

上必要な施設である。よって，(2)は誤っている。

表4　消防用設備等の種類

| 種　　別 | 種　　　　類 |
|---|---|
| 消 火 設 備 | ①　消火器および簡易消火用具<br>②　屋内消火栓設備<br>③　スプリンクラー設備<br>④　水噴霧消火設備<br>⑤　泡消火設備<br>⑥　不活性ガス消火設備<br>⑦　ハロゲン化物消火設備<br>⑧　粉末消火設備<br>⑨　屋外消火栓設備<br>⑩　動力消防ポンプ設備 |
| 警 報 設 備 | ①　自動火災報知設備<br>②　漏電火災警報器<br>③　消防機関へ通報する火災報知設備<br>④　次に掲げる非常警報設備，その他の警報器具<br>　(ｱ)非常ベル　(ｲ)自動式サイレン　(ｳ)放送設備 |
| 避 難 設 備 | ①　すべり台・避難はしご・救助袋・緩降機・避難橋・その他の避難器具<br>②　誘導灯および誘導標識 |
| 消 防 用 水 | ①　防火水槽<br>②　貯水池，その他の用水 |
| 消火活動上<br>必要な施設 | ①　排煙設備<br>②　連結散水設備<br>③　連結送水管<br>④　非常コンセント設備<br>⑤　無線通信補助設備 |

14　(2)　建築設備等検査員は，建築基準法に定められている**建築設備**（換気設備・排煙設備・非常用照明・給水設備・排水設備）の安全確保のための定期的な検査を行う者である。消防法とは関係しない。

15　(2)　特定高圧ガス取扱主任者は，高圧ガス保安法に基づき，特定高圧ガスの保安に関する業務を管理する者である。

16　(1)　道路交通法第57条第2項に，自動車の運転者は，牽引する自動車の前端から牽引される車輛の後端までの長さが25mを超える場合，牽引してはならないと定められている。ただし，公安委員会が道路を指定し，または時間を限って牽引の許可をしたときは，可能となる。

(2),(3)　道路交通法第57条第3項に，分割できない積載物が，制限を超える場合，出発地警察署長の制限外許可がある場合，運転が可能となる。

(4)　道路交通法施行令第22条第三号イに，積載物の長さは，自動車の長さにその長さの$\frac{1}{10}$の長さを加えた長さを超えないことが規定されており，$\frac{1}{20}$の長さであれば，許可は必要ない。

【正解】　13：(2)，14：(2)，15：(2)，16：(4)

法
規

# 第 **7** 章

# 第二次検定

**令和 5 年度の出題傾向**

出題数は 5 問

経験記述：工程管理について出題された。準備をしていれば，得点できる程度であった。

用語：14 の用語から 5 つを選んで，説明する問題。頻出用語から学習していれば得点できる。

工程表：空白の作業名を記入する問題，実績出来高を記入する問題，着手時期が不適切な作業名を記入し，適切な時期に訂正し，出来高表の誤りを修正する問題。過去問題と一般的な工程を理解していれば得点できる。

法規：建設業法，建築基準法施行令，労働安全衛生法から出題された。第一次検定の過去問を学習しておけば得点できる。

施工：受検種別により解答する問題が異なるが，いずれも第一次検定の過去問を学習しておけば得点できる。

第二次検定

# 7·1　経 験 記 述

□□□ **1** あなたが経験した建築工事のうち,あなたの受検種別に係る工事の中から,品質管理を行った工事を1つ選び,工事概要を具体的に記入したうえで,次の1. 及び2. の問いに答えなさい。

なお,建築工事とは,建築基準法に定める建築物に係る工事とし,建築設備工事を除くものとする。

〔工事概要〕

イ. 工 事 名

ロ. 工 事 場 所

ハ. 工 事 の 内 容 （新築等の場合：建物用途,構造,階数,延べ面積又は施工数量,主な外部仕上げ,主要室の内部仕上げ

改修等の場合：建物用途,建物規模,主な改修内容及び施工数量）

ニ. 工 期 等 （工期又は工事に従事した期間を年号又は西暦で年月まで記入）

ホ. あなたの立場

ヘ. あなたの業務内容

1. 工事概要であげた工事であなたが担当した工種において,施工の品質低下を防止するために取り組んだ事例を3つ選び,次の①から③について具体的に記述しなさい。

ただし,①は同一でもよいが,あなたの受検種別に係る内容とし,②及び③はそれぞれ異なる内容とする。また,③の行ったことは「設計図書どおりに施工した。」等行ったことが具体的に記述されていないものや品質管理以外について記述したものは不可とする。

① 工種名又は作業名等

② 品質低下につながる不具合とそう考えた理由

③ ②の不具合を発生させないために行ったこととその際特に留意したこと

2. 工事概要であげた工事及び受検種別にかかわらず,あなたの今日までの建築工事の経験を踏まえて,施工の品質を確保するために確認すべきこととして,次の①から③をそれぞれ2つ具体的に記述しなさい。

ただし,①は同一でもよいが,②及び③はそれぞれ異なる内容とする。また,②及び③は「設計図書どおりであることを確認した。」等確認した内容が具体的に記述されていないものや1. の②及び③と同じ内容を記述したものは不可とする。

① 工種名又は作業名等

② ①の着手時の確認事項とその理由
③ ①の施工中又は完了時の確認事項とその理由

《R4-1》

**1** ［記述例］

〔工事概要〕

　イ．工事名　　　　　○○○○○ビル新築工事

　ロ．工事場所　　　　神奈川県○○市○○○町○丁目○○番地

　ハ．工事の内容　　　新築等の場合：建物用途，構造，階数，延べ面積又は施工数量

　　　　　　　　　　　改修等の場合：建物用途，主な改修内容及び施工数量

　　　　　　　　　　　用　　途　　　事務所ビル

　　　　　　　　　　　構　　造　　　鉄骨造

　　　　　　　　　　　建物規模　　　地上8階建て，延床面積　3,525 m²

　　　　　　　　　　　主な外部仕上げ　　押出成形セメント板，タイル

　　　　　　　　　　　主要室の内装工事　床：OAフロアー，長尺シート，壁：クロス張り

　ニ．工期（年号又は西暦で年月まで記入）　2021年3月〜2022年2月

　ホ．あなたの立場　　工事主任

　ヘ．業務内容　　　　施工管理全般

1.

(1)　①　工種名又は作業名等　　鉄骨工事

　　　②　不具合とそう考えた理由

　　　　　　　トルシア型高力ボルトの締め付け不良があると構造耐力の低下，品質に大きく影響
を及ぼす。鉄骨造の接合部は構造耐力の確保で重要であるため。

　　　③　行ったことと留意したこと

　　　　　　　トルシア型高力ボルトの使用材料確認と全数ピンテールの破断，マーキングのズレ
による共回り，軸回りの有無を全箇所目視確認し，写真で記録した。

(2)　①　工種名又は作業名等　　内装工事

　　　②　不具合とそう考えた理由

　　　　　　　石こうボードの継ぎ目（目地）のパテ処理不良があると，下地にひび割れや凹凸
が発生し，美観に影響するため。

　　　③　行ったことと留意したこと

　　　　　　　下塗り・中塗り・上塗りのパテの色を変えて，パテ処理回数を確認，チェックリス
トに記録の上，処理状態を確認してから，仕上げした。

(3)　①　工種名又は作業名等　　防水工事

　　　②　不具合とそう考えた理由

　　　　　　　雨漏り等発生により入居者からのクレームや建物自体の価値が下がる。コンクリー

第二次検定

ト下地の状況と入念な施工と施工管理が必要のため。

③　行ったことと留意したこと

高周波水分計にてコンクリート下地の含水率が8%以下の確認や，アスファルト溶融釜の温度管理，アスファルトルーフィングの重なり代確保，記録。

2.

(1)　①　工種名又は作業名等　　コンクリート工事

②　着手時の確認事項とその理由

夏場でのコンクリート打設のため，打設後の散水養生の方法と日数の確認。表面のひび割れと水分不足によるコンクリートの硬化不良を防ぐため。

③　施工中又は完了時の確認事項とその理由

コンクリート打設後，表面の乾燥を確認し，十分な散水養生を5日間継続で行った。コンクリートの硬化に必要な水分を与え強度促進した。

(2)　①　工種名又は作業名等　　鉄筋工事

②　着手時の確認事項とその理由

配筋組立前に必要なかぶり厚さ寸法とスペーサー取付け位置を確認した。かぶり厚さ不足はコンクリートの付着割裂破壊など耐久性の低下になる。

③　施工中又は完了時の確認事項とその理由

鉄筋組立完了時とコンクリート打設前，打設中にかぶり厚さ寸法の確認とスペーサーの取り付け状況を記録・写真を残した。かぶり厚さ確保のため。

---

　□□□　**2**　あなたが経験した**建築工事**のうち，あなたの受検種別に係る工事の中から，工程の管理を行った工事を1つ選び，工事概要を具体的に記述したうえで，次の1. から2. の問いに答えなさい。

　なお，**建築工事**とは，建築基準法に定める建築物に係る工事とし，建築設備工事を除くものとする。

　〔工事概要〕

　イ．工　事　名

　ロ．工　事　場　所

　ハ．工事の内容 { 新築等の場合：建物用途，構造，階数，延べ面積又は施工数量，

　　　　　　　　　　　　　　　　主な外部仕上げ，主要室の内部仕上げ

　　　　　　　　　改修等の場合：建物用途，建物規模，主な改修内容及び施工数量

　ニ．工　　　　　期　（年号又は西暦で年月まで記入）

　ホ．あなたの立場

　ヘ．業　務　内　容

1. 工事概要であげた工事であなたが担当した工種において，事例を**3つ**答えなさい。

その事例ごとに項目**A**の a. から c. の中から項目を選び，それらを手配や配置，施工をする際，あなたが**工事を遅延させない**ためにどのようなことに努めたのか，項目**B**の①から③について具体的に記述しなさい。

なお，選んだ項目**A**は○で囲み，3つの事例は同じ項目を選んでもよいものとする。

また，項目**B**の①**工種名**は同じでもよいが，②**着目したこととその理由**と③**行った対策**は異なる内容の記述とし，品質管理のみ，安全管理のみ，コストのみについて記述したものは不可とする。

項目 A 　　a. 材　料（本工事材料，仮設材料）

　　　　　　b. 工事用機械・器具・設備

　　　　　　c. 作業員（交通誘導警備員は除く）

項目 B 　　① **工種名**

　　　　　　② 工事を遅延させるかも知れないと**着目したこととその理由**

　　　　　　③ ②の遅延を防ぐために実際に**行った対策**

2. 工事概要であげた工事及び受検種別にかかわらず，あなたの今日までの建築工事の経験に照らし，工程を短縮するために**有効な方法や手段**を**2つ**具体的に記述しなさい。また，それらがもたらす工程の短縮以外の工事への**良い影響**を，それぞれ具体的に記述しなさい。

ただし，**有効な方法や手段**が同一のもの及び1. の③**行った対策**と同一のものは不可とする。

《R2-1》

② ［記述例］

〔工事概要〕

イ. 工事名　　　　○○○マンション新築工事

ロ. 工事場所　　　東京都○○区○○丁目○○番地

ハ. 工事の内容　　　　新築等の場合：建物用途，構造，階数，延べ面積又は施工数量

　　　　　　　　　　　改修等の場合：建物用途，主な改修内容及び施工数量

　　　用　途　　マンション

　　　構　造　　鉄筋コンクリート造

　　　建物規模　　地上9階建て，延床面積　2,456 m²

　　　主な外部仕上げ　　二丁掛けタイル，吹き付けタイル

　　　主要室の内装工事　　壁：ビニルクロス張り，床：フローリング

ニ. 工期（年号又は西暦で年月まで記入）　2019 年 9 月～2020 年 11 月

ホ. あなたの立場　　工事主任

第二次検定

へ．業務内容　　　　工事総合管理

1.

| (1) | 項目A | | a ・ b ・ c |
|---|---|---|---|
| | 項目B | ① | 仮設工事 |
| | | ② | 外壁の品質管理が重要項目であり，作業と検査を含めた日数確保とその後の外構工事開始日を厳守のため。 |
| | | ③ | クレーンを使用して，外部足場の解体作業を大払いとして地上での解体作業の上，仮設材を搬出した。 |
| (2) | 項目A | | a ・ b ・ c |
| | 項目B | ① | 仮設工事 |
| | | ② | 各種工事，資材の揚重が各階に多くあるため，重機（クレーン）以外での揚重計画を見直ししたため。 |
| | | ③ | 当初，施工計画にはなかったロングスパンエレベーターを1台設置の上，資材等の搬入・搬出で活用した。 |
| (3) | 項目A | | a ・ b ・ c |
| | 項目B | ① | 左官工事 |
| | | ② | 施工面積が広範囲であり，熟練した左官技術を持つ作業員の確保および増員も厳しいため。 |
| | | ③ | 床下地をモルタル塗り仕上げからセルフレベル仕上げに変更した。 |

2.

| (1) | 有効な方法や手段 | 型枠工事の床組み立てをデッキプレートに変更した。 |
|---|---|---|
| | 良い影響 | 型枠の解体作業および支保工の組み立て，解体作業がなくなり，危険作業が減り，安全管理ができた。<br>さらに空間ができるため次工程の作業ができた。 |
| (2) | 有効な方法や手段 | 外壁の石張り工事を湿式工法から，乾式工法とした。 |
| | 良い影響 | モルタルでの固定でなく，ファスナーでの取付けにより，熟練工による作業でなくても施工ができる。また，耐震性の向上にも繋がる。 |

（メモ）........................................................................................

........................................................................................

........................................................................................

........................................................................................

# 7・2 用語の説明

---

□□□ **1** 次の建築工事に関する用語 a. から n. のうちから 5 つ選び，その**用語の説明**と**施工上留意すべきこと**を具体的に記述しなさい。

ただし，a. 及び n. 以外の用語については，作業上の安全に関する記述は不可とする。また，使用資機材に不良品はないものとする。

用語 a. 足場の手すり先行工法　　　h. 内壁タイルの接着剤張り工法

　　　b. 型枠のセパレータ　　　　　i. 被覆アーク溶接

　　　c. 軽量鉄骨壁下地のスペーサー　j. 防水工事の脱気装置

　　　d. 鋼矢板　　　　　　　　　　k. 木工事の大引き

　　　e. コンクリートのスランプ　　　l. 木造住宅の気密シート

　　　f. セルフレベリング材工法　　　m. ルーフドレン

　　　g. 鉄筋工事のスペーサー　　　　n. 陸墨

《R1-2》

[解説・解答]

**1** **a. 足場の手すり先行工法**

　用語の説明：足場を組み立てる際，手すり付きのユニットで組み立てる工法。常に手すりが先行して付いているため，組立て解体時における安全性が高い。

　施工上の留意事項：作業区域への関係労働者以外の立入禁止措置を行い，材料は腐食，傷，亀裂等の強度上の欠点のないものを使用する。

**b. 型枠のセパレータ**

　用語の説明：型枠のせき板の間隔を正しい寸法に保つための両端にネジを切ったボルトのこと。

　施工上の留意事項：曲げがかかるような取付け方や不完全な取付け方をしないようにする。過剰な締付けも引張り強度の低下につながる。

**c. 軽量鉄骨壁下地のスペーサー**

　用語の説明：スタッドの変形を防ぐために取り付ける金物。

　施工上の留意事項：各スタッドの端部を押さえ間隔 600 mm 程度に留付ける。スタッド両端のスペーサーは，スタッドの建込みを容易にするため端よりずらしておき，建込み後に上下のランナーの近くにセットする。

**d. 鋼矢板**

　用語の説明：凹凸があり，両端に継手がついている鋼板のこと。互い違いに組み合わせ

て，継手をつなげると壁ができる。土留めや止水を目的とし，主に仮設材として用いられる。また，港湾や河川の護岸工に，永久構造物として用いられることもある。

施工上の留意事項：鋼矢板の施工法には，バイブロハンマ工法や圧入工法が多用されている。

### e.　スランプ

用語の説明：主として水量の多少によって左右される，フレッシュコンクリートの変形，流動性を示す値。

施工上の留意事項：所定のワーカビリティーが得られる範囲で，スランプはできるだけ小さくする。

### f.　セルフレベリング材工法

用語の説明：床仕上げの際に仕上材料のもつ流動性を利用して，自然流動により平滑な床面を形成する工法。

施工上の留意事項：作業中は通風をなくし，養生中も通風をしないようにする。

### g.　鉄筋工事のスペーサー

用語の説明：鉄筋かぶり厚さの確保のために，型枠や捨てコンクリートと鉄筋の間に差し入れ，間隔を確保するための仮設材。

施工上の留意事項：材質には，コンクリート製，鋼製，プラスチック製などがあるが，使用する箇所に応じて適切に選択する。

### h.　内壁タイルの接着剤張り工法

用語の説明：工事現場において，有機系接着剤によりあと張りで内装タイル張り仕上げを行うこと。

施工上の留意事項：接着剤の1回の塗布面積は $3\,\mathrm{m}^2$ 以内とし，かつ30分以内に張り終える面積とする。接着剤は，金ごて等を用いて平たんに塗布した後，所定のくし目ごてを用いてくし目を立てる。

### i.　被覆アーク溶接

用語の説明：被覆した溶接棒と母材を2つの電極として，その間に発生させるアーク熱により金属を融解して接合する。手溶接とも呼ばれる。

施工上の留意事項：溶接棒は乾燥したものを用い，作業架台等を使用し可能な限り下向き姿勢または水平姿勢とする。また，溶接に支障となるスラグ及びスパッターは除去する。

### j.　防水工事の脱気装置

用語の説明：露出防水の絶縁工法において，下地コンクリートに含まれる水分が太陽の直射などにより水蒸気となった時に，これを排出するための装置。防水層の膨れを防止する。

施工上の留意事項：装置によって排出能力が異なるので，設置数量の検討を行う。

### k.　木工事の大引き

用語の説明：床組で，根太を支える材料。

施工上の留意事項：通常 900 mm 程度の間隔で根太に直角に渡し，端は土台や大引き受け に連結する。

l. 木造住宅の気密シート

用語の説明：木造住宅の壁，天井部分に施工する防湿を目的としたシートのこと。

施工上の留意事項：完全な気密性を保たないと，壁内に結露を起こすことがある。

m. ルーフドレン

用語の説明：雨水を集めて排水する金物で，鉄筋コンクリート造の屋上では，コンクリー トに打ち込んで使用する。

施工上の留意事項：水勾配を取るため，ドレンはスラブ天端から 30～50 mm 下げて設置 する。また，ルーフドレン内にアスファルトやコンクリートが流入，付着しないように 養生する。

n. 陸墨（ろくずみ）

用語の説明：柱や壁などに記入する水平基準線。高さの基準。

施工上の留意事項：墨出しの作業者を選任し，実施計画・作業要領・検査の方法を決め， 精度よく行う。

---

□□□ **2** 次の建築工事に関する用語の一覧表の中から**５つ**用語を選び，解答用紙の用 語の記号欄の記号にマークした上で，選んだ用語欄に用語（太字で示す部分のみでも可） を記入し，その**用語の説明**と施工上留意すべきことを具体的に記述しなさい。
ただし，a 及び b 以外の用語については，作業上の安全に関する記述は不可とする。 また，使用資機材に不良品はないものとする。

### 用語の一覧表

| 用語の記号 | 用　語 |
|---|---|
| a | 足場の**手すりの先行工法** |
| b | **親綱** |
| c | 型枠の**剥離剤** |
| d | グリッパー工法 |
| e | コンクリートの**レイタンス** |
| f | シーリング工事の**バックアップ材** |
| g | ジェットバーナー**仕上げ** |
| h | **隅肉溶接** |
| i | せっこうボード張りにおける**コーナービード** |
| j | 鉄筋の**先組み工法** |

| k | 壁面のガラスブロック積み |
|---|---|
| l | べた基礎 |
| m | 木工事の仕口 |
| n | 木造住宅の気密シート |

《R5-2》

## [解説・解答]

2　a.　足場の手すり先行工法

　　　用語の説明：足場を組み立てる際，手すり付きのユニットで組み立てる工法。常に手すりが先行して付いているため，組立て解体時における安全性が高い。

　　　施工上の留意事項：作業区域への関係労働者以外の立入禁止措置を行い，材料は腐食，傷，亀裂等の強度上の欠点のないものを使用する。

　　b.　親綱

　　　用語の説明：墜落する危険がある場所で，着用する安全帯を取り付けるのに設置するロープ。

　　　施工上の留意事項：親綱支柱間での親綱の最大スパンは9m以内とする。

　　c.　型枠の剥離剤

　　　用語の説明：型枠表面に塗布して，脱型時にコンクリートが型枠表面に固着するのを防ぎ取り外しを容易にし，表面の美観を向上させるもの。

　　　施工上の留意事項：均一に塗布し，十分に乾燥させてからコンクリートを打設する。また打継面には使用しない。

　　d.　グリッパー工法

　　　用語の説明：カーペットを敷きつめるために，端部を釘またはグリッパーピンに引っかけて緩みなく固定する方法。

　　　施工上の留意事項：グリッパーは，壁際からのすき間を取って取り付ける。

　　e.　コンクリートのレイタンス

　　　用語の説明：打設したコンクリートの表面に浮いてきたコンクリートの微粒子が脆弱な層を形成したもの。

　　　施工上の留意事項：レイタンスは，次のコンクリート打設までにワイヤーブラシ等で完全に除去する。

　　f.　シーリング工事のバックアップ材

　　　用語の説明：シールをする目地にいれて，目地底を形成し深さを調整するもの。

　　　施工上の留意事項：目地の幅にあった深さとなるように位置を決め，汚れや油を除去してからプライマーで接着する。

g. ジェットバーナー仕上げ

　　用語の説明：石表面に冷却水を散布しながら，加熱用バーナーで表面を焼射し，結晶を爆ぜさせることにより粗面に仕上げる方法。

　　施工上の留意事項：爆ぜ代2mm以上確保した石材を採用する。

h. 隅肉溶接

　　用語の説明：直交する鋼材などで開先を設けずに突き当てた接合面に融着金属を盛り付けるアーク溶接の方法。

　　施工上の留意事項：アンダーカット，溶け込み不足などの溶接欠陥が生じないように施工条件を注意する。

i. せっこうボード張りにおけるコーナービード

　　用語の説明：せっこうボードの角がかけないようにはりつける金物やプラスチック製の補強材

　　施工上の留意事項：変形しないように平置きで保管して施工する。

j. 鉄筋の先組み工法

　　用語の説明：工場又は現場のヤードであらかじめ組み立てた柱，梁，床などの鉄筋を，クレーンを用いて所定の位置に取り付ける工法。

　　施工上の留意事項：取付時にゆるまないように鉄筋を緊結し，またクレーンは安全かつ効率的になるよう事前に十分に検討する。

k. 壁面のガラスブロック積み

　　用語の説明：ガラスブロック（中が空洞になった箱型のガラス，光を通し，断熱性・遮音性や耐火性に優れている）を積み上げていく工法。ブロックを施工する前に，金属枠を取り付けておく。

　　施工上の留意事項：1段目は積み上げの基礎となるので目地幅を揃え，目地にはモルタルを充分に詰め，よくおさえて上段を積み上げても動かないようにしておく。

l. べた基礎

　　用語の説明：上部構造の荷重を，単一の基礎スラブまたは基礎小梁と基礎スラブで面的に地盤に伝える基礎。

　　施工上の留意事項：比較的軟弱な地盤に用いることもあるので，接地面は入念に施工する。

m. 木工事の仕口

　　用語の説明：2方向からくる木材同士を接合するために設けた，ほぞ，ほぞ穴などの加工のこと

　　施工上の留意事項：部位ごとに適切な接合法とし，はずれないように補強金物で接合する。

n. 木造住宅の気密シート

　　用語の説明：木造住宅の壁，天井部分に施工する防湿を目的としたシートのこと。

　　施工上の留意事項：安全な気密性を保たないと，壁内に結露を起こすことがある。

---

**3** 次の建築工事に関する用語の一覧表の中から5つ用語を選び，解答用紙の用語の記号欄の記号にマークしたうえで，選んだ用語欄に用語を記入し，その用語の説明と施工上留意すべきことを具体的に記述しなさい。

ただし，g及びn以外の用語については，作業上の安全に関する記述は不可とする。また，使用資機材に不良品はないものとする。

**用語の一覧表**

| 用語の記号 | 用　　語 |
|---|---|
| a | クレセント |
| b | コンクリート壁の誘発目地 |
| c | ジェットバーナー仕上げ |
| d | セルフレベリング工法 |
| e | 鉄骨の耐火被覆 |
| f | 土工事における釜場 |
| g | 乗入れ構台 |
| h | 腹筋 |
| i | ビニル床シート熱溶接工法 |
| j | フラットデッキ |
| k | 壁面のガラスブロック積み |
| l | ボンドブレーカー |
| m | 木工事の大引 |
| n | ローリングタワー |

《R3-2》

[解説・解答]

**3** **a．クレセント**

用語の説明：サッシの召合せかまちなどに取り付ける締り金物。

施工上の留意事項：操作時に無理なく開閉でき，適切な締付け力を保持できるように取り付ける。

**b．コンクリート壁の誘発目地**

用語の説明：乾燥収縮などで起こるコンクリートの亀裂を，想定した位置に発生させるためにコンクリートの壁にあえて断面欠損を与えるために入れる目地のこと。

施工上の留意事項：目地の幅は25 mm程度，深さは躯体厚さの1/5以上は必要である。深さが浅いと，目地位置に亀裂を誘発できない。

**c．ジェットバーナー仕上げ**

用語の説明：石の表面に火炎を短時間当て，石材を構成する鉱物の熱膨張率の違いを利用

して，粗めの表面仕上げにしたもの。

　施工上の留意事項：含有鉱物の分布により，均一な粗面が確保できない場合もあるので，
　石色合わせに注意する。

d. セルフレベリング工法

　用語の説明：床仕上げの際に仕上材料のもつ流動性を利用して，自然流動により平滑な床
　面を形成する工法。

　施工上の留意事項：作業中は通風をなくし，養生中も通風をしないようにする。

e. 鉄骨の耐火被覆

　用語の説明：鉄骨造の柱・梁などを，火災時の熱により強度低下を起こさないように，耐
　火性，断熱性の高い材料で被覆すること。

　施工上の留意事項：吹付工法では，施工に先立ち支障となる浮き錆，付着油等は除去する。

f. 土工事における釜場

　用語の説明：根切り底の湧水や透水を集めるための窪みのこと。溜まった水は，ポンプで
　排出する。

　施工上の留意事項：安定性の低い地盤には適さない。

g. 乗り入れ構台

　用語の説明：地下工事，資材搬入および鉄骨建方等の施工の際，作業台や集積場として設
　けられる仮設の台。

　施工上の留意事項：各使用材料は，著しい損傷・変形または腐食のあるものを使用しない。

h. 腹筋

　用語の説明：鉄筋コンクリート梁でそのせいが大きい場合に，スターラップの振れ止めや
　はらみ出し防止を目的とし，梁せいの中央部分に主筋方向に配置する補強筋のこと。

　施工上の留意事項：スターラップの内側に，しっかりと結束する。

i. ビニル床シート熱溶接工法

　用語の説明：ビニル床シートの継目部を，熱溶接機を用いて，ビニルシート溶接棒を同時
　に溶融し，加圧しながら溶接する方法。

　施工上の留意事項：床シート張付け後，12時間以上放置してから溶接を行う。

j. フラットデッキ

　用語の説明：床型枠施工の合理化を図るための薄鋼板製の上面が平坦で，下面にリブがつ
　いたもの。

　施工上の留意事項：コンクリート打設時に過度な山盛りをしたり，局所的に集中荷重をか
　けないようにする。

k. 壁面のガラスブロック積み

　用語の説明：ガラスブロック（中が空洞になった箱型のガラス，光を通し，断熱性・遮音
　性や耐火性に優れている）を積み上げていく工法。ブロックを施工する前に，金属枠を

　　　取り付けておく。

　　施工上の留意事項：1段目は積み上げの基礎となるので目地幅を揃え，目地にはモルタル
　　　を充分に詰め，よくおさえて上段を積み上げても動かないようにしておく。

### l.　ボンドブレーカー

　　用語の説明：シーリング材の3面接着を回避する目的で，目地底に張り付けるテープ状の
　　　材料。絶縁テープともいう。

　　施工上の留意事項：クラフトテープ（ポリウレタン系，ポリサルファイド系用）とポリエ
　　　チレンテープ（ポリイソブチレン系，シリコーン系，変成シリコーン系用）があり，シ
　　　ーリング材の材質に合わせたものを使用する。

### m.　木工事の大引き

　　用語の説明：床組で，根太を支える材料

　　施工上の留意事項：通常900 mm程度の間隔で根太に直角に渡し，端は土台や大引き受け
　　　に連結する。

### n.　ローリングタワー

　　用語の説明：天井など高所での作業に使用する移動可能な足場のことで，移動式足場とも
　　　いう。枠組み足場の材料で，基部に車をつけたものが一般的である。

　　施工上の留意事項：労働者を乗せて移動してはならない。また，移動中は，転倒等による
　　　危険を生じる恐れがあるところには，関係者以外立ち入らせない。

---

□□□ **4**　次の建築工事に関する用語のうちから5つ選び，その**用語の説明**と**施工上留**
**意すべき内容**を具体的に記述しなさい。

　　ただし，仮設工事以外の用語については，作業上の安全に関する記述は不可とする。ま
た，使用資機材に不良品はないものとする。

| | |
|---|---|
| あばら筋 | 親綱 |
| 型枠のフォームタイ | 金属製折板葺きのタイトフレーム |
| コンクリートポンプ工法の先送りモルタル | タイル張りのヴィブラート工法 |
| テーパーエッジせっこうボードの継目処理 | 鉄骨の地組 |
| 吹付け塗装のエアレススプレー塗り | べた基礎 |
| ボンドブレーカー | 木造在来軸組構法のアンカーボルト |
| 床コンクリートの直均し仕上げ | ローリングタワー |

《H30-2》

**［解説・解答］**

4　・あばら筋

　　用語の説明：鉄筋コンクリートの梁の主筋を巻いた鉄筋。せん断力に対する補強筋。ス
　　　ターラップ（筋）ともいう。

施工上の留意事項：あばら筋は，梁の主筋にしっかりと結束する。特に，梁のハンチ部分
にあそびが出やすいので注意を要する。

- **型枠のフォームタイ**

用語の説明：型枠の幅を維持するために使われるセパレーターと連結し，型枠を固定する
金具のことをいう。

施工上の留意事項：締付けを適切な強度で行い，締め忘れなどがないように確認する。

- **コンクリートポンプ工法の先送りモルタル**

用語の説明：コンクリートの打設に際して，ポンプ圧送開始に先立ち，コンクリートの流
動性確保のため，輸送管内壁の潤滑膜を形成し，また吸入・吐出弁内部のシールをする
ためのモルタル。

施工上の留意事項：圧送の初期に輸送管より排出されるモルタルは，低強度のものとなる
ので，圧送後は廃棄処分する。

- **テーパーエッジせっこうボードの継ぎ目処理**

用語の説明：テーパーの付いたせっこうボードの継ぎ目を平滑な面に仕上げる処理。

施工上の留意事項：厚塗りを避け，乾燥時間を十分にとる。

- **吹き付け塗装のエアレススプレー塗り**

用語の説明：塗料自体にポンプで 20 MPa 程度の圧力を加え，スプレーガンのノズルチッ
プから霧化（むか）して吹き付ける塗装方法。

施工上の留意事項：塗料が所定の圧力に加圧され，均一に霧化し，スプレーパターンにテ
ールが発生していないことを確認する。

- **ボンドブレーカー**

用語の説明：シーリング材の3面接着を回避する目的で，目地底に張り付けるテープ状の
材料。絶縁テープともいう。

施工上の留意事項：クラフトテープ（ポリウレタン系，ポリサルファイド系用）とポリエ
チレンテープ（ポリイソブチレン系，シリコーン系，変成シリコーン系用）があり，シ
ーリング材の材質に合わせたものを使用する。

- **親綱**

用語の説明：墜落する危険がある場所で，着用する安全帯を取り付けるのに設置するロー
プ。

施工上の留意事項：親綱支柱間での親綱の最大スパンは9m以内とする。

- **金属製折板葺きのタイトフレーム**

用語の説明：折板屋根の構成部材の一つで，折板を梁に固定するための山形の部材。

施工上の留意事項：梁との接合は，すみ肉溶接とし，側面はまわし溶接とする。

- **タイル張りのヴィブラート工法**

用語の説明：タイルを張る時に張り付けたモルタルを下地に塗って「ヴィブラート」とい

う工具で振動を与えながらタイルを押し付けて張る方法。「密着工法」ともいう。振動
で張り付けモルタルが軟らかくなってタイルとの接着がよくなる。

施工上の留意事項：目地も同時に仕上げることができるが，目地深さがタイル厚の1/2に
達しない場合は目地の付け送りをするか，後目地施工を行う必要がある。

- **鉄骨の地組**

  用語の説明：鉄骨の建て方において，鉄骨をあらかじめブロック毎に地上で組上げ，クレ
  ーンで吊り上げて所定の位置に設置する方法。

  施工上の留意事項：吊上げ時に変形等を生じないよう，必要に応じて補強を行い，組立精
  度を確保する。

- **べた基礎**

  用語の説明：上部構造の荷重を，単一の基礎スラブまたは基礎小梁と基礎スラブで面的に
  地盤に伝える基礎。

  施工上の留意事項：比較的軟弱な地盤に用いることもあるので，接地面は入念に施工する。

- **木造在来軸組工法のアンカーボルト**

  用語の説明：柱脚部や土台をコンクリートの基礎に緊結するために，基礎に埋め込んで用
  いるボルト。

  施工上の留意事項：アンカーボルトの頭部に衝撃を与えたり，ネジ山を損傷しないように
  する。

- **ローリングタワー**

  用語の説明：天井など高所での作業に使用する移動可能な足場のことで，移動式足場とも
  いう。枠組み足場の材料で，基部に車をつけたのが一般的である。

  施工上の留意事項：労働者を乗せて移動してはならない。また，移動中は，転倒等による
  危険を生じる恐れがあるところには，関係者以外立入らせない。

## 7・3 工　程　表

□□□ **1** 　鉄骨造3階建て事務所ビルの新築工事について，工事概要を確認の上，右の工程表及び出来高表に関し，次の1. から3. の問いに答えなさい。

　　工程表は，予定出来高曲線を破線で表示している。

　　また，出来高表は4月末時点のものを示しており，合計欄の月別実績出来高及び実績出来高累計の金額は記載していない。

　　なお，各作業は一般的な手順に従って施工されるものとする。

〔工事概要〕

用　　　途：事務所

構造，規模：鉄骨造，地上3階，延べ面積 400 m²

　　　　　　耐火被覆は，耐火材巻付け工法，外周部は合成工法

外部仕上げ：屋上防水は，塩化ビニル樹脂系断熱シート防水

　　　　　　外壁は，押出成形セメント板，耐候性塗料塗り

内部仕上げ：床は，フリーアクセスフロア，タイルカーペット張り

　　　　　　壁は，軽量鉄骨下地せっこうボード張り，合成樹脂エマルションペイント塗り

　　　　　　天井は，軽量鉄骨下地化粧せっこうボード張り

　　　　　　外壁押出成形セメント板の裏面に，断熱材吹付

　　　　　　内部建具扉は，すべて工場塗装品

1. 工程表の土工事及び地業工事のⒶ，鉄骨工事のⒷに該当する作業名を記入しなさい。

2. 出来高表から，2月末までの実績出来高累計の金額を求め，工事金額の合計に対する比率をパーセントで記入しなさい。

3. 工程表は工事計画時に作成していたものであるが，工程上，着手時期が不適当な作業があり，出来高表についても誤った月にその予定出来高の金額と実績出来高の金額が記載されたままとなっている。

　　これらに関して，次の①から③について答えなさい。

① 工程上，着手時期が不適当な作業名を記入しなさい。

② ①で解答した作業の適当な着手時期を記入しなさい。

　　ただし，作業 着手時期は月と旬日で記入し，旬日は，上旬，中旬，下旬とする。

③ ②で解答した適当な着手時期に合わせて出来高表の誤りを修正した上で，3月末までの実績出来高の累計の金額を記入しなさい。

《R5-3》

## 工程表

| 工種 ＼ 月 | 1月 | 2月 | 3月 | 4月 | 5月 | 出来高% |
|---|---|---|---|---|---|---|
| 仮設工事 | 仮囲い設置／準備 | 外部足場組立 | ………… | 外部足場解体 | 仮囲い解体／完成検査／クリーニング | |
| 土工事・地業工事 | 根切，床付け，捨てコン／杭打設 | Ⓐ | | | | |
| 鉄筋コンクリート工事 | 基礎躯体 | 1~RF床，パラペット躯体 | | | | 100 |
| 鉄骨工事 | | アンカーボルト設置／鉄骨建方，本締め，デッキプレート，スタッドジベル | Ⓑ | | | 90／80 |
| 外壁工事 | | | 押出成形セメント板 | | | 70 |
| 防水工事 | | | 屋上シート防水／外部シール | | | 60 |
| 建具工事 | | | 外部建具（ガラス取付を含む） | 内部建具枠 | 内部建具扉吊込み | 50 |
| 金属工事 | | | | アルミ笠木／壁・天井軽量鉄骨下地 | | 40 |
| 内装工事 | | | 断熱材吹付 | 壁・天井ボード張り／フリーアクセスフロア | タイルカーペット | 30 |
| 塗装工事 | 予定出来高曲線→ | | 外壁塗装 | 内壁塗装 | | 20 |
| 外構工事 | | | | 外構 | | 10 |
| 設備工事 | | 電気，給排水衛生，空調設備 | | | | 0 |

## 出来高表

単位 万円

| 工種 | 工事金額 | 予定出来高／実績出来高 | 1月 | 2月 | 3月 | 4月 | 5月 |
|---|---|---|---|---|---|---|---|
| 仮設工事 | 700 | 予定 | 150 | 300 | 50 | 50 | 150 |
| | | 実績 | 150 | 300 | 50 | 50 | |
| 土工事・地業工事 | 760 | 予定 | 500 | 260 | | | |
| | | 実績 | 500 | 260 | | | |
| 鉄筋コンクリート工事 | 700 | 予定 | 490 | 70 | 140 | | |
| | | 実績 | 380 | 30 | 290 | | |
| 鉄骨工事 | 1,000 | 予定 | 40 | 840 | 120 | | |
| | | 実績 | 10 | 870 | 120 | | |
| 外壁工事 | 600 | 予定 | | | 600 | | |
| | | 実績 | | | 600 | | |
| 防水工事 | 200 | 予定 | | | 80 | 120 | |
| | | 実績 | | | 60 | 140 | |
| 建具工事 | 550 | 予定 | | | 450 | 60 | 40 |
| | | 実績 | | | 450 | 60 | |
| 金属工事 | 200 | 予定 | | | | 200 | |
| | | 実績 | | | | 200 | |
| 内装工事 | 1,100 | 予定 | | | 50 | 300 | 750 |
| | | 実績 | | | 50 | 300 | |
| 塗装工事 | 190 | 予定 | | | | 130 | 60 |
| | | 実績 | | | | 130 | |
| 外構工事 | 500 | 予定 | | | | 350 | 150 |
| | | 実績 | | | | 350 | |
| 設備工事 | 1,000 | 予定 | 100 | 100 | 100 | 650 | 50 |
| | | 実績 | 100 | 100 | 100 | 650 | |
| 合計 | 7,500 | 月別予定出来高 | 1,280 | 1,570 | 1,590 | 1,860 | 1,200 |
| | | 月別実績出来高 | | | | | |
| | | 実績出来高累計 | | | | | |

第二次検定

［解説・解答］

1

| 1 | A | 埋戻し |
|---|---|---|
| | B | 耐火被覆 |
| 2 | 36% | |
| 3 | ① | 断熱材吹付 |
| | ② | 4月初旬 |
| | ③ | 4,370万円 |

1. 土工事および地業工事のAに該当するのは，基礎躯体と鉄骨建方の間に行う埋戻しである。

  鉄骨工事のBに該当するのは，外部建具を行った後に行う耐火被覆である。

2. 2月末までの実績出来高の累計の金額は，

  150＋500＋380＋10＋100＋300＋260＋30＋870＋100＝2,700万円である。総工事金額に対する比率は，2,700/7,500×100＝36％である。

3. ① 断熱材吹付が，耐火被覆の後に行われるはずがないので，完了時期が不適当な作業名は，断熱材吹付である。

  ② 断熱材吹付は，耐火被覆の終了後，壁・天井軽量鉄骨下地の着手前に終了していなくてはならないので，4月初旬が適当な着手時期である。

  ③ 内装工事のうち，3月末の実績に上がっている50万円が4月末の実績になるはずなので，3月末までの実績出来高の累計の金額は，2月末までの2,700万円に3月の出来高（50＋290＋120＋600＋60＋450＋100＝1,670万円）を足した2,700＋1,670＝4,370万円である。

---

□□□ 2 鉄骨造3階建て複合ビルの新築工事について，次の1.から4.の問いに答えなさい。工程表は，工事着手時点のもので，鉄骨工事における耐火被覆工事の工程は未記入であり，予定出来高曲線を破線で表示している。

  また，出来高表は，3月末時点のものを示しており，総工事金額の月別出来高，耐火被覆工事の工事金額及び出来高は記載していない。

  なお，各作業は一般的な手順に従って施工されるものとする。

〔工事概要〕

用　　途：店舗（1階），賃貸住宅（2，3階）

構造・規模：鉄骨造　地上3階，延べ面積300 m²

　　　　　鉄骨耐火被覆は半乾式工法

外部仕上げ：屋上防水は，ウレタンゴム糸塗膜防水絶縁工法，脱気装置設置

外壁は，ALCパネル張り，防水形複層塗材仕上げ

内部仕上げ：店　　　舗　床は，コンクリート直押さえのまま

壁，天井は，軽量鉄骨下地せっこうボード張り

ただし，テナント工事は別途で本工事工程外とする。

賃貸住宅　床は，乾式二重床，フローリング張り

壁，天井は，軽量鉄骨下地せっこうボード張りの上，クロス張り

ユニットバス，家具等（内装工事に含めている）

1. 工程表の仮設工事の⑭，鉄筋コンクリート工事の⑮，内装工事の⑯に該当する**作業名**を記入しなさい。。

2. 鉄骨工事のうち，耐火被覆工事**完了日**を月と旬日で定めて記入しなさい。

ただし，**解答の旬日**は，上旬，中旬，下旬とする。

3. 出来高表から，2月末までの実績出来高の累計金額を求め，総工事金額に対する**比率**をパーセントで記入しなさい。

4. 出来高表から，3月末までの実績出来高の**累計金額**を記入しなさい。

《R3-3》

**工　程　表**

| 工種＼月 | 1月 | 2月 | 3月 | 4月 | 5月 | 出来高% |
|---|---|---|---|---|---|---|
| 仮　設　工　事 | 仮囲い 準備工事 地足場組立 | 鉄骨建方段取り 地足場解体Ⓐ | | 外部足場解体 | クリーニング 完成検査 | |
| 土　工　事 地　業　工　事 | 山留 根切・捨てコン 杭打設 | 埋戻し・砂利地業 | | | | |
| 鉄筋コンクリート工事 | Ⓑ | 2, 3, RF床 1F床・手摺・パラペット | | | | 100 90 |
| 鉄　骨　工　事 | アンカーフレーム設置 鉄骨建方・本締 | デッキプレート敷込 スタッド溶接 | | | | 80 |
| 外　壁　工　事 | | | 目地シール ALC取付 | | | 70 |
| 防　水　工　事 | | | 屋上防水 外部サッシシール ベランダ塗膜防水 | | | 60 |
| 建　具　工　事 | | 外部建具（ガラス取付を含む） | 内部建具枠取付け | 内部建具吊り込み | | 50 |
| 金　属　工　事 | | ベランダ手摺取付 | 笠木取付 1F壁・天井軽鉄下地 2, 3F壁・天井軽鉄下地 | | | 40 |
| 内　装　工　事 | 予定出来高曲線 | | ユニットバス 2, 3F壁・天井仕上げ工事Ⓒ 1F壁・天井ボード張り 家具等工事 | | | 30 |
| 塗　装　工　事 | | | 外壁塗装 | 内部塗装 | | 20 |
| 外　構　工　事 | | | | 外構工事 | | 10 |
| 設　備　工　事 | 電気・給排水衛生・空調設備工事 | | | | | 0 |

## 出来高表

単位 万円

| 工　　　　　　　　種 | 工事金額 | 予定/実績 | 1月 | 2月 | 3月 | 4月 | 5月 |
|---|---|---|---|---|---|---|---|
| 仮　設　工　事 | 500 | 予定 | 50 | 200 | 50 | 150 | 50 |
| | | 実績 | 50 | 200 | 50 | | |
| 土　工　事／地　業　工　事 | 600 | 予定 | 390 | 210 | | | |
| | | 実績 | 390 | 210 | | | |
| 鉄筋コンクリート工事 | 900 | 予定 | 450 | 180 | 270 | | |
| | | 実績 | 360 | 200 | 340 | | |
| 鉄　骨　工　事 | 900 | 予定 | 50 | 760 | | | |
| | | 実績 | 30 | 780 | | | |
| 外　壁　工　事 | 400 | 予定 | | | 400 | | |
| | | 実績 | | | 400 | | |
| 防　水　工　事 | 150 | 予定 | | | 150 | | |
| | | 実績 | | | 150 | | |
| 建　具　工　事 | 500 | 予定 | | | 400 | 100 | |
| | | 実績 | | | 400 | | |
| 金　属　工　事 | 250 | 予定 | | | 100 | 150 | |
| | | 実績 | | | 100 | | |
| 内　装　工　事 | 500 | 予定 | | | | 400 | 100 |
| | | 実績 | | | | | |
| 塗　装　工　事 | 200 | 予定 | | | | 150 | 50 |
| | | 実績 | | | | | |
| 外　構　工　事 | 200 | 予定 | | | | | 200 |
| | | 実績 | | | | | |
| 設　備　工　事 | 900 | 予定 | 90 | 90 | 180 | 450 | 90 |
| | | 実績 | 90 | 90 | 180 | | |
| 総　工　事　金　額 | 6,000 | 予定 | | | | | |
| | | 実績 | | | | | |

## ［解説・解答］

2　1. 仮設工事のAに該当するのは，地足場解体後，外部足場解体前に行う作業であるから，外部足場組立である。

　　鉄筋コンクリート工事のBに該当するのは，基礎・地中梁である。

　　内装工事のCに該当するのは，壁・天井仕上げ後に行う作業であるから，床仕上げである。1F床は，コンクリート直押さえのままであるので，2,3Fフローリング張りである。

2. 耐火被覆工事完了日は，ALC取付前の3月次上旬である。

3. 2月末までの実績出来高の累計金額は，50＋390＋360＋30＋90＋200＋210＋200＋780＋90＝2400万円である。総工事金額に対する比率は，2400/6000×100＝40％である。

4. 4月末までの実績出来高の累計金額は，2月末までの2400万円に3月の出来高（50＋340＋400＋150＋400＋100＋180＝1620万円）に耐火被覆工事金額（900－30－780＝90万円）を足した2400＋1620＋90＝4110万円である。

第二次検定

**3**　鉄骨造3階建て事務所ビルの建設工事における右の工程表と出来高表に関し，次の1. から4. の問いに答えなさい。

工程表は，工事着手時点のものであり，予定出来高曲線を破線で表示している。

また，出来高表は，4月末時点のものを示している。

ただし，工程表には，外壁工事における押出成形セメント板取付けの工程は未記入であり，出来高表には，総工事金額の月別出来高及び押出成形セメント板の出来高は記載していない。

〔工事概要〕

　　用　　　途：事務所

　　構造・規模：鉄骨造　地上3階建て　延べ面積 470 m²

　　地　　　業：既製コンクリート杭

　　山　留　め：自立山留め

　　鉄 骨 工 事：建方は，移動式クレーンで行う。

　　　　　　　　耐火被覆は，耐火材巻付け工法，外周部は合成工法

　　仕　上　げ：屋根は，アスファルト露出断熱防水

　　　　　　　　外壁は，押出成形セメント板（ECP）張り，耐候性塗料塗り

　　　　　　　　内装は，壁，天井は軽量鉄骨下地せっこうボード張り

　　　　　　　　床はOAフロアー，タイルカーペット仕上げ

1. 工程表の鉄骨工事の**A**に該当する作業名を記入しなさい。

2. 外壁工事の押出成形セメント板取付け**終了日**を月次と旬日で定めて記入しなさい。

　　ただし，**解答の旬日は**，上旬，中旬，下旬とする。

3. 出来高表から，2月末までの**完成出来高の累計**を金額で記入しなさい。

4. 出来高表から，総工事金額に対する月末までの**完成出来高の累計**をパーセントで記入しなさい。

《R1-3》

## 工　程　表

工程表（ガントチャート形式・月次 1月〜6月、右軸に予定出来高曲線 0〜100%）

| 工種 ＼ 月次 | 1月 | 2月 | 3月 | 4月 | 5月 | 6月 |
|---|---|---|---|---|---|---|
| 仮設工事 | 準備工事 | 建方用鉄板敷き | 外部足場組立 | 外部足場解体 |  | 清掃 |
| 土工事 | 自立山留め／根切り | 砂利・捨コンクリート／埋戻し | 1F床下砂利・捨コンクリート |  |  |  |
| 地業工事 | PHC杭打込み |  |  |  |  |  |
| 鉄筋・型枠コンクリート工事 |  | 基礎・地中梁 | 2F床 RF床／1F床 3F床 パラペット |  |  |  |
| 鉄骨工事 | A | 鉄骨建方・本締め | デッキプレート敷き／スタッド溶接 | 耐火被覆 |  |  |
| 防水工事 |  |  | 外部シール | 屋根防水 | 内部シール |  |
| 外壁工事 |  |  |  | 耐候性塗料塗り |  |  |
| 建具工事 |  |  |  | 外部サッシ取付け（ガラス共）／内部建具取付け |  |  |
| 金属工事 |  |  |  | アルミ笠木取付け／壁・天井軽量鉄骨下地組 |  |  |
| 内装工事 |  |  |  |  | 天井ボード張り／壁ボード張り | OAフロアー／床仕上げ |
| 塗装工事 |  |  |  |  | 壁塗装仕上げ |  |
| 設備工事 |  |  | 電気・給排水・空調設備 |  |  |  |
| 検査 |  | 中間検査 |  |  |  | 検査 |

予定出来高曲線

## 出　来　高　表

単位 万円

| 工種 | 工事金額 | 予定／実績 | 1月 | 2月 | 3月 | 4月 | 5月 | 6月 |
|---|---|---|---|---|---|---|---|---|
| 仮設工事 | 750 | 予定 | 50 | 200 | 200 | 50 | 150 | 100 |
|  |  | 実績 | 50 | 200 | 200 | 50 |  |  |
| 土工事 | 600 | 予定 | 400 | 120 | 80 |  |  |  |
|  |  | 実績 | 400 | 120 | 80 |  |  |  |
| 地業工事 | 200 | 予定 | 200 |  |  |  |  |  |
|  |  | 実績 | 200 |  |  |  |  |  |
| 鉄筋・型枠コンクリート工事 | 900 | 予定 | 200 | 300 | 400 |  |  |  |
|  |  | 実績 | 200 | 350 | 350 |  |  |  |
| 鉄骨工事 | 950 | 予定 |  | 270 | 500 | 180 |  |  |
|  |  | 実績 |  | 280 | 490 | 180 |  |  |
| 防水工事 | 200 | 予定 |  |  |  | 150 |  | 50 |
|  |  | 実績 |  |  |  | 150 |  |  |
| 外壁工事 | 600 | 予定 |  |  |  | 100 |  |  |
|  |  | 実績 |  |  |  | 100 |  |  |
| 建具工事 | 520 | 予定 |  |  |  | 420 | 100 |  |
|  |  | 実績 |  |  |  | 400 |  |  |
| 金属工事 | 200 | 予定 |  |  |  | 200 |  |  |
|  |  | 実績 |  |  |  | 200 |  |  |
| 内装工事 | 1,000 | 予定 |  |  |  |  | 350 | 650 |
|  |  | 実績 |  |  |  |  |  |  |
| 塗装工事 | 180 | 予定 |  |  |  |  | 120 | 60 |
|  |  | 実績 |  |  |  |  |  |  |
| 設備工事 | 1,400 | 予定 | 50 | 100 | 100 | 650 | 300 | 200 |
|  |  | 実績 | 50 | 100 | 100 | 500 |  |  |
| 総工事金額 | 7,500 | 予定 |  |  |  |  |  |  |
|  |  | 実績 |  |  |  |  |  |  |

[解説・解答]

3  1．アンカーボルト設置である。2月中旬から鉄骨建方が始まるので，地中梁のコンクリート打設と同時にアンカーボルトを設置しておく必要がある。

2．外壁工事の押出成形セメント板取付けは，外部シール施工前に終了させておく必要があるので，終了日は3月下旬となる。

3．2月末までの出来高は，出来高表から仮設工事（250万円）＋土工事（520万円）＋地業工事（200万円）＋鉄筋・型枠工事（550万円）＋鉄骨工事（280万円）＋設備工事（150万円）＝1950万円である。

外壁工事の未記入分は，3月の施工であるので，ここには含まない。

4．4月末までの出来高は，出来高表から2月末までの出来高1950万円に，仮設工事（250万円）＋土工事（80万円）＋鉄筋・型枠工事（350万円）＋鉄骨工事（670万円）＋防水工事（150万円）＋外壁工事（600万円）＋建具工事（400万円）＋金属工事（200万円）＋設備工事（600万円）＝3300万円を加えた1950＋3300＝5250万円である。外壁工事には，未記入分の500万円を加える。したがって総工事金額に対する完成出来高の累計は5250/7500＝0.7で70%となる。

# 7·4 法　　規

□□□ **1** 次の1.から3.の各法文において，□□に当てはまる正しい語句を，下の該当する枠内から1つ選びなさい。

1. 建設業法（検査及び引渡し）

第24条の4　元請負人は，下請負人からその請け負った建設工事が ① した旨の通知を受けたときは，当該通知を受けた日から ② 日以内で，かつ，できる限り短い期間内に，その ① を確認するための検査を完了しなければならない。

2　元請負人は，前項の検査によって建設工事の ① を確認した後，下請負人が申し出たときは，直ちに，当該建設工事の目的物の引渡しを受けなければならない。ただし，下請契約において定められた工事 ① の時期から ② 日を経過した日以前の一定の日に引渡しを受ける旨の特約がされている場合には，この限りでない。

| ① | ①完　了 | ②終　了 | ③竣　工 | ④完　成 |
|---|---|---|---|---|

| ② | ①10 | ②15 | ③20 | ④25 |
|---|---|---|---|---|

2. 建築基準法施行令（工事用材料の集積）

第136条の7　建築工事等における工事用材料の集積は，その倒壊，崩落等による ③ の少ない場所に安全にしなければならない。

2　建築工事等において山留めの周辺又は架構の ④ に工事用材料を集積する場合においては，当該山留め又は架構に予定した荷重以上の荷重を与えないようにしなければならない。

| ③ | ①事　故 | ②損　傷 | ③損　壊 | ④危　害 |
|---|---|---|---|---|

| ④ | ①上 | ②下 | ③横 | ④中 |
|---|---|---|---|---|

3. 労働安全衛生法（事業者の講ずべき措置等）

第25条の2　建設業その他政令で定める業種に属する事業の仕事で，政令で定めるものを行う事業者は，爆発，火災等が生じたことに伴い労働者の ⑤ に関する措置がとられる場合における労働災害の発生を防止するため，次の措置を講じなければならない。

一　労働者の ⑤ に関し必要な機械等の備付け及び管理を行うこと。

　　二　労働者の　⑤　に関し必要な事項についての訓練を行うこと。

　　三　前二号に掲げるもののほか，爆発，火災等に備えて，労働者の　⑤　に関し必

　　　　要な事項を行うこと。

　2　前項に規定する事業者は，厚生労働省令で定める資格を有する者のうちから，厚

　　　生労働省令で定めるところにより，同項各号の措置のうち　⑥　的事項を管理する

　　　者を選任し，その者に当該　⑥　的事項を管理させなければならない。

| ⑤ | ①補　助 | ②補　佐 | ③救　護 | ④避　難 |
|---|---|---|---|---|
| ⑥ | ①技　術 | ②技　能 | ③事　務 | ④実　践 |

《R5-4》

［解説・解答］

1 1　建設業法（検査及び引渡し）

第24条の4　元請負人は，下請負人からその請け負った建設工事が完成した旨の通知を受けたときは，当該通知を受けた日から20日以内で，かつ，できる限り短い期間内に，その完成を確認するための検査を完了しなければならない。

2　元請負人は，前項の検査によって建設工事の完成を確認した後，下請負人が申し出たときは，直ちに，当該建設工事の目的物の引渡しを受けなければならない。ただし，下請契約において定められた工事完成の時期から20日を経過した日以前の一定の日に引渡しを受ける旨の特約がされている場合には，この限りでない。

2.　建築基準法施行令（工事用材料の集積）

第136条の7　建築工事等における工事用材料の集積は，その倒壊，崩落等による危害の少ない場所に安全にしなければならない。

2　建築工事等において山留めの周辺又は架構の上に工事用材料を集積する場合においては，当該山留め又は架構に予定した荷重以上の荷重を与えないようにしなければならない。

3.　労働安全衛生法（事業者の講ずべき措置等）

第25条の2　建設業その他政令で定める業種に属する事業の仕事で，政令で定めるものを行う事業者は，爆発，火災等が生じたことに伴い労働者の救護に関する措置がとられる場合における労働災害の発生を防止するため，次の措置を講じなければならない。

一　労働者の救護に関し必要な機械等の備付け及び管理を行うこと。

二　労働者の救護に関し必要な事項についての訓練を行うこと。

三　前二号に掲げるもののほか，爆発，火災等に備えて，労働者の救護に関し必要な事項を行うこと。

2　前項に規定する事業者は，厚生労働省令で定める資格を有する者のうちから，厚生労働省令で定めるところにより，同項各号の措置のうち技術的事項を管理する者を選任し，その者に当該技術的事項を管理させなければならない。

| 問題番号 | 正しい番号 | 正しい語句 |
|---|---|---|
| ① | ④ | 完成 |
| ② | ③ | 20 |
| ③ | ④ | 危害 |
| ④ | ① | 上 |
| ⑤ | ③ | 救護 |
| ⑥ | ① | 技術 |

第二次検定

☐☐☐ **2**　次の1.から3.の各法文において，☐☐☐に当てはまる正しい語句又は**数値**を，下の該当する枠内から**1つ**選びなさい。

1. 建設業法（検査及び引渡し）

第24条の4　元請負人は，下請負人からその請け負った建設工事が　①　した旨の通知を受けたときは，当該通知を受けた日から　②　日以内で，かつ，できる限り短い期間内に，その　①　を確認するための検査を完了しなければならない。

2　（略）

| ① | ①完了 | ②終了 | ③完成 | ④竣工 |
|---|---|---|---|---|

| ② | ①7 | ②14 | ③20 | ④30 |
|---|---|---|---|---|

2. 建築基準法（工事現場における確認の表示等）

第89条　第6条第1項の建築，大規模の修繕又は大規模の模様替の工事の　③　は，当該工事現場の見易い場所に，国土交通省令で定める様式によって，建築主，設計者，工事施工者及び工事の現場管理者の氏名又は名称並びに当該工事に係る同項の確認があった旨の表示をしなければならない。

2　第6条第1項の建築，大規模の修繕又は大規模の模様替の工事の　③　は，当該工事に係る　④　を当該工事現場に備えておかなければならない。

| ③ | ①建築主 | ②設計者 | ③施工者 | ④現場管理者 |
|---|---|---|---|---|

| ④ | ①設計図書 | ②請負契約書 | ③施工体系図 | ④確認済証 |
|---|---|---|---|---|

3. 労働安全衛生法（事業者等の責務）

第3条　（略）

2　（略）

3　建設工事の注文者等仕事を他人に請け負わせる者は，施工方法，　⑤　等について，安全で衛生的な作業の　⑥　をそこなうおそれのある条件を附さないように配慮しなければならない。

| ⑤ | ①人員配置 | ②工期 | ③労働時間 | ④賃金 |
|---|---|---|---|---|

| ⑥ | ①環境 | ②継続 | ③計画 | ④遂行 |
|---|---|---|---|---|

[解説・解答]

②　1．検査及び引渡し（建設業法第24条の4）

　　　元請負人は，下請負人からその請け負った建設工事が<u>完成</u>した旨の通知を受けたときは，当該通知を受けた日から<u>20</u>日以内で，かつ，できる限り短い期間内に，その完成を確認するための検査を完了しなければならない。

　2．工事現場における確認の表示等（建築基準法第89条）

　　第1項　建築，大規模の修繕又は大規模の模様替の工事の<u>施工者</u>は，当該工事現場の見易い場所に，国土交通省令で定める様式によって，建築主，設計者，工事施工者及び工事の現場管理者の氏名又は名称並びに当該工事に係る同項の確認があつた旨の表示をしなければならない。

　　第2項　第六条第一項の建築，大規模の修繕又は大規模の模様替の工事の<u>施工者</u>は，当該工事に係る<u>設計図書</u>を当該工事現場に備えておかなければならない。

　3．事業者等の責務（労働安全衛生法　第3条の3）

　　　建設工事の注文者等仕事を他人に請け負わせる者は，施工方法，<u>工期</u>等について，安全で衛生的な作業の<u>遂行</u>をそこなうおそれのある条件を附さないように配慮しなければならない。

| 問題番号 | 正しい番号 | 正しい語句・数値 |
|---|---|---|
| ① | ③ | 完成 |
| ② | ③ | 20 |
| ③ | ③ | 施工者 |
| ④ | ① | 設計図書 |
| ⑤ | ② | 工期 |
| ⑥ | ④ | 遂行 |

**3**　次の各法文の下線部の語句について，誤っている**語句の番号**を1つあげ，それに対する**正しい語句**を記入しなさい。

　1．建設業法（第19条の2　第1項）

　　　請負人は，請負契約の<u>履行</u>①に関し工事現場に現場代理人を置く場合においては，当該現場代理人の<u>権限</u>②に関する事項及び当該現場代理人の行為についての<u>設計者</u>③の請負人に対する意見の申出の方法（第3項において「現場代理人に関する事項」という。）を，書面により<u>設計者</u>③に通知しなければならない。

　2．建築基準法施行令（第136条の3　第3項）

建築工事等において建築物その他の工作物に近接して<u>根切り</u>工事その他土地の掘削
①
を行なう場合においては，当該工作物の<u>外壁</u>又は地盤を補強して構造耐力の低下を防
②
止し，急激な排水を避ける等その傾斜又は倒壊による<u>危害</u>の発生を防止するための措
③
置を講じなければならない。

3. 労働安全衛生法（第60条）

事業者は，その事業場の業種が政令で定めるものに該当するときは，新たに職務に
つくこととなった<u>職長</u>その他の作業中の<u>労働者</u>を直接指導又は監督する者（作業主任
①　　　　　　　　　　　　　②
者を除く。）に対し，次の事項について，厚生労働省令で定めるところにより，安全
又は衛生のための教育を行なわなければならない。

1　作業方法の決定及び労働者の<u>安全</u>に関すること。
③

2　労働者に対する指導又は監督の方法に関すること。

3　前2号に掲げるもののほか，労働災害を防止するため必要な事項で，厚生労働省
令で定めるもの

《R1-4》

[解説・解答]

3　1. 請負人は，請負契約の履行に関し工事現場に現場代理人を置く場合においては，当該現
場代理人の権限に関する事項及び当該現場代理人の行為についての注文者の請負人に対す
る意見の申出の方法（第3項において「現場代理人に関する事項」という。）を，書面に
より注文者に通知しなければならない。

2. 建築工事等において建築物その他の工作物に近接して根切り工事その他土地の掘削を行
なう場合においては，当該工作物の基礎又は地盤を補強して構造耐力の低下を防止し，急
激な排水を避ける等その傾斜又は倒壊による危害の発生を防止するための措置を講じなけ
ればならない。

3. 事業者は，その事業場の業種が政令で定めるものに該当するときは，新たに職務につく
こととなった職長その他の作業中の労働者を直接指導又は監督する者（作業主任者を除
く。）に対し，次の事項について，厚生労働省令で定めるところにより，安全又は衛生の
ための教育を行なわなければならない。

1　作業方法の決定及び労働者の配置に関すること。

2　労働者に対する指導又は監督の方法に関すること。

3　前2号に掲げるもののほか，労働災害を防止するため必要な事項で，厚生労働省令
で定めるもの

| 問題番号 | 誤っている語句の番号 | 正しい語句 |
|---|---|---|
| 1 | ③ | 注文者 |
| 2 | ② | 基礎 |
| 3 | ③ | 配置 |

# 7·5 躯体・仕上げに関する語句

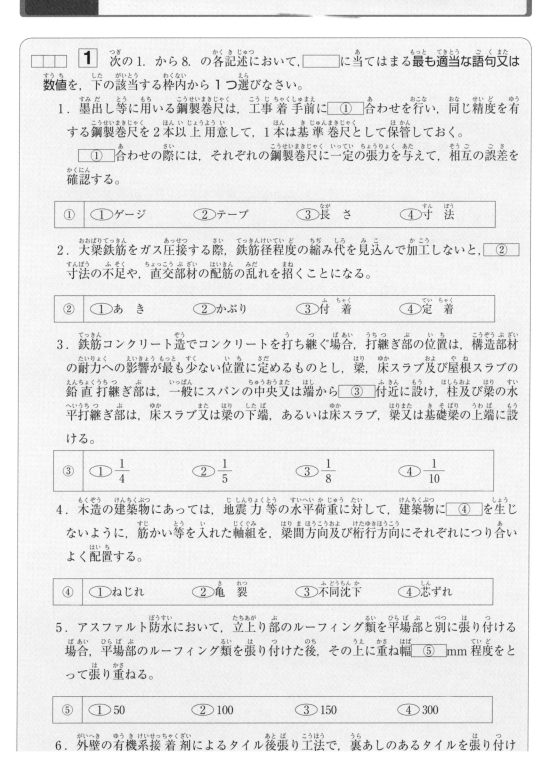

□□□ **1** 次の1.から8.の各記述において，□□に当てはまる最も適当な語句又は数値を，下の該当する枠内から1つ選びなさい。

1. 墨出し等に用いる鋼製巻尺は，工事着手前に □①□ 合わせを行い，同じ精度を有する鋼製巻尺を2本以上用意して，1本は基準巻尺として保管しておく。

　　□①□ 合わせの際には，それぞれの鋼製巻尺に一定の張力を与えて，相互の誤差を確認する。

| ① | ①ゲージ | ②テープ | ③長さ | ④寸法 |

2. 大梁鉄筋をガス圧接する際，鉄筋径程度の縮み代を見込んで加工しないと，□②□ 寸法の不足や，直交部材の配筋の乱れを招くことになる。

| ② | ①あき | ②かぶり | ③付着 | ④定着 |

3. 鉄筋コンクリート造でコンクリートを打ち継ぐ場合，打継ぎ部の位置は，構造部材の耐力への影響が最も少ない位置に定めるものとし，梁，床スラブ及び屋根スラブの鉛直打継ぎ部は，一般にスパンの中央又は端から □③□ 付近に設け，柱及び梁の水平打継ぎ部は，床スラブ又は梁の下端，あるいは床スラブ，梁又は基礎梁の上端に設ける。

| ③ | ①$\frac{1}{4}$ | ②$\frac{1}{5}$ | ③$\frac{1}{8}$ | ④$\frac{1}{10}$ |

4. 木造の建築物にあっては，地震力等の水平荷重に対して，建築物に □④□ を生じないように，筋かい等を入れた軸組を，梁間方向及び桁行方向にそれぞれにつり合いよく配置する。

| ④ | ①ねじれ | ②亀裂 | ③不同沈下 | ④芯ずれ |

5. アスファルト防水において，立上り部のルーフィング類を平場部と別に張り付ける場合，平場部のルーフィング類を張り付けた後，その上に重ね幅 □⑤□ mm程度をとって張り重ねる。

| ⑤ | ①50 | ②100 | ③150 | ④300 |

6. 外壁の有機系接着剤によるタイル後張り工法で，裏あしのあるタイルを張り付け

る場合の接着剤の塗付けは，くし目ごてを用いて下地面に平坦に塗り付け，次に接着剤の塗り厚を確保するために，壁面に対してくし目ごてを　⑥　度の角度を保ってくし目を付ける。

　タイルの裏あしとくし目の方向が平行になると，タイルと接着剤との接着率が少なくなることがあるため，裏あしに対して直交又は斜め方向にくし目を立てるようにする。

| ⑥ | ① 15 | ② 30 | ③ 60 | ④ 75 |

7．日本産業規格（JIS）による建築用鋼製下地材を用いた軽量鉄骨天井下地工事において，天井のふところが 1.5m 以上 3m 以下の場合は，吊りボルトの水平補強，斜め補強を行う。水平補強の補強材の間隔は，縦横方向に　⑦　m 程度の間隔で配置する。

| ⑦ | ① 0.9 | ② 1.8 | ③ 2.7 | ④ 3.6 |

8．壁紙張りにおいて，表面に付いた接着剤や手垢等を放置しておくと　⑧　の原因となるので，張り終わった部分ごとに直ちに拭き取る。

| ⑧ | ① し　み | ② はがれ | ③ だ　れ | ④ し　わ |

《R4-5-A》

[解説・解答]

1 1．鋼製巻尺は工事着手前に他の巻尺と<u>テープ</u>合わせを行い，相互の誤差を確認する。

2．大梁鉄筋をガス圧接する際，縮み代を見込んで加工しないと，<u>定着</u>寸法の不足や，直交部材の配筋の乱れを招くことになる。

3．鉄筋コンクリート造の梁，床スラブの鉛直打継ぎ部は，一般にスパンの中央又は端から<u>1/4</u>付近に設ける。

4．木造の建築物にあっては，地震力等の水平荷重に対して，建築物に<u>ねじれ</u>を生じないように，筋かい等を入れた軸組をつり合いよく配置する。

5．アスファルト防水において，立上り部のルーフィング類を平場部と別に張り付ける場合，平場部のルーフィング類を張り付けた後，その上に重ね幅<u>150</u> mm 程度をとって張り重ねる。

6．外壁の有機系接着剤によるタイル後張り工法で，裏あしのあるタイルを張り付ける場合の接着剤の塗付けは，くし目ごてを用いて下地面に平坦に塗り付け，次に接着剤の塗り厚を確保するために，壁面に対してくし目ごてを<u>60</u> 度の角度を保ってくし目を付ける。

7．軽量鉄骨天井下地工事において，天井のふところが 1.5 m 以上 3 m 以下の場合は，吊りボルトの水平補強，斜め補強を縦横方向に<u>1.8</u> m 程度の間隔で配置する。

8．壁紙張りにおいて，表面についた接着剤や手垢等を放置しておくと<u>しみ</u>の原因となるので，張り終わった部分ごとに直ちに拭き取る。

| 番号 | | 適当な語句または数値 |
|---|---|---|
| 1 | ① | ② テープ |
| 2 | ② | ④ 定着 |
| 3 | ③ | ① 1/4 |
| 4 | ④ | ① ねじれ |
| 5 | ⑤ | ③ 150 |
| 6 | ⑥ | ③ 60 |
| 7 | ⑦ | ② 1.8 |
| 8 | ⑧ | ① しみ |

第二次検定

□□□ **2**　次の1．から8．の各記述において，下線部の語句又は数値が**適当なものには**○印を，**不適当なものには適当な語句又は数値**を記入しなさい。

1.　建築物の基礎をべた基礎とする場合にあっては，原則として一体の鉄筋コンクリート造とし，木造の建築物の土台の下にあっては，連続した立上り部分を設け，立上り部分の高さは地上部分で 20 cm 以上とする。
　　　　　　　　　　　　　　　　　　　　　　　　　　①

2.　合板型枠の締付け金物を締めすぎると，内端太，外端太が内側に押され，せき板が外側に変形する。締めすぎへの対策としては，内端太（縦端太）を締付けボルトにで
　②
きるだけ近接させて締め付ける。

3.　コンクリートの1層の打込み厚さは，締固めに用いる棒形振動機部分の長さ以下とし，挿入に際しては先に打ち込んだコンクリートの層に棒形振動機の先端が入るようにし，引き抜く際にはコンクリートに穴を残さないように加振しながら急いで引き抜
　　　　　　　　　　　　　　　　　　　　　　　　　　　　　　③
かなければならない。

4.　木造の建築物にあっては，地震力などの水平荷重に対して，建築物にねじれを生じ
　　　　　　　　　　　　　　　　　　　　　　　　　　　④
ないように，筋かい等を入れた軸組を，張り間方向及び桁行方向にそれぞれにつり合いよく配置する。

5.　シーリング工事における鉄筋コンクリート外壁の打継ぎ目地，ひび割れ誘発目地，建具回り目地等で動きの小さいノンワーキングジョイントの場合の目地構造は，2面
　　　　　　　　　　　　　　　　　　　　　　　　　　　　　　　　　⑤
接着を標準とする。

6.　金属板葺き屋根工事における下葺きに使用するアスファルトルーフィングは，軒先より葺き進め，隣接するルーフィングの重ね幅は，シート短辺部（流れ方向）は 200 mm 以上，長辺部（長手方向）は 100 mm 以上とする。
　　　　　　　　　　　　　　　　　　　⑥

7.　仕上塗材の吹付け塗りにおける吹付けの基本動作は，スプレーガンのノズルを常に下地面に対して直角又はやや下向きに保つようにし，縦横2方向に吹くなど模様むら
　　　　　　　　　　　　　⑦
が生じないように吹き付ける。

8.　壁紙張りにおいて，表面に付いた接着剤や手垢等を放置しておくとはがれの原因と
　　　　　　　　　　　　　　　　　　　　　　　　　　⑧
なるので，張り終わった部分ごとに直ちに拭き取る。

《R2-5-A》

［解説・解答］

2 1 べた基礎とした木造の建築物の土台の下にあっては，立上り部分の高さは地上部分で30 cm 以上とする。（平 12 建告第 1347 号）

2．合板型枠の締付け金物を締めすぎると，内端太，外端太が内側に押され，さき板も内側に変形する。

3．コンクリートの締固めに用いる棒形振動機を引き抜く際には，コンクリートに穴を残さないように加振しながら徐々に引き抜く。

5．目地周りで動きの小さいノンワーキングジョイントでは，バックアップ材を用いず3面接着を標準とする。（一般的な目地は，動きによるシールの破断防止のため2面接着とする。）

7．仕上塗材の吹付けにおいては模様むらが生じないように，スプレーガンのノズルを常に下地面に対して直角又はやや上向きに保つ。

8．壁紙張りにおいて，表面に付いた接着剤や手垢等はしみの原因となる。

| 番号 | 語句 | ○印 | 訂正語句 |
|---|---|---|---|
| 1 | 20 | ― | 30 |
| 2 | 外側 | ― | 内側 |
| 3 | 急いで | ― | 徐々に |
| 4 | ねじれ | ○ | ― |
| 5 | 2面 | ― | 3面 |
| 6 | 100 | ○ | ― |
| 7 | 下向き | ― | 上向き |
| 8 | はがれ | ― | しみ |

第二次検定

**3**　次の 1. から 8. の各記述において，下線部の語句又は数値が**適当なもの**には
○印を，**不適当なもの**には**適当な語句又は数値**を記入しなさい。

1.　建築物の位置を定めるために，建築物の外形と内部の主要な間仕切の中心線上に，縄やビニルひもを張って建築物の位置を地面に表すことを<u>遣方</u>という。このとき，建築物の隅には地杭を打ち，地縄を張りめぐらす。

2.　透水性の悪い山砂を埋戻し土に用いる場合の締固めは，建物躯体等のコンクリート強度が発現していることを確認のうえ，厚さ<u>600</u>mm 程度ごとにローラーやタンパーなどで締め固める。

　　入隅などの狭い個所の締固めには，振動コンパクターやタンパーなどを使用する。

3.　柱や壁の型枠を組み立てる場合，足元を正しい位置に固定するために，<u>根固め</u>を行う。敷桟で行う場合にはコンクリート漏れ防止に，パッキングを使用する方法やプラスチックアングルを使用する方法などがある。

4.　高力ボルトの締付けは，ナットの下に座金を敷き，ナットを回転させることにより行う。ナットは，ボルトに取付け後に等級の<u>表示記号</u>が外側から見える向きに取り付ける。

5.　JIS による建築用鋼製下地材を用いた軽量鉄骨天井下地工事において，天井のふところが1.5 m 以上3 m 以下の場合は，吊りボルトの水平補強，斜め補強を行う。水平補強の補強材の間隔は，縦横方向に<u>2.7</u> m 程度の間隔で配置する。

6.　壁下地に用いるセメントモルタルを現場調合とする場合，セメントモルタルの練混ぜは，機械練りを原則とし，上塗りモルタルの調合は，下塗りモルタルに比べ<u>富調合</u>としてセメントと細骨材を十分に空練りし，水を加えてよく練り合わせる。

7.　塗装工事において，所定の塗膜厚さを得られているか否かを確認する方法として，塗料の<u>搬入量</u>から塗装した面積当たりの塗料の塗付け量を推定する方法や，専用測定器により膜厚を測定する方法がある。

8.　断熱工事における吹付け硬質ウレタンフォームの吹付け工法は，その主な特徴として，窓回りなど複雑な形状の場所への吹付けが容易なこと，継ぎ目のない連続した断熱層が得られること，平滑な表面を<u>得にくい</u>こと，施工技術が要求されることなどがあげられる。

［解説・解答］

3　1．建築物の位置を定めるために，建築物の外形と内部の主要な間仕切の中心線上に，縄や
　　ビニルひもを張って建築物の位置を地面に表すことを<u>縄張り</u>という。このとき，建築物の
　　隅には地杭を打ち，地縄を張りめぐらす。

　2．透水性の悪い山砂を埋戻し土に用いる場合の締固めは，建物躯体等のコンクリート強度
　　が発現していることを確認のうえ，厚さ<u>300</u> mm 程度ごとにローラーやタンパーなどで締
　　め固める。入隅などの狭い個所の締固めには，振動コンパクターやタンパーなどを使用する。

　3．柱や壁の型枠を組み立てる場合，足元を正しい位置に固定するために，<u>根巻き</u>を行う。
　　敷桟で行う場合にはコンクリート漏れ防止に，パッキングを使用する方法やプラスチック
　　アングルを使用する方法などがある。

　5．JIS による建築用鋼製下地材を用いた軽量鉄骨天井下地工事において，天井のふところ
　　が 1.5 m 以上 3 m 以下の場合は，吊りボルトの水平補強，斜め補強を行う。水平補強の補
　　強材の間隔は，縦横方向に<u>1.8</u> m 程度の間隔で配置する。

　6．壁下地に用いるセメントモルタルを現場調合とする場合，セメントモルタルの練混ぜ
　　は，機械練りを原則とし，上塗りモルタルの調合は，下塗りモルタルに比べ<u>貧調合</u>として
　　セメントと細骨材を十分に空練りし，水を加えてよく練り合わせる。

　7．塗装工事において，所定の塗膜厚さを得られているか否かを確認する方法として，塗料
　　の<u>使用量</u>から塗装した面積当たりの塗料の塗付け量を推定する方法や，専用測定器により
　　膜厚を測定する方法がある。

| 番号 | 不適当な語句 | ○印 | 適当な語句 |
|---|---|---|---|
| 1 | 遣方 | ― | 縄張り |
| 2 | 600 | ― | 300 |
| 3 | 根固め | ― | 根巻き |
| 4 | ― | ○ | 表示記号 |
| 5 | 2.7 | ― | 1.8 |
| 6 | 富調合 | ― | 貧調合 |
| 7 | 搬入量 | ― | 使用量 |
| 8 | ― | ○ | 得にくい |

第二次検定

［執 筆 者］宮下　真一　（乾汽船㈱，元東急建設㈱，
　　　　　　　　　　　　博士（工学），構造設計一級建築士）
　　　　　　村田　博道　（㈱森村設計，技術士（衛生工学部門），設備設計一級建築士）
　　　　　　杉田　宣生　（一級建築士事務所 ハル建築研究所，一級建築士）
　　　　　　片山　圭二　（東急建設㈱，博士（工学））
　　　　　　青木　雅秀　（国際美建㈱，構造設計一級建築士）
　　　　　　平田　啓子　（一級建築士事務所 鈴木アトリエ，一級建築士）

　　令和6年度版　**第一次検定・第二次検定**
　　**2級建築施工管理技士　出題分類別問題集**

　　2024 年 3 月 3 日　初 版 印 刷
　　2024 年 3 月 15 日　初 版 発 行

　　　　　　　　　執筆者　宮　下　真　一
　　　　　　　　　　　　　　　　（ほか上記5名）

　　　　　　　　　発行者　澤　崎　明　治

　　（印刷・製本）　大日本法令印刷
　　（装丁）　加藤三喜　（トレース）　丸山図芸社

　　　　　発行所　　株式会社　市ヶ谷出版社
　　　　　　　　　　東京都千代田区五番町5
　　　　　　　　　　電話　03－3265－3711 ㈹
　　　　　　　　　　FAX 03－3265－4008
　　　　　　　　　　http://www.ichigayashuppan.co.jp

　　Ⓒ 2024　　　　　　ISBN 978-4-86797-342-4